朝日新書
Asahi Shinsho 828

人事の日本史

遠山美都男
関　幸彦
山本博文

朝日新聞出版

新潮文庫版まえがき

現代日本では、多くの人々が会社を始めとする組織に属し、組織人として生きている。そして、組織人ならば好むと好まざるとにかかわらず、関心を持たざるを得ないのが「人事」だと言える。

だが、もちろん「人事」は、現代だけのものではなく、古代から「抜擢《ばってき》」「左遷《させん》」などの人事処遇や、「派閥」「昇進競争」といった人事に関連する社会や人々の動きが歴史上には多く見られる。

そこで本書では、「日本史」を古代から近世まで振り返り、「人事」の本質を次の三つの観点から追究している。

一、歴史上重要な意味を持つ人事はどのように決まったか。

二、古人は人事をどのように考え、人事に対してどう行動したか。

三、日本史を貫通する、日本的な人事の論理はあるのか。

そもそもこの企画は、経済雑誌「エコノミスト」(毎日新聞社発行)の編集部より発案があって始まったもので、本書に収録した論稿のほとんどは、同誌に連載（二〇〇三年十月七日号〜翌〇四年九月七日号）されたものである。

「エコノミスト」誌の連載終了後、これを単行本にまとめて毎日新聞社より刊行（〇五年三月）しているが、この度、装《よそお》いをあらためて文庫版を刊行することとなった。また、この機会を活かし、さらに「藤原緒嗣」「北条早雲」「毛利元就」「武田信玄」の項を新たに加えている。

読者諸兄には、「人事」というキーワードを手掛かりにして「日本史」に親しんでいただき、また翻《ひるがえ》って歴史を通して人と組織の関係を見つめ直すきっかけともなれば幸いである。

二〇〇八年二月

遠山美都男
関　幸　彦
山本博文

朝日新書版まえがき

昨今でも人事をめぐる問題で何かと話題にのぼることが多い官僚であるが、あの藤原鎌足《ふじわらのかまたり》が我が国官僚の第一号だったことは御存知だろうか。鎌足と言えば、策士あるいは参謀のイメージをもっている方が多いに違いない。だが、鎌足がまだ中臣氏《なかとみ》を名乗っていた頃、彼が官僚になるとの名乗りを最初に挙げたという記述が『日本書紀』（七二〇年完成）に見えるのである。

時は六四四年、鎌足らによって蘇我蝦夷《そがのえみし》・入鹿《いるか》が討たれるおよそ一年半前のこと。鎌足は中臣氏の世襲の職務である神祇祭祀《じんぎさいし》の継承を断わって、中臣氏の本拠地、摂津三嶋（現・大阪府高槻市）に隠遁《いんとん》を決め込んでしまったというのである。『日本書紀』は、鎌足のこの行動を後に彼が蘇我氏打倒のクーデターを起こしたことに結びつけ、「今は呑気に神様を祭っている場合ではない」「蘇我氏を倒さねば、この国に未来はない！」という思いが日増しに強くなった結果の行動だったと描こうとしている。

ところが、蘇我氏が滅ぼされた政変の直後に始められた改革（これが大化改新）においいて、中臣氏の世襲の仕事を始めとして朝廷のあらゆる世襲職が廃止されていく（詳細は本書を参照されたい）。世襲の職務から解き放たれた豪族たちはそれぞれ国家運営の専門分野を担う官僚に転身していくことになる。鎌足はこのような動きを先読みして、いち早く朝廷の世襲職に見切りをつけたことになる。

他方、鎌足は政変を成功させた後、あたかも黒子に徹したかのように表舞台には姿を見せず、その後半生も多くのナゾにつつまれている。だが、人生の最後に長年仕えてきた天智《てんじ》天皇に向かって、「それがしは軍国に全く奉仕が出来なかった。それが悔しい」と口にしたとされている。

これを信ずれば、鎌足はおのれの人生を国家の軍事政策に捧げた、軍事官僚としての歳月だったと認識していたことになる。鎌足は策士や参謀ではなく、軍事官僚として天皇と朝廷に奉仕してきたと、少なくとも当人はそのように考えていた。ということは、鎌足が軍事官僚への道を突き進んでいく、その起点になったのが中臣氏の世襲の職務を受け継ぐことを固辞した、あの瞬間だったということになろう。

要するに『日本書紀』は、中臣鎌足改め藤原鎌足が誰よりも早く朝廷の世襲の職務に訣別を告げ、我が国で最初に「これから官僚になります！」という挙手をした人物だととらえていたことになる。少なくとも従来の世襲の職務からの絶縁を、鎌足ほどはっきりと宣言した例は他にないと言ってよい。

藤原氏と言えば、鎌足の二男不比等《ふひと》も我が国における官僚制の確立に大きな足跡を遺したことは周知のとおりだろう。長男の真人《まひと》は出家して貞慧《じようえ》（定恵）となるが、文字や文章に習熟した僧侶は当時官僚の予備軍でもあったことを思えば、鎌足はむすこ二人に自分と同じ官僚としての道を歩ませようと考えていたことになる。

不比等とは史（ふみひと、ふひと）、すなわち朝廷の書記官のことであり、また学者も意味した。彼の場合、中国の律令を中心にした法や制度の専門家たらんとしてこの名を選んだようである。不比等は父とは異なり、同じ官僚でも法務官僚の道を選んだと言えよう。

不比等は大宝律令さらに養老律令の編纂を文字どおり主宰し、日本における官僚制の枠組み、その服務規程や勤務評定制度の根幹を作り上げた。父子二代にわたって日本における官僚制の創始に関わった鎌足と不比等。我が国における人事にまつわるエピソードを盛り込んだ本書においても、鎌足・不比等の子孫は随所に登場するはずである。

「歴史上重要な人事はどのようにして決められたのか」「日本人は人事をどのようにとらえ、人事に対してどのように行動したのか」「日本の歴史を貫くような、日本的な人事の特質とは何だろうか」というテーマを追究し、毎日新聞社「エコノミスト」の二〇〇三年十月七日号〜二〇〇四年九月七日号に連載したものが、連載終了後の二〇〇五年に毎日新聞社から単行本として出版された。鎌倉時代の肥後国御家人・竹崎季長《たけざきすえなが》が恩賞を求めて奉行のもとを訪ねる「蒙古襲来絵詞《もうこしゅうらいえことば》」の一場面が表紙を飾った。

その後、この本は二〇〇八年に新潮文庫に収められることになった。文庫版の表紙は「織田信長内閣」組閣?のイラストであった(茂利勝彦氏装画)。卑弥呼《ひみこ》と推古《すいこ》天皇と思しき女性閣僚が二名も入閣している。これが版を重ねて多くの読者を得た後に、二〇一三年にテーマ別に大幅に改訂を加え、タイトルも『日本史から学ぶ「人事」の教訓』と改めて宝島社より単行本として三度世に出る幸運を得たのである。

今回の朝日新書版は新潮文庫版にもとづき、明らかな誤字や誤記などを正すことに努めた。類書があるようでないユニークな日本通史として、また新たな読者が得られることを筆者一同期待してやまない。

二〇二一年七月

遠山美都男

人事の日本史　目次

古代編　遠山美都男

近世編　山本博文

図版／谷口正孝

古代編

遠山美都男

「抜擢《ばってき》」の本邦第一号——聖徳太子・厩戸皇子《うまやとのみこ》

私たちの祖先が難局に直面した時、それを打開するために、一体どのようにして人材の発掘や登用を行ったのだろうか。また、政府などの組織をより強力かつ円滑に運営・維持するために、勤務評定や昇進のシステムにどのような創意や工夫を加えてきたのだろうか。

さらに、「人事」をめぐって形成される派閥には、時代や集団によってどのような違いや特徴があったのだろうか。

これらの問題を時代ごとに、できるだけ具体的に解き明かしていこうというのが、本書の狙《ねら》いである。このテーマを掲げて、最初に取り上げねばならないのは、やはり何と言っても聖徳太子だろう。彼こそは我が国における「異例の抜擢」の確実な最初の例だからだ。

「摂政《せっしょう》」ではなかった

後に聖徳太子と呼ばれることになる厩戸皇子が歴史に登場するくだりに関して、『日本書紀』は次のように述べている（原漢文）。

　厩戸豊聡耳皇子《うまやとのとよとみみのみこ》を立てて、皇太子《ひつぎのみこ》とす。仍《よ》りて録摂政《まつりごとふさねつかさど》らしむ。万機《よろずのまつりごと》を以《も》て悉《ことごと》く委《ゆだ》ぬ。

これは、西暦５９２年12月、我が国最初の女帝である推古天皇《すいこ》（額田部皇女《ぬかたべのひめみこ》）が即位した翌年4月の出来事とされている。

この記述から、厩戸は実の叔母にあたる推古女帝の「皇太子」とされ、同時に政治を総裁する「摂政」に就任したのだと言われてきた。

しかし、「皇太子」（唯一《ゆいいつ》の皇位継承予定者）という地位が正式に成立したのは、実はこれよりも約１００年後のことである。厩戸の時代には、大王《おおきみ》（天皇は当時まだこのように呼ばれていた）の候補者はたいてい複数名いたのであり、厩戸も有力な大王候補の一人にすぎなかった。

また、「録摂政らしむ」という記述から、当時すでに「摂政」という公的なポストが存在したかのように受け取られてきた。だが、この個所はたんに「政を録摂させた」と述べているのである。「録摂」には「まとめる」「統括する」の意味があった。後に藤原《ふじわら》氏が独占した、天皇権力を代行する摂政という地位とはおよそ無関係だ。

厩戸が抜擢された地位が何であったかという問題以外にも、『日本書紀』の記述には疑問がある。それは、推古女帝の即位とともに厩戸が抜擢されたかのように記している点だ。もしそれが事実であるならば、574年生まれの厩戸皇子は当時数え年で20歳である。この若さで、本当に国政に関与することができたのだろうか。

たしかに厩戸の血筋は抜群だった。彼は、6世紀前半に即位して32年も在位した偉大な大王、欽明《きんめい》天皇の孫であり、欽明のむすこ、用明《ようめい》天皇の皇子であった（次頁系図参照）。

それだけではない。厩戸の両親はともに母親が蘇我稲目《そがのいなめ》のむすめであり、彼は蘇我氏の一員と言ってもよい存在だった。蘇我氏は6世紀前半に稲目によって興された新しい氏族だったが、その族長は大臣《おおまえつきみ》（今日の総理大臣に相当する）として、当時の宮廷で最大の実力を誇っていた。

しかし、当時はたとえ血統がよかったとしても、また能力・資質に申し分がなかったとしても、それだけでは大王はおろか大王候補にもなれない時代だった。政治上の経験の有無だけでなく、人格的な成熟度や年齢などが厳しく問題とされたのだ。ある天皇の直系の血筋を引く者ならば、幼少であっても、また人格や資質に多少問題があったとしても、即

厩戸皇子関係系図

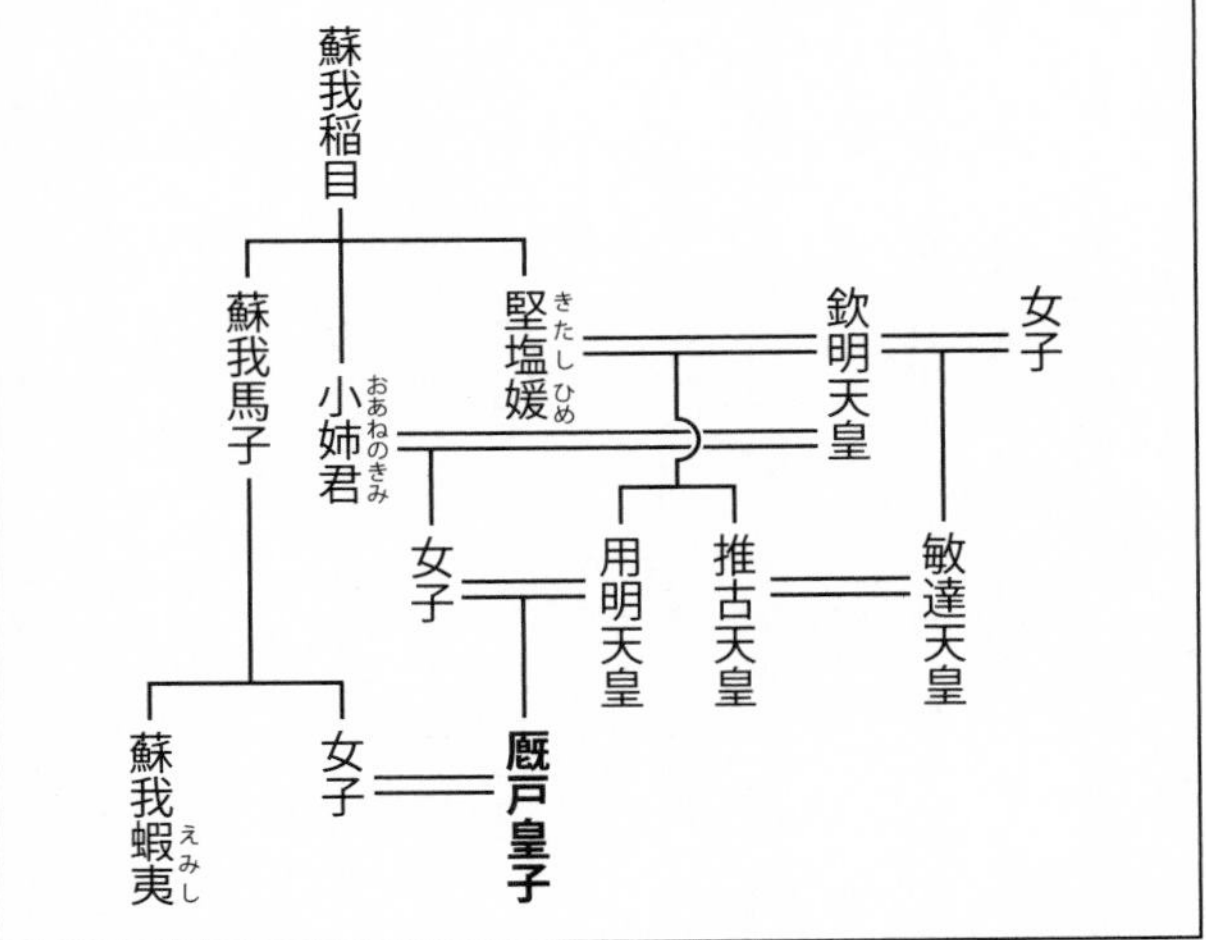

位することができた後の時代とは大きな違いがあった。

年齢という点で言えば、この前後の時代は、大体30歳くらいにならないと、政治的にも人格的にも成熟しているとは見なされなかったようである。この前後の大王や天皇のうち年齢の分かる例について、即位した年の平均値を調べてみると、大体30歳前後になるという。

したがって、弱冠20歳の厩戸がどんなに血筋がよかろうと、能力・資質にめぐまれていようと、彼が593年段階で大抜擢を受け国政に加わったとは考えがたいのだ。では、彼が実際に国政に参画したのは、一体いつのことだったのか。

そのヒントも『日本書紀』に隠されている。『日本書紀』を見ると、厩戸は601年2月から斑鳩宮《いかるがのみや》の造営を始め、605年10月にはこの宮殿に移っている。この時、彼はすでに32歳である。

斑鳩宮というのは厩戸の住まいであり、同時に彼が所有する膨大な財産を管理・運営する機関（いわゆる家政機関）の所在地でもあった。それは、現在の奈良県生駒《いこま》郡斑鳩町にある法隆寺の東院（夢殿《ゆめどの》を中心とした一画）の周辺にあったことが発掘の結果分かっている。

王族であれば誰でも、このような宮殿を営むことができたかと言えば、決してそうではなかった。王族のなかで政治的にも王位継承のうえでも有力な存在と目されていた、同じ母から生まれた兄弟のうち最年長の男子（大兄皇子《おおえのみこ》）だけが、基本的には斑鳩宮のような宮殿を営むことが認められていたのである。

このように、600年を過ぎ、厩戸が30歳くらいになった頃、彼の地位や身分に大きな変動があったことは明らかだ。厩戸が国政に抜擢されたのは、まさにこの頃と見るのが妥当だろう。彼はいわば壮年に達し、有力な王位継承候補ということで、推古と大臣の蘇我《そがの》馬子《うまこ》（稲目のむすこ）を中核とする国政に正式に加わることになったと見られる。

推古女帝の実力人事

ところで、このように、有力な大王候補の王族が国政の中枢《ちゅうすう》に入るということが、これ以前からあったかと言えば、どうやら、そうではなかった。厩戸抜擢の背景には、我が国最初の女帝、推古の登場という出来事があったようだ。つまり、推古女帝の登場なくして、厩戸の抜擢もありえなかったと言えよう。

推古は、夫である敏達《びだつ》天皇のキサキ（当時は漢字で大后と表記された。後の皇后に当たる）の地位にあった。キサキと言えば、大王のたんなる正妻と思われがちだが、当時はそうではなかった。それは、大王の政治をサポートする公的ポストだった。推古はほかならぬそのキサキとして政治的な経験と実績を積み上げ、それが大いに評価されて、敏達没後に即位することになったわけである。

今でも女帝は「中継ぎ」にすぎないと言われることが多いが、それは誤りだろう。その登場自体が、実は能力重視の抜擢の結果だったからだ。

さて、そうなると、こんどは女帝を補佐する、かつてのキサキの役割を果たす人物が必要となる。政治的な実力を買われて大王になった推古が、みずからのサポート役として抜擢したのが彼女の甥《おい》、厩戸皇子だった。

女帝の政治を輔佐するには、血筋よりも何よりも、あくまで実力が重視されたのだから、この時厩戸が起用されたのは、彼がそれだけの評価に値する人物だったからにほかならない。彼の知られざる20代は、このような評価を準備する充実した研鑽《けんさん》の日々だったのだろう。

中国・朝鮮情勢の緊張

ところで、厩戸は一体どのような役割を期待され、「入閣」することになったのか。これに関しては、彼が国政に参画するようになったのを機に、斑鳩の地に宮殿の造営を開始していることが手掛かりになる。

推古女帝や大臣の馬子が本居を構えていた飛鳥《あすか》（現・奈良県高市《たかいち》郡明日香《あすか》村）やその周辺と異なり、斑鳩は当時の国際玄関口である難波《なにわ》の地と大和川《やまとがわ》や竜田《たつた》道《みち》でつながっていた。斑鳩は難波を介し中国や朝鮮半島と直結していたと言えよう。

厩戸が入閣とともに、官邸とも言うべき宮殿を飛鳥周辺ではなく斑鳩の地に造営したということは、彼に期待された役割がズバリ外交だったことを物語っている。詳しくは次項で述べる冠位《かんい》十二階や憲法十七条は、昔から厩戸が制定したと言われてきたが、その証拠はない。むしろ彼は推古・馬子を中軸とする政権に外務大臣として「入閣」したと見られる。斑鳩宮は言わば、外相官邸だったのだ。

厩戸が外相に就任したのは、中国を中心とした東アジア情勢が大きく動き始める時期に当たった。

6世紀末期、およそ300年近く分裂状態にあった中国にようやく統一政権が誕生した。これが楊《よう》氏が興した隋《ずい》帝国だ。隋の皇帝をはじめ、中国歴代の皇帝たちは天の命令（いわゆる天命）を受けて全世界を支配する絶対的存在と自任していた。だから、隋の出現によって周辺諸国とくに朝鮮半島の3国（高句麗《こうくり》・百済《くだら》・新羅《しらぎ》）はそれへの対応を迫られ、緊張が一挙にみなぎった。

我が外相厩戸は、朝鮮3国の為政者たちと同様、隋を中心とした東アジア世界のなかで自国をどのように位置づけ、自国の権益をどのように拡大・強化するか、という課題に取り組んだ。それは具体的には、朝鮮半島南部、新羅と百済に東西から挟まれて存在した伽《か》耶《や》（現・韓国の慶尚南道《キヨンサンナムド》）問題だった。伽耶は小国の寄せ集まりで、6世紀の半ば過ぎ、ついに新羅に併合されてしまう。倭国《わこく》（日本の国号は未成立）はこの伽耶の一国、任那国《みまなこく》

（金官国《きんかんこく》ともいう）に自国の権益があるとかねてより主張していた。

だから倭国は、伽耶を併合した新羅に対し、伽耶にある自国の権益を引き続き保障せよとの外交的要求を突き付けた。こうして新羅が、倭国に不承不承差し出したのが「任那の調《みつき》」だ。それは、かつて任那国から大王に献上された品々（特産物）だった。

ところが、その後、新羅は次第に「任那の調」の献上を怠るようになる。倭国はそれに対し、時に軍事的な威嚇《いかく》や実際の出兵などの手段に訴えたが、なかなか功を奏さない。厩戸外相も当初は軍事力に訴える旧来の方式を採用したが、さすが大抜擢を受けた逸材だけあって、やがて発想を大転換するに至る。

それは、新羅をはじめとした朝鮮3国がすでに従属し、朝貢《ちょうこう》していた超大国の隋に働きかけ、倭国が新羅の上位にあることを認めさせるというものだった。これが遣隋使《けんずいし》だ。隋帝国の圧倒的な国力に依存して、自国にも他国にも損害や犠牲を出すことなく、その外交的要求を達成しようとしたのだ。この外交戦略は一定の成功を収めた。

608年、隋の使者、裴世清《はいせいせい》が推古女帝の宮殿、小墾田宮《おはりだのみや》を訪れた。そして、610年には新羅はわざわざ任那の使いを伴って朝貢してきた。外相厩戸の得意の時だった。

しかし、それから8年後に隋は滅び、倭国は再び自力で新羅に対して「任那の調」の献上を強制しなければならなくなる。

そして、外相厩戸皇子は、隋に代わった唐との国交樹立を模索する最中、621年に斑鳩の官邸で不帰の客となった。

「人事制度」の一大革新――服務規程①・冠位《かんい》十二階＋憲法十七条

厩戸皇子《うまやとのみこ》（聖徳太子）が外務大臣として活躍した推古《すいこ》女帝の時代（7世紀初め）、「人事」の日本史上、画期的な制度が創始された。それが冠位十二階と憲法十七条だ。

冠位と憲法に関して述べるには、当時の政府組織の中枢《ちゅうすう》がどのようになっていたかを簡単に説明しておかねばならない。

まず何と言っても、政府の中核は大王《おおきみ》（正確には治天下大王《あめのしたをしろしめすおおきみ》）だ。これは、6世紀の半ば以降、天上の世界（高天原《たかまのはら》と呼ばれる）に君臨する神（天神《あまつかみ》）の血脈を引くとされる大王一族から選ばれることに決まっていた。

蘇我《そが》氏は後に大王の地位を窺《うかが》い、それに取って代わろうとしたので滅ぼされたと言われるが、そのように見るのは間違いだ。蘇我氏という氏族は、大王の姻戚《いんせき》たることによってその地位と権勢が保証されており、その蘇我氏が大王の存在を否定することは、彼らにとって自殺行為を意味したからだ。

さて、大王に仕える豪族のうち有力な一族から、一氏につき一人の割合で選ばれた者が、大王のもとで国政の審議や運営に当たるようになった。この地位を「まえつきみ」と言って、「大夫」「群臣」「群卿」などの漢字を当てた。

「まえつきみ」とは、大王の御前に侍《はべ》る貴人の意味であり、ほぼ今日の閣僚に相当すると言ってよい。この「まえつきみ」の地位が形成されたのは、大体6世紀前半から中葉にかけてだったと考えられる。

「まえつきみ」らを統括したのが大臣《おおまえつきみ》で、これは蘇我稲目《そがのいなめ》以来、蘇我氏の族長が世襲する定めだった。我が国で宰相や閣僚を大臣と称する起源はここにある。

「まえつきみ」らは、時の大王や大臣との関係で選抜された。だから、たとえ名門と言われる豪族出身であっても、また本人の執務能力が卓越していても、大王・大臣との関係が疎遠《そえん》であれば、「まえつきみ」になることはできなかった。

一目で分かる序列

冠位十二階とは、「まえつきみ」以下、大王に仕える豪族たちに与えられ、冠の色や形、飾りによって、彼らの序列が一目で分かるようにしたものだ。十二等の冠の名には儒教の徳目（徳仁礼信義智）が配され、それぞれを大小に分けた。

この制度の採用とともに、新たに我が国独自の服制も考案された。それは、古墳時代から豪族の男子が着用していたズボンの上に、褶《ひらおび》と呼ばれるロングスカートを身につけるものだった。これをデザインしたのが何と外相厩戸皇子だったというから、おもしろい。彼には間違いなくファッションデザイナーの才能があったのだ。

中国の官位（官品《かんぴん》）が就任する官職の等級を表すものだったのに対し、我が冠位十二階はあくまで人間の序列・等級だった。より具体的に言えば、大王と特定の豪族との関係、彼が大王にどれだけ近い位置にあるかという、いわば政府部内での「席次」を表すのが冠位の本質だったのだ。

つまり、組織に属する人間の上下関係、具体的には組織トップと彼との位置関係が、帽子や服装などによって一目で分かるという仕組みだ。

この制度によって、我が国で初めて「人事権」と呼ぶべきものが成立したと言っても過言ではない。大王は豪族たちを政府部内でどのように位置づけるかを決める権限を手に入れたのだから。

これ以前にも、臣《おみ》・連《むらじ》・直《あたい》・造《みやつこ》・首《おびと》などのカバネ（姓）の制度があったが、カバネは豪族個人ではなく、あくまでもその一族を対象に与えられた。そして一度与えられたならば、余程のことがない限り変更されないものだった。

しかもカバネは、臣を最上位とし、連がそれに次ぐとされているが、それ以外は全体として明確な序列がなかった。カバネと比較すれば、大王の「人事権」の成立という点で冠位がいかに画期的な制度だったかが分かるだろう。

ところが、冠位十二階にも限界はあった。「まえつきみ」を統括する蘇我大臣や厩戸皇子のような執政に関与する有力な王族など政府上層部に冠位は授与されなかったのだ。

これは、後の律令制下の位階制（正一位《しょういちい》から少初位下《しょうそいのげ》までの30階）が、天皇や皇后・皇太子、特定の皇族を除くすべての貴族や豪族に与えられたのとは大きな違いだった。そもそも冠位十二階には、律令位階制の三位《さんみ》以上が設定されていなかった（次頁表参照）。三位以上は「貴」と呼ばれ、正真正銘の貴族階級だった。

蘇我馬子《うまこ》や厩戸は、冠位を授けられる側ではなく、授ける側にあった。彼らは大王とともに「人事権」を掌握していたのである。その分だけ大王の「人事権」は制限されていたと言ってよい。

十二階制と大宝令制の比較

十二階制 推古11年（603年）	大宝令制 大宝元年（701年）	
	一品	正・従 一位
	二品	正・従 二位
	三品	正・従 三位
大徳	四品	正四位 上・下
小徳		従四位 上・下
大仁		正五位 上・下
小仁		従五位 上・下
大礼		正六位 上・下
小礼		従六位 上・下
大信		正七位 上・下
小信		従七位 上・下
大義 小義		正八位 上・下
大智 小智		従八位 上・下
		大初位 上・下
		少初位 上・下

〔出典：『新編日本古典文学全集〈4〉日本書紀③』（小学館）〕

「嫉妬してはならぬ」

次に憲法十七条であるが、この憲法が今日の憲法と異なるものであることは言うまでもない。憲法には「群臣」「群卿」などの語が頻出する。「まえつきみ」を中心とした閣僚や政府職員の服務規定がこの場合の憲法なのである。

第1条は有名な「和をもって貴しとせよ」だが、それを現代語訳（以下も同じ）すると、「お互いの心が和らぎ協力し合うことが貴いのであって、無闇《むやみ》に逆らうことがないようにせよ」ということになる。党派心、すなわち派閥を組んで競い争うことを戒めているわけだ。

この党派心が「人事」におよぼす悪影響を説いているのが第7条だ。

「賢明な人格者が官にある時には自然と誉《ほ》める声が起こるが、邪《よこし》まな者が官にある時には災厄や乱れが起きる。（中略）だからこそ古《いにしえ》の聖王（古代中国の理想的君主）は、官職のために人を求めた。人のために官職を設けることは決してなかった」

これは、閣僚のポストが派閥によって配分されることが当たり前と考えていた一昔前の政治家にぜひとも読んでもらいたい至言だろう。

第14条では「人事」における嫉妬《しっと》の害を問題にしている。

「官吏は他人を嫉妬してはならぬ。自分が他人を嫉《ねた》めば、他人もまた自分を嫉む。嫉妬の憂《うれ》いは際限がないのだ。他人の知識が自分よりも勝っていれば、それを喜ばず、他人の才能が自分よりも優れていれば、それを嫉み妬《そね》む。それでは５００年に一人の賢人や、１０

00年に一人の聖人の登用など望むべくもないではないか」

ところで『日本書紀』は、遣隋使や冠位十二階の制定が厩戸皇子の発案によると明記していないのに、憲法だけは彼の制定になるものとはっきり述べている。おまけにその全文まで一括掲載しているので、早くからその真偽が問題とされてきた。

近年では、憲法条文の漢字の使い方や漢文としての表現法などの精緻《せいち》な分析から、それは7世紀末の持統《じとう》天皇（女帝）の時代に書かれたものではないかと考えられている（森博《ひろ》達《みち》『日本書紀の謎《なぞ》を解く』中公新書）。

憲法十七条が、7世紀初頭の厩戸による「作品」でないことは明らかだ。それはあくまでも7世紀末、持統女帝の時代の官僚や政府職員に対する服務心得として書かれたものと見なすべきなのである。

だが、「まえつきみ」以下の豪族たちを序列化した冠位十二階が推古女帝の時代に成立したのは確実だから、編成された「まえつきみ」らへの訓戒、服務規定とも言うべき憲法十七条の原型が、この時代に制定された可能性はゼロとは言えないだろう。

「前任者」の指名と王位継承——女帝・推古《すいこ》天皇

628年3月、およそ36年にわたり大王《おおきみ》（天皇の前身）として君臨した推古女帝にも最《さい》期《ご》の時が訪れた。

死の前日、彼女は気力をふりしぼって病床に二人の皇子を呼び遺言を伝えた。一人は推古の夫、敏達《びだつ》天皇の孫にあたる田村皇子《たむらのみこ》（後の舒明《じょめい》天皇）。今一人は、あの外相厩戸皇子《うまやとのみこ》（聖徳太子）のむすこ、山背大兄王《やましろのおおえのみこ》だった。

推古の二人への遺言とそれをめぐっての騒動については、『日本書紀』に非常に詳しく記されている。本項はこれをもとに、古代において大王がどのようにして選ばれ、決定されたのかについて見ることにしたい。『日本書紀』のこの記述こそは、王位継承という我が国最高位の「人事」の実態を今日に伝える数少ない貴重な史料だからだ。

まず、推古女帝の遺言とは、次のようなものだった。推古は最初に田村皇子を呼び、

「王位を継承し、民を治める仕事は並大抵のことではない。そなたはそれを謹んで肝に銘じよ」と述べた。次いで、山背大兄王を呼び寄せると、「そなたは精神的に幼い点がある。王位を望む気持ちがあっても、それをあらわにしてはならぬ」と言ったという。

この遺言をめぐる騒動について、通常、次のように説明される。

推古女帝の葬礼が終了した後、大臣《おおまえつきみ》の蘇我蝦夷《そがのえみし》（馬子《うまこ》のむすこ）は、「まえつきみ」らを自邸に招集、推古の遺言を示し、田村と山背大兄のどちらを大王に立てるべきかを問うたが、「まえつきみ」らの意見は二分し、容易にまとまらない。

蝦夷は田村の擁立を考えていたが、蘇我氏の長老格の境部摩理勢《さかいべのまりせ》（馬子の弟と言われる）は山背大兄こそ次期大王と主張して譲らない。ついに蝦夷は摩理勢とその一族を殺害、それによって田村の即位を強行したというのである。

この通説によるならば、推古女帝は二人の皇子を呼んで遺言を伝えたが、どちらを次期大王にするか、明言できなかったことになる。当時の大王には後継者を決める権限がなかったというわけだ。

さらに、当時、次期大王を決める権限をもっていたのは「まえつきみ」ら有力な豪族層であって、彼らを統括した蘇我大臣や蘇我氏が、事実上、大王を決めることができたと見なされてきた。

しかし、このような考え方には大いに疑問がある。果たして本当に『日本書紀』にそのようなことが書いてあるのだろうか。

明確だった前王の意思

推古女帝は二人の皇子のうちどちらを次期大王にするか指名できなかったと言われるが、決してそうではなかった。

二人の皇子への遺言の内容を比べてみよう。田村皇子に対しては大王としての心構えを説いているので、直ちに即位することを予定されているのは、やはり田村だったと言えよう。

それに対し山背大兄には、精神的な未熟さが強調されているから、その即位資格自体は否定されていないが、彼が即位するのは遠い将来のことと考えられていたようだ。

前項で述べたように、当時大王になるには血統の優越よりも政治的な経験の有無、人格的成熟や年齢などが重視されていた。田村と山背大兄はともに欽明《きんめい》天皇の曽孫であり同世代だった。だが、おそらく田村のほうが山背大兄よりも10歳ほど年長だったと思われる。

田村は蘇我馬子のむすめ（法提郎媛《ほほてのいらつめ》）を妻にしていたが、山背大兄のほうは母親が馬子のむすめ（刀自古郎女《とじこのいらつめ》）だった（次頁系図参照）。

次期大王を決める上で二人の年齢差は決定的だ。推古は決して独断ではなく、あくまでも人格的な成熟や年齢を重んじる当時の王位継承法にしたがい、田村を大王候補第1位、そして山背大兄を第2位というように、その意思を明確に示したのだ。

このように考えれば、次期大王の決定権を握っていたのは「まえつきみ」らや彼らを統括する大臣の蘇我蝦夷ではなかったことになる。蝦夷が田村皇子を推したのは、あくまでも推古女帝の遺言を尊重した結果であり、それは大臣としての職務・使命にもとづくもののようだ。

たとえば、『日本書紀』を見ると、「誰を次の大王にすべきか?」との蝦夷の問いに対して、「まえつきみ」の一人、大伴鯨《おおとものくじら》なる人物は、「前大王（推古）の遺言のとおりであれば、最早われらが口を挟む余地はない」と言い、田村の即位が妥当だと主張しているのである。

このことから考えると、大臣や「まえつきみ」らが、王位継承に関して大王の意向を無視あるいは否定することは、基本的にありえなかったようだ。大臣によって統括される「まえつきみ」らは、大王の意向に対して同意・承認を与え、それを国家全体の正式なも

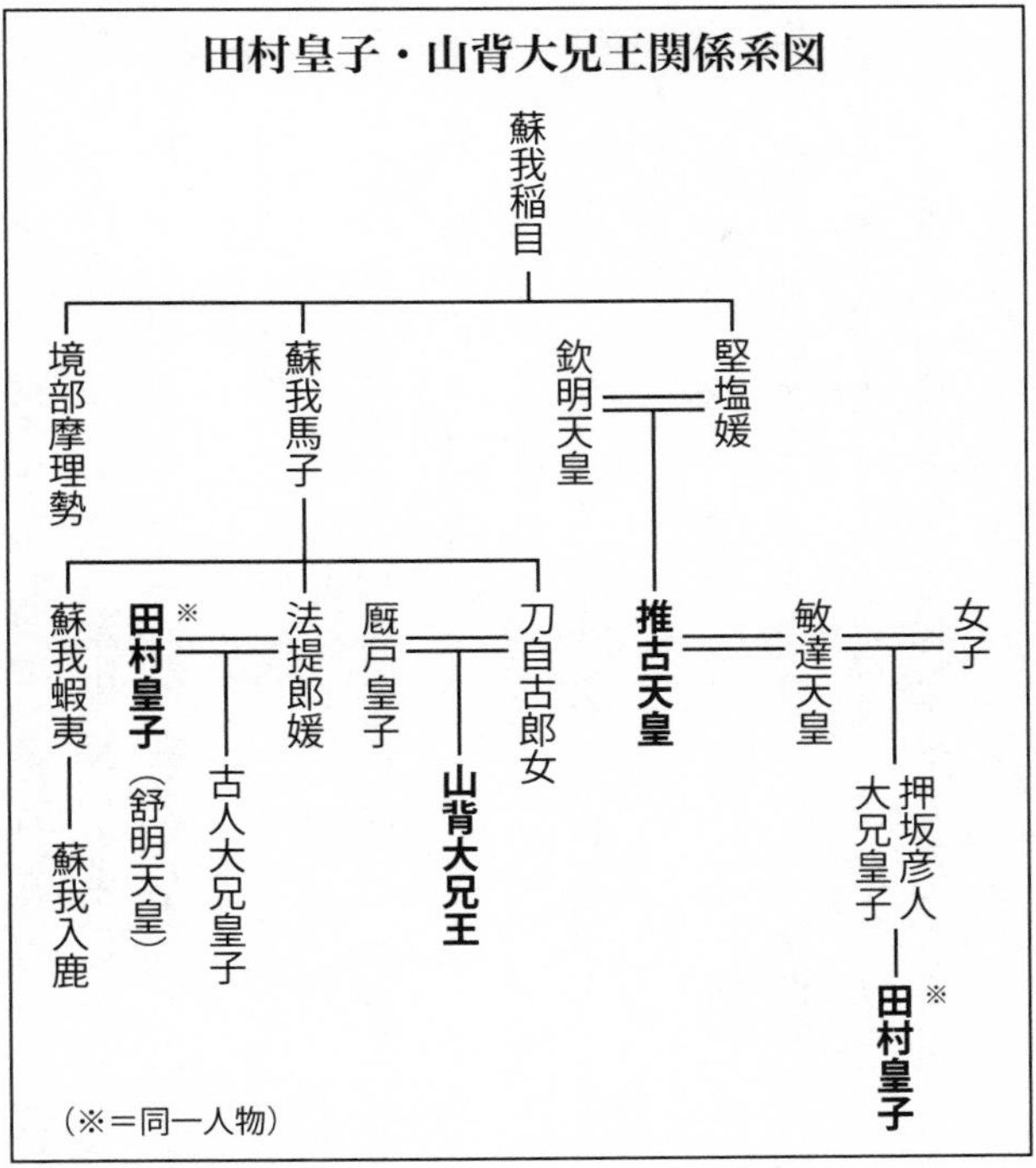

のにするという役割を負っていたにすぎないと言えよう。

　山背大兄は蝦夷の甥《おい》に当たった。それなのに蝦夷が山背大兄を支持しなかったので、蝦夷は厩戸皇子とその一族を忌《い》み嫌っていたに違いないと言われてきた。だが、これはまったくの誤解だ。

『日本書紀』によると、蝦夷は山背大兄に「田村皇子を次期大王に決めたのは前大王の意向を奉じた結果で、私心は一片も交じっていない」と述べている。蝦夷はあくまでも、大臣としての職務上、推古の遺言を忠実に実行しようと心掛け、そのあまりに甥への私情をあえて殺したのだ。職務に対する蝦夷の誠実さと堅固な意志が窺《うかが》える。

「不満な2世」の反乱

推古女帝の遺言をめぐり事態が紛糾した元凶は、むしろ山背大兄王だった。彼は王位継承順位が2位であるにもかかわらず、ひとえに亡《な》き父、外相厩戸の名声と人脈に頼って、1位の田村皇子を押しのけ大王になろうとしたのだ。山背大兄の姿は、父親の選挙地盤と派閥をそっくり受け継ぎ、それらをあたかも自分の実力の賜物《たまもの》と錯覚している「2世」議員を彷彿《ほうふつ》とさせる。

また、蝦夷が同族の境部摩理勢を討ったのは、王位継承とは別の問題が原因だった。蝦夷と摩理勢は、推古女帝よりも2年ほど前に没した蘇我馬子の後継者の座をめぐって対立しており、蝦夷は武力に訴えてそれに決着を付けたにすぎない。

以上、推古女帝の遺言をめぐる騒動から明らかになる当時の大王選出・決定のシステムは、およそ次のようなものだ。

次期大王を決定・指名する権限は前大王が有していた。ただ、前大王はまったく恣意《しい》的に後継者を指名するのではなく、大王として政務に臨むのに必要な条件、政治的な経験や実績、人格的成熟や年齢などを考慮して候補者を決定した。

大臣によって統括される「まえつきみ」らは、この前大王の意思・決定を言わば形式的に審議・検討し、結果的にはそれに同意と承認を与え、それを国家全体の共同意思に高める。かくして新大王は正式に擁立されることになったのだ。

このようなシステムが形を整えられたのは、実は推古女帝の時代だったと考えられる。それ以前、次期大王は大臣や「まえつきみ」によって選ばれていた。推古は敏達天皇の在世中から数えれば、優に半世紀にわたって政治の中枢にあった。その経験・実績にもとづき、彼女は大王として初めて次期大王を指名したわけだが、山背大兄王のように、それを覆《くつがえ》そうという者が現れたのは、やはり、それが初めての試みだったためなのだろう。

推古の遺言をめぐる騒動は、王位継承という「人事システム」を合理的で安定したものにするため、通過せねばならない試練だったと言えるだろう。

「論功行賞」としての新人事——構造改革・大化改新《たいかのかいしん》①

645年6月12日、宮廷で最大の実力を誇っていた大臣《おおまえつきみ》の蘇我入鹿《そがのいるか》は、朝鮮3国の使者を迎えての儀式の場で暗殺された。そして翌13日、入鹿の父蝦夷《えみし》も討たれ、ここに蘇我氏の本宗家は呆気《あっけ》なく滅亡したのである。

武力に訴えて蘇我本宗家を倒したのは、当時の大王《おおきみ》だった皇極《こうぎょく》天皇（女帝）のむすこ、中大兄皇子《なかのおおえのみこ》（後の天智《てんじ》天皇）と、その忠実な腹心、中臣鎌足《なかとみのかまたり》（後の藤原《ふじわらの》鎌足）だったというのが定説だ。

彼らは中国の唐帝国にならい、大王を中心とした中央集権国家を樹立しようとして、その障壁になる蘇我本宗家を滅ぼそうと企てたのだと言われる。このクーデターの後、中大兄・鎌足を中心に断行された国政改革が、いわゆる大化改新である。

だが、このような教科書的な説明にとらわれている限り、このクーデターの真相は見えてこない。大化改新期の政権「人事」から、その実像を探ろうというのが本項の狙《ねら》いだ。

本当の主役は誰か

クーデターの目的が、最初から中央集権国家の樹立だったかどうかが、まず疑問だ。

蘇我本宗家が滅亡してクーデターが成功に終わった翌日（6月14日）、皇極女帝が譲位し、その弟の軽皇子《かるのみこ》（孝徳《こうとく》天皇）が大王になっている。これは、我が国史上最初の譲位だ。大王が健在のうちに、その地位と権力を他者に譲渡することが可能になるには、政治組織の発達や成熟が不可欠の条件だろう。ましてや史上初の譲位となれば、それがたんなる事の成り行きで偶然に実現したとは考えがたい。

クーデターの目的は、当初から、蘇我本宗家の打倒を機に皇極から孝徳への史上初の譲位を実現することだったと考えるほうが、はるかに自然なのだ。

そのように考えるならば、クーデターの首謀者が中大兄皇子と中臣鎌足だったという点も、極めて疑わしくなる。

中大兄はまだ数え年で20歳だった。当時の彼は、直ちに即位できるほど政治的な発言力や経験・実績などが認められていたわけではない。彼はクーデターにおいて、入鹿暗殺の刺客の一人として働いた。このような危険な役割を負わされていることから見ても、この若い皇子が事件の首謀者だったとは考えにくい。

さらに、クーデターに加担し、それを成功に導いた面々は、ほとんどすべて中大兄の叔父、孝徳と地縁や姻戚《いんせき》関係などによって結び付いていた。中大兄とこの派閥との接点は乏しく、せいぜい孝徳との叔父・甥《おい》の関係しかない。

鎌足も当時は、中大兄ではなく、孝徳に仕える立場にあったようだ。鎌足はクーデター後に、孝徳政権のもとで成長著しい中大兄に、言わば乗り換えたのである。

要するに、クーデターの首謀者は中大兄ではなく孝徳だったと考えるべきだ。

クーデター直後に発足した孝徳政権の「人事」を見れば、そのことがさらに鮮やかに読みとれる。

まず、蘇我氏の族長が世襲してきた大臣位は2分割され、左大臣《ひだりのおおまえつきみ》・右大臣《みぎのおおまえつきみ》とされた。左大臣には阿倍倉梯麻呂《あへのくらはしのまろ》（阿倍氏のなかで大和《やまと》国十市《とおち》郡の倉梯に本拠をかまえた一族の長《おさ》）、右大臣には蘇我倉山田石川麻呂《そがのくらのやまだのいしかわのまろ》（蘇我氏のうち倉にかかわる職務を世襲し、河内《かわち》国石川郡の山田に本拠をもつ一族の長）が任命されている。

蘇我倉山田石川麻呂は、いとこに当たる入鹿が暗殺されたときに朝鮮3国が大王に奉呈した国書を読み上げ、それに入鹿の注意を引き付けるという役割を演じた。彼がクーデター計画に加担していたことは明らかだ。麻呂が右大臣に抜擢されたのは、まさに成功報酬的な「人事」だった。

麻呂のむすめ（乳娘《ちのいらつめ》）は孝徳に嫁《か》しており、この婚姻は孝徳と彼との地縁的な結合が背景にあったようである。麻呂は、むすめ婿《むこ》でもある孝徳を大王にするために、当初からこの企てに参加していたのだろう。

また、麻呂がこのクーデターに加担した狙いは、別の点にもあった。クーデターが成功し、蝦夷・入鹿父子が滅んだ暁には、彼のもとに蘇我氏族長の座が転がり込むということだ。現にこの後、蘇我氏の一分家にすぎなかった麻呂の家系が蘇我氏の本宗家に昇格した（後、7世紀後半の天武《てんむ》天皇の時代に石川氏と改称する）。

露骨な報酬「人事」

一方の阿倍倉梯麻呂は、通説でクーデターの首謀者とされる中大兄や鎌足と接点らしきものが見当たらない。そのため、クーデターにより政権を奪取した「改革派」の中大兄らが、政局の安定を期すために、この「保守派」の巨魁《きょかい》をあえて起用したのだと説明されてきた。

だが、阿倍倉梯麻呂の政策的な立場が、中大兄らと決定的に異なるものだったという証拠はない。彼を「抵抗勢力」の代表のように決めつけるのは、大いに疑問だ。

むしろ注目されるのは、孝徳天皇のもとに麻呂のむすめ（小足媛《おたらしひめ》）が嫁いでいることだ。この孝徳夫妻のむすこ有間皇子《ありまのみこ》が640年に誕生しているので、孝徳と小足媛との結婚はクーデター発生よりも5年以上も前だったことになる。このように、早くから孝徳と阿倍氏の麻呂との間にも姻戚関係が生まれていたのであり、それはやはり両者の地縁的な結び付きが前提にあったと見られる。

阿倍倉梯麻呂が左大臣に抜擢されたのは、孝徳と彼との間に太いパイプがあったからにほかならない。そうであれば、彼が孝徳を大王に擁立するためのクーデター計画に当初から加担し、何らかの役割を演じた可能性も否定できないだろう。

また、孝徳政権で新たに作られたポストに「国博士《くにのはかせ》」がある。新政策の立案や諮問《しもん》などにかかわる政治顧問的な役職ではなかったかと言われる。

これに登用されたのが渡来人の僧旻《そうみん》（僧旻が正式名。旻は略称）と高向玄理《たかむくのげんり》だった。両名とも遣隋使《けんずいし》で中国に渡り、長年にわたる留学体験をもち、その間に隋から唐への王朝交代を目《ま》の当たりにし、遣唐使《けんとうし》で帰国した。

彼らの起用は、もちろん、そのような学識や経験などが評価されたところが大きいが、その一族が、やはり地縁を通じて即位前の孝徳と深く結び付いていたことも見逃せない。それに対し、通説で主役とされる中大兄・鎌足には、これら渡来系の人々との明確な接点が認めがたい。中大兄らは、同じ留学体験をもつ渡来人でも南淵《みなみぶちの》 請安《しょうあん》という人物と親交があったが、その請安は孝徳政権に登用された形跡がないのだ。

僧旻や玄理らは、その経歴から言ってクーデターという軍事行動に直接手を貸したとは考えがたい。だが、彼らが決起に当たっての理論武装を担当した可能性は大いにあろう。

この他、クーデターを成功に導くのになくてはならぬ貢献をした人物に高向国押《たかむくのくにおし》がいる。彼は上記の高向玄理とは赤の他人で、実は蘇我氏の分家（河内国錦部郡《にしごり》の高向が本拠）の出身者だった。

彼は孝徳政権で「刑部尚書《ぎょうぶしょうしょ》」という刑罰執行の総責任者のような重要ポストを与えられた。国押の「人事」もクーデターの成功報酬だったことは明らかだ。彼とその一族にも、即位前の孝徳との間に地縁的なつながりが認められるのだ。

このように、クーデター後の「人事」から、このクーデターの主体が孝徳と地縁や姻戚関係で結びついた一派であったことがはっきり浮かび上がる。

政治がきれい事でないのは言うまでもなく、それは古代も同じだった。それにしても、大化改新を行うことになる孝徳政権の「人事」は、クーデター実行に貢献した豪族らへの成功報酬だったという点で、これほど露骨なものはあるまい。

「転身」を促した大激変——構造改革・大化改新《たいかのかいしん》②

645年6月、蘇我蝦夷《そがのえみし》・入鹿《いるか》父子を滅ぼして誕生した孝徳天皇の政権が断行したとされる一大政治改革が大化改新だ。

大化改新といえば、「公地公民」ということばを思い出される方が多いだろう。大化改新とは「公地公民」、すなわち全国の土地と民衆を大王《おおきみ》（後の天皇）が直接支配する体制を樹立するための改革だったと言われている。教科書にはそのように書いてあったはずだ。

しかし、大化改新によって直ちに「公地公民」やそれにもとづく中央集権国家（これを律令制国家《りつりょうせいこっか》と言う）が出来上がったわけではない。それが完成を見たのは早くても7世紀末のことだ。

だから、大化改新がたんに「公地公民」や律令制国家建設の出発点だったというのは正しい理解とは言えない。むしろ、大化改新とは政府組織のかつてない「構造改革」だったのであり、それは「人事」の大激変期でもあった。

646年の元旦、孝徳天皇が発したのが「改新の詔《みことのり》」だ。これは政治改革の大綱を述べたものとされている。「改新の詔」は全部で4カ条（次頁参照）。その第1条で言及されているのが「べ」（部）と「ミヤケ」（屯倉）制度の廃止だ。

まず「べ」とは、大王や王族への貢ぎ物の献上や労役の奉仕を負わされた民衆の団体のことで、何という大王・王族に仕えるか、どのような奉仕を行うかによって区別して呼ばれていた。たとえば、アナホ（穴穂）という名の大王に貢納・奉仕する「べ」はアナホべ（穴穂部）、宮中の門や倉庫の番犬を飼育・調教することで大王に仕える「べ」はイヌカイべ（犬養部）と称されるといった具合だ。

つぎに「ミヤケ」とは、民衆支配の拠点として各地に置かれた建物（一種の役所）のことで、前記「べ」からの物資の献上や労役奉仕を地域ごとにまとめることを業務とした。

要するに「べ」「ミヤケ」制度とは、当時の民衆支配のシステムだったことになる。「改新の詔」第1条では、これらを思い切って撤廃しようと言っているのだ。

従来の政府組織は、大王や王族への貢納や奉仕を目的に編成されていたが、それを抜本的に改造して、列島各地の民衆を強力に支配する合理的な組織を構築しようとしたのが大化改新だった。それは、7世紀前半に中国で誕生した唐帝国の圧倒的な影響力に対抗できるだけの「体力」をもった政府に転換するための変革だったと言えよう。

史料　改新の詔（646年）より

（第一条）昔在《むかし》の天皇等の立てたまへる子代《こしろ》の民、処々の屯倉《みやけ》、及び、別《こと》には臣《おみ》・連《むらじ》・伴造《とものみやつこ》・国造《くにのみやつこ》・村首《むらのおびと》の所有《たもて》る部曲《かきべ》の民、処々の田荘《たどころ》を罷《や》めよ。仍《よ》りて食封《じきふ》を大夫《まえつきみ》より以上に賜ふこと、各差《おのおのしな》あらむ。

（第二条）初めて京師《みさと》を修め、畿内国の司・郡司・関塞《せきそこ》・斥候《うかみ》・防人《さきもり》・駅馬《はゆま》・伝馬《つたわりうま》を置き、及び鈴契《すずしるし》を造り、山河を定めよ。

（第三条）初めて戸籍・計帳・班田収授の法を造れ。

（第四条）旧《もと》の賦役《えつき》を罷めて、田の調《みつぎ》を行へ。……別に戸別《へごと》の調を収《と》れ。

世襲豪族は大パニック

第3条では、戸籍・計帳を造ろうと述べている。第1条で「べ」「ミヤケ」を廃し、民衆をいわば特定の大王や王族への従属から解き放つ。そして第3条では、これからは彼らをそれぞれの住所によって把握し、戸籍・計帳などの帳簿に登録して支配するシステムに切り換えようとしたのだと考えられている。

だが、「べ」「ミヤケ」を廃止するには、民衆を戸籍や計帳に登録し、把握すれば事足りるかと言えば、決してそうではなかった。そもそも7世紀半ば頃、第3条で言われている戸籍・計帳が、実際に作成された形跡は認められないのだ。

当時の政府では「まえつきみ」以下の豪族たちは、大王・王族に仕える「べ」を管理する仕事をそれぞれ受け持ち、それを世襲していた。「べ」を廃止するとは、彼らがこのような世襲の仕事を失うことにほかならなかった。それに、当時の豪族は世襲の仕事の内容を彼らの称号（いわゆる氏姓）としていた。アナホベを管理していた豪族はアナホベノミヤツコ（穴穂部造）、イヌカイベの管理を世襲していた豪族はイヌカイノムラジ（犬養連）と呼ばれた。

「べ」の廃止は、彼ら豪族の世襲の仕事のみならず、彼らの政府部内での地位をあらわす氏姓の喪失をも意味したのだ。今日で言えば、行政組織の大リストラが断行されたわけだから、いかに大変なことだったかが分かるだろう。

当然のことながら、豪族らの多くはパニックに陥った。それは孝徳天皇が、「たとえ『べ』を廃したとしても、おまえたちの氏姓が消えてなくなるわけではないから、無用の騒ぎをせぬように。大王による支配が続く限り、氏姓は永久に不滅だ！」と、わざわざ声明を出さねばならなかったほどだ。

能力評価で「官僚」を育成

もちろん、孝徳政権は豪族たちから世襲の仕事を取り上げるだけでなく、代わりに行政という特殊業務を分担する「官僚」としての仕事を、彼ら個人個人の能力に応じて与えることを忘れなかった。反対に、適応能力のない豪族は容赦なく切り棄《す》てられていった。「能力評価」システムによって、政府組織を合理化しようとしたわけだ。

このような政府部内の大改造は、いわゆる中央だけにとどまらなかった。地方に住んでいる豪族たちは、それまで現地にあって「べ」「ミヤケ」の管理・運営に当たっており、やはりその業務を世襲していたから、彼らも一時的に失職を余儀なくされた。

地方の改革は次のとおり。孝徳政権は、日本列島の主要地域に120ほどあったクニ（国）を分割あるいは統合し、新たにコオリ（評）と呼ばれる行政単位（これが郡の前身である）を設定していった。コオリの管理・運営に当たる者（評造《こおりのみやつこ》や評督《こおりのかみ》などと呼ばれた）は、家柄や格式に関係なく、主として行政処理能力の優劣によって選抜されることになった。ここでも中央と同様に「能力評価」システムが導入されることになったわけだ。

その結果、それまでクニの支配を任されていたクニノミヤツコ（国造）をはじめとした地方豪族たちは、この新しいポスト争奪に目の色を変えることになった。

孝徳は行政改革の実施に当たり、東日本を中心に人口や土地調査を行う使者（これを東《とう》国国司《ごくこくし》と呼んだ）を派遣したが、そのさい彼らに次のように厳命している。

「おまえたちが任地に赴けば、クニノミヤツコなどの地位を世襲した一族の出でもないのに、先祖代々そのような地位に就いていたと主張する輩《やから》が大勢押しかけるだろう。だが、それを鵜呑《うの》みにして中央に報告してはならぬ。よくよく調査した後に上申するのだ」

どのような名門だろうと、地方での支配的な立場ばかりか名声までも失いかねない事態が起きていたことが分かる。クニノミヤツコだった一族も、その配下にあって着々と力を蓄えていた一族も、各地での生き残りを賭《か》けて壮烈なバトルを水面下で繰り広げたに違いない。

このように孝徳政権の「構造改革」によって、政府に属した中央・地方の豪族たちは、それぞれの能力に応じて「官僚」に転身していった。やがて8世紀初めには、彼ら「官僚」には天皇への忠誠心や勤務成果に応じ位階（正一位《しょういちい》から少初位下《しょうそいのげ》までの30階）が授けられ、その位階によって特定の官職に任命されることになる。

大化改新とは、「公地公民」や律令制国家の直接の起点と言うよりも、唐帝国の出現に対抗して政府の「体力」を増強するために、中央・地方の豪族たちを初めて本格的に「能力評価」システムによって選別・再編したという点で、「人事」の日本史上、画期的な変革だったのだ。

「人間関係」が勝敗を分けた――対外戦争・白村江《はくそんこう》の戦い

我が国は古代国家が形成される途上で大規模な対外戦争を経験した。663年、東アジアの超大国、唐《とう》を敵に回して戦った白村江の戦いがそれだ。

白村江の戦いの発端は660年の百済《くだら》滅亡にある。朝鮮半島の西南部を領した百済は、中国の唐と朝鮮東南部の新羅《しらぎ》の奇襲攻撃を受けて呆気《あっけ》なく滅び去ったのだ。

当時、倭国《わこく》と呼ばれていた我が国は、数世紀にわたり友好関係があった百済を再興するため、朝鮮半島に数万の軍隊を派遣した。当初、戦争指導は斉明《さいめい》天皇（皇極《こうぎょく》女帝の重祚《ちょうそ》）が行っていたが、661年に彼女が急逝《きゅうせい》した後は、むすこの中大兄皇子《なかのおおえのみこ》（後の天智《てんじ》天皇）がそれを引き継いだ。

663年8月、錦江《クムガン》の河口部（これが白村江だ）で唐の水軍と倭国の水軍が激突。唐の水軍「百七十艘《そう》」に対し倭国水軍は「四百艘」の軍船を擁したが、唐の巨大な軍船の破壊力と機動力の前に完敗、倭国水軍は壊滅したとされる。これによって百済再興は絶望的となり、倭国は朝鮮半島から全面撤退を余儀なくされたというわけだ。

以上の通説によるならば、倭国は唐の圧倒的な国力と戦力の前に敗れ去ったのであり、その意味で勝敗は戦う前から明らかだったことになる。

だが、倭国の軍船の規模や構造が唐のそれに比べ決定的に劣っていたという確証はない。白村江の戦いに至るプロセスを子細に検討するならば、事はそう単純な話ではなく、「人事」問題が勝敗に影を落としていると言えそうだ。

「二頭体制」の失敗

660年に百済が滅亡した直後、鬼室福信《きしつふくしん》をはじめとした百済の貴族や豪族が立ち上がり、唐・新羅への抵抗を開始した。この百済再興をめざす勢力が斉明女帝に軍事援助を要請したのだが、その時、20年近く倭国に人質としてあった王子、余豊璋《よほうしょう》の本国帰還も求めてきたのだった。

福信らは、この王子を百済王に擁立し国家再建を企てたわけだ。豊璋は、斉明の跡を継いだ天智天皇の後押しで故国の土を踏み、そして百済王位を継承した。これが662年5

月のことだ。

豊璋は、福信らが立てこもっていた周留城《しゅうりゅう》（忠清南道舒川郡《チュンチョンナムドソチョングン》）に迎えられる。百済貴族らは百済各地にあった山城に割拠しており、周留城はこれら諸城に対する「司令塔」的な存在だった。

もともと天然の要害であるこの城の戦略的な価値は、そこに福信という軍事的天才がいたことに加え、百済再興の精神的なシンボル、豊璋を迎えたことで決定的なものになった。当初、豊璋と福信の関係は良好で、それを反映し、百済側は各地で唐・新羅軍を圧倒した。だが、やがて両者間に不協和音が生じ始める。

それは、大企業などの「二頭体制」といった「人事」を想起すれば、容易に理解できる。豊璋という前社長の御曹司《おんぞうし》で何ら実績のない若者と、福信という会社創業以来のベテランとが並んで経営の舵取《かじと》りをするわけだ。

会社経営が順風満帆ならば問題はないのだが、ちょっとした躓《つまず》きで二人の間には亀裂が生じやすい。経営の僅《わず》かな失敗でも、御曹司はそれを経験豊かな老人の責任と考えがちだ。「こうなるのが予測できなかったのか?」というわけだ。ベテランには実績とプライドがあるから、失態の責任は御曹司の若さと経験不足にあると考えてしまう。

豊璋と福信の場合、二人で「談合」の結果、662年12月に周留城を出て、食糧確保に便のある南方の避城《ひ》（全羅北道《チョルラプクド》の金堤《キムジエ》か）に移ったのだ。だが、間もなく避城が新羅軍の攻撃にさらされ、結局、周留城に舞い戻ることになった。

この失態が両者の間に修復しがたい確執を生むことになった。豊璋は「どうして福信は避城に移ることを止めてくれなかったのか」と彼に責任を転嫁《てんか》し、福信のほうはその戦歴とプライドを維持するために、今回の失態の責任を豊璋に帰そうとした。「王には何度もお諫《いさ》めしたのだが……」くらいのウソは平気でついたに違いない。

ついに663年6月、豊璋は謀反《むほん》の疑いを着せて福信を斬《き》ってしまう。唐・新羅連合軍にとって、百済側の軍事的な脅威は福信の戦闘指導能力にあったから、「福信斬らる！」の報を聞き、彼らは一挙に攻勢に出た。8月、周留城は唐・新羅連合軍の包囲を受けて絶体絶命のピンチに陥った。

「お目付け役」派遣の失敗

そこで倭国は、何とかして周留城と豊璋を救おうと軍隊の増派を決定したわけだ。周留城は錦江下流の沿岸に位置したから、その救援に向かうには水軍を編制しなければならない。

他方、唐には倭国水軍が救援に駆けつけることなどお見通しだ。唐も直ちに水軍を組織して錦江河口を封鎖、倭国水軍の行く手を完全に遮《さえぎ》った。

こうして663年8月27日と28日の両日にわたり、錦江河口で両水軍が衝突することになったのだ。そもそも豊璋と福信の人間関係が破綻《はたん》しなければ、唐・倭両軍の決戦が錦江河口において、唐軍有利の布陣で行われることもなかっただろう。

当時、天智天皇は北九州にあって朝鮮半島の戦局を見守っていたはずだ。天智はこれより先、彼の意思や作戦を現地に伝え、併せて豊璋や福信らを監視するための、言わば「お目付け役」として秦田来津《はたのたくつ》らの武人を派遣していた。

しかし、田来津らが天智の「代理」としては身分が軽すぎたせいだろうか（田来津は朝鮮系渡来人）、豊璋も福信も彼の進言や献策をことごとく無視した。豊璋・福信主従の確執の芽となった失策（避城への移動）も、田来津の進言を容《い》れていれば回避できたものだったのだ。

そして決戦前夜、豊璋は倭国の救援軍を出迎えに行くといって単身で周留城を出てしまう。豊璋がいなくなってしまえば、すでに福信もいない周留城の戦略的な価値など激減だ。

危険と損害を覚悟で周留城の救援に向かおうとしている倭国水軍内部に、「作戦見直し」の声が上がったとしても決して不思議ではなかろう。

この戦いの決定的な敗因は、決戦直前、唐水軍との正面衝突を回避しようという意見があったのに、それを無視して強引に決戦に突入したため、倭国水軍の意思や作戦に統制がとれていなかったことに求められよう。倭国水軍の意思・作戦の分裂という深刻な事態を招いたのは、ほかでもない豊璋だ。彼が周留城にあって徹底抗戦を続けていたならば、局面は変わったのではなかろうか。

天智が派遣した「お目付け役」秦田来津らは、豊璋らを天智の意思や作戦に沿って動かすことができなかった。あるいは、天智の近親者（たとえば弟の大海人皇子《おおあまのみこ》。後の天武天皇《てんむ》）や「まえつきみ」クラスの重臣数名が豊璋のもとに配属されていたならば、事態は多少違ったかもしれない。

そのように考えると、豊璋と福信という「二頭体制」の「人事」問題に加え、この「お目付け役」の「人事」が、白村江の勝敗を分けた一因だったと言えそうだ。

田来津は「どうしてこうなってしまったのだ！」と憤激しながら、壮烈な戦死を遂げた。そして、豊璋は戦場を脱して高句麗《こうくり》に向かったが、その後、行方不明となっている。

「出世」までの長い道のり――大王《おおきみ》・天智《てんじ》天皇

661年7月、斉明《さいめい》女帝は筑紫《つくし》の地で急死した。それは、朝鮮半島の百済《くだら》を救援するための戦争指導の最中であった。これにより、斉明のむすこ、天智天皇（中大兄皇子《なかのおおえのみこ》）が、大王権力の代行（称制）を開始することになる。天智が正式に即位するのは668年正月のことであり、王位就任儀礼は近江大津宮《おうみおおつのみや》（滋賀県大津市）で行われた。

天智が、およそ6年半にわたって即位しなかったのは一体どうしてだろうか。このように多難な時期に王位が長らく空白であったというのは、異常事態と言えよう。

これについては、当時の天智には悠長に即位の儀式を挙げている余裕がなかったのだと説明されている。すなわち、斉明死去から2年後の663年8月、倭国が白村江《はくそんこう》で唐に敗北を喫し（前項参照）、天智はその戦後処理に忙殺されたことに加え、唐軍が侵攻してくる危機が迫っていたためであるというのだ。

また、正式な即位を前に、長年にわたり大王宮が置かれていた飛鳥《あすか》から近江大津宮に遷《うつ》ったのも、飛鳥より大津のほうが外敵に対する防衛に適していると判断されたからだと言われている。だが、このような説明には疑問が少なくない。

たとえば、斉明死後は天智が大王権力を代行し、事実上の大王だったのであるから、彼の王位就任儀礼が延引されたのは、たんに多忙ゆえにその余裕がなかったのではなく、あくまでも形式上の問題があったためと見なすべきだろう。天智が正式に大王となるのに、どのような条件が欠けていたのか、この点をこそ見極める必要がある。

唐軍来襲というのも可能性としては極めて低く、天智は唐が本気で侵攻してくる意思も余裕もないことを知っていたはずだ。彼は唐軍侵攻という脅威を巧みに利用し、国内の結束強化をはかったにすぎないと見られる。

また、大津が外敵侵入を撃退するのに適していたとも考えがたい。大津はたしかに水陸交通の要衝ではあったが、後年の壬申《じんしん》の乱の経過からも明らかなように、交通の要地であるがゆえに逆に攻め込まれやすいという弱点があり、大津宮は実に呆気《あっけ》なく陥落しているのだ（次項参照）。

斉明の未完の構想

天智が6年余りにわたって即位しなかったことに関して、このように疑問だらけの説明がまかり通ってきたのは一体どうしてだろうか。それはひとえに、天智の前の大王である斉明女帝の評価に問題があるのではなかろうか。

これは、王位継承だけに限らないことであるが、集団のトップの座であれ、また特定の要職であれ、新任者がそれに就任する場合に、前任者の構想やその成果を引き継ぐのが要件とされることは、今日の企業や組織においてもありうる話だ。後任者は、前任者の構想と成果を引き継いだことが周囲から正式に認知されて初めて、そのポジションを我が物とすることができると言えよう。

天智の場合、この点がこれまでまったく顧慮されなかった。なぜならば、斉明は「中継ぎ」の女帝であり政治的な実権やビジョンなど持ち合わせておらず、他方、天智は偉大で有能な人物であって、いつ即位してもおかしくないと見なされてきたからだ。だが、このような前提自体に疑問がある。

すなわち斉明は、飛鳥川の東岸に大王の地位と権力の象徴となる都市空間（倭京《やまとのみやこ》）を完成させた。さらに阿倍比羅夫《あへのひらふ》を起用して北方遠征を行い、東北や北海道の住民を「蝦夷《えみし》」と称して大王の支配下に組み込んでいった。唐・新羅《しらぎ》に滅ぼされた百済に対する軍事援助を行ったのも、復興した百済王権を大王の支配下に置こうとしたためだった。

要するに斉明は、倭国王（大王）が中国の皇帝と同じように世界の中心に君臨する大国（世界帝国）の主であるという実体を構築しようとしたのだ。そのための北方遠征は一定の成果を収めたが、百済救援戦争のほうは惨憺《さんたん》たる失敗に終わった。

だから天智は、斉明による北方遠征の成果をより確かなものとするだけでなく、百済救援が成功した暁に得られたであろうものをたとえ一部でもその手にしない限り、斉明の正当な後継者として認知されなかったわけだ。

天智が即位までに長い年月を要したのは、彼が斉明の構想とその成果を引き継いで、その正当な後継者として認知されるまでに一定の期間と努力を必要としたためと言えよう。前任者の存在とその構想が巨大であればあるほど、後任への期待と重圧は過大なものとなる。天智の「試練」とはまさにこのことだ。

そのように考えると、天智が正式な即位を前に大津宮に遷ったのは、北方遠征の結果、大王に服属した「蝦夷」に対する支配をより強化するという狙《ねら》いがあったのではないかと見られる。すなわち、大津は琵琶湖そして敦賀《つるが》などの北陸の諸港を介し東北地方や北海道との連絡の便に恵まれていた。天智が東北や北海道に睨《にら》みをきかせるうえで、大津は飛鳥よりもはるかに便利な場所だったと言えよう。

遅すぎた即位

ところで、大王宮の所在地には必ず仏教寺院が造営された。飛鳥の王宮北方に飛鳥寺《あすかでら》が造営されていたのがその典型だ。それは王宮周辺を神聖な場所にするためであった。大津宮の周辺には、崇福寺《すうふくじ》をはじめとして穴太廃寺《あのうはいじ》、南滋賀廃寺、園城寺《おんじょうじ》（三井寺《みいでら》）前身寺院など、少なくとも4寺院が配置されていた。

これらの寺院造営が、すべて663年の白村江敗戦以降に開始されたとは考えられない。これら寺院を造営するには、おそらく10年近い歳月を要したはずだ。

そうだとすれば、白村江敗戦後になって新たに大津宮建設が計画されたのではないことになる。現に、斉明女帝は659年に大津北方の平浦《ひらのうら》に行幸しており、大津に王宮を建設することはすでに斉明の時代から構想されていたようなのだ。

このように天智が自分の即位のステージとして大津宮を選んだのは、前大王斉明の構想とその成果を引き継ごうという意欲の表れと考えられる。では、斉明が成し遂げられなかった百済救援という事業とその成果は一体どうなるのだろう。

ここで注目されるのが、671年正月に余自信《よじしん》、沙宅紹明《さたくじょうみょう》、鬼室集斯《きしつしゅうし》、谷那晋首《こくなしんしゅ》といった百済から亡命して来た貴族たちを大津宮の政府高官にまとめて登用したことだ。これは、天智が彼らの学識を評価しての優遇策であり、彼一流のハイカラ趣味によるものと言われてきた。

しかし、このように海外からの亡命貴族を一挙に起用したのは前後に例がなく、明らかにこの時期固有の事情にもとづくものだ。それは、亡《な》き斉明が夢見た百済復興が成った暁に、百済王を筆頭に百済貴族たちが大王の前に臣下として跪《ひざまず》いたであろう様子を演出しようとしたものと見なすのが妥当ではあるまいか。

天智は近江大津宮を完成させることにより、前大王斉明の遠大な構想にもとづく二大事業、北方遠征と百済救援の成果を引き継ぐ見通しを得た。その結果、斉明の後継者としての地位を確かなものとした彼は、大津宮に遷った翌年正月に晴れて王位継承儀礼を挙行することになったのだ。

ところが、天智が正式な即位までに多大の時間と労力を要したツケと言えようか、皮肉なことにそれからわずか4年後、彼は病によりこの世を去ることになる。それは、46年というあまりに短い生涯だった。

「カリスマ性」による大胆人事——戦略家・天武《てんむ》天皇

白村江の敗戦からわずかに9年、我が国は未曽有《みぞう》の内乱を経験することになる。672年の夏に起きた壬申《じんしん》の乱がそれだ。

この内乱は、671年12月に46歳で没した天智《てんじ》天皇の後継の座をめぐって発生した。天智の弟である大海人皇子《おおあまのみこ》が、天智のむすこ大友皇子《おおとものみこ》を激戦のすえに破り、即位して天武天皇となった。

天武の勝因は、天智が推進した急進的な改革（いわゆる大化改新）に不満をもつ中央の中小の豪族や地方の豪族たちが天武を支持したことにあると言われることが多い。天武は彼らの不平不満に耳を傾け、彼らの力を巧みに利用して内乱に勝利することができたというわけだ。

だから天武は、即位すると一人の大臣も置かずに政治を独裁したとされる。これは、大

天武天皇関係系図

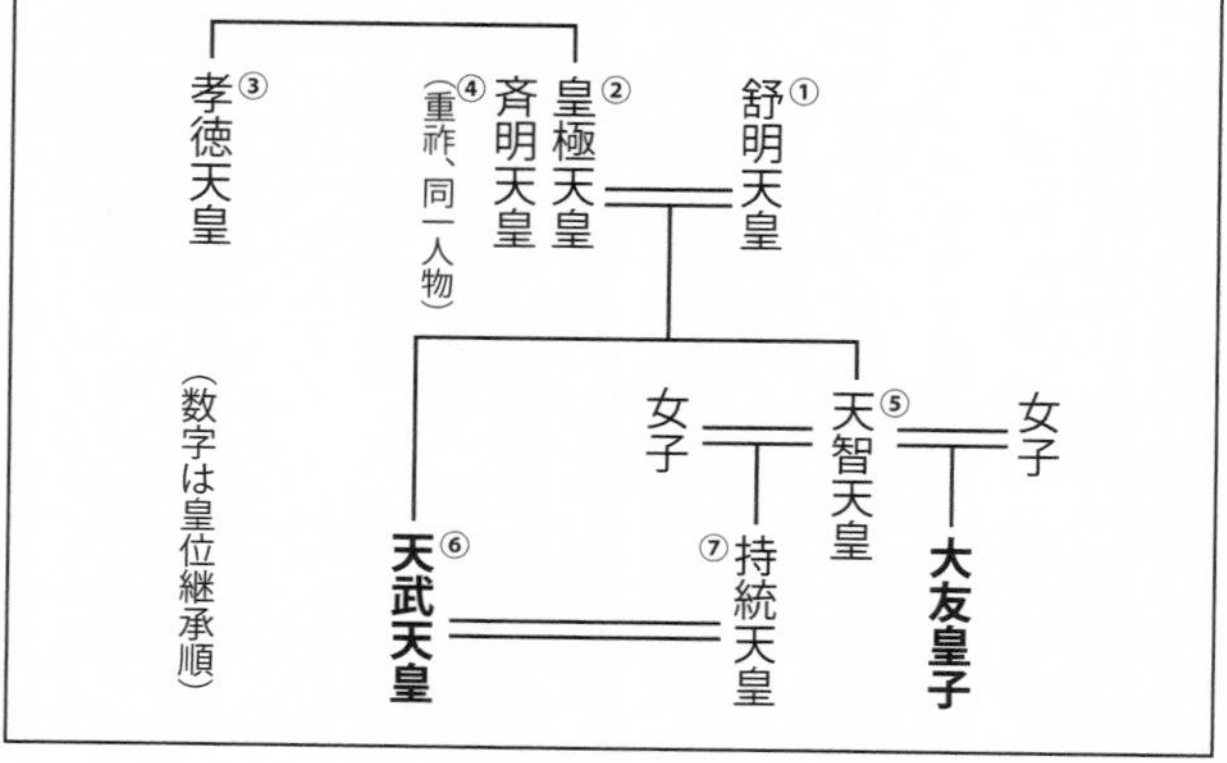

臣をはじめとする「まえつきみ」として国政に関与してきた中央の大豪族たちにとって、大きな打撃になったというのだ。

しかし、天武にせよ、大友皇子にせよ、両陣営には中央の大豪族も加担しており、彼らの実力なしには両軍とも戦争を計画することすらできなかったに違いない。大豪族の中には同族が天武・大友両陣営に分かれて戦うというケースもあった。これはあたかも、「天下分け目」の関ヶ原の戦いで東西両軍に分かれて戦った真田《さなだ》一族のようなものだ。

だから、天武が内乱を制した後も、彼は中央の大豪族の力をことさらに殺《そ》ぐことなどできなかったし、その必要もなかったと言えよう。

凄《すご》みのある天武の人事

他方、天武が内乱のなかで中小の豪族や地方豪族の力を頼りにしたというのは、彼が大友皇子の大本営のある近江大津宮《おうみおおつのみや》を攻略する方面軍の将軍に、村国男依《むらくにのおより》・書根麻呂《ふみのねまろ》・和珥部君手《わにべのきみて》・肝香瓦安倍《いかごのあへ》ら、彼の従者（舎人《とねり》）であり地方豪族の出身者たちを起用したことを指しているのだろう。

だが、この将軍「人事」は、天武が内乱の勝者となるために、中央の大豪族を頼みとせず地方豪族の力だけに期待していたことを意味しない。

なぜならば、天武が旧首都だった倭京《やまとのみやこ》（飛鳥《あすか》地方）を制圧するために差し向けた方面軍の将軍はみな中央の大豪族たちだったからだ。大津宮に向かった方面軍の将軍が一様に地方豪族の出身者だったのは、天武の戦略によると見られる。

つまり、大津宮攻略軍にとって大友皇子との直接対決は不可避だ。その時、もし天武軍の将軍たちが中央の大豪族だった場合、彼らは亡き天智天皇とも大友皇子とも面識があり、場合によっては恩義や忠誠心もあっただろうから、大友を目の前にして、彼らに動揺が起きないとは保証できない。

天武はその点を十二分に心得ており、この方面軍の将軍をあえて彼の従者で地方豪族の出身者でもある者で固めたのだ。彼らは天智や大友皇子に面識もなければ恩義や忠誠心もなかったから、たとえ大友皇子が眼前に現れたとしても、彼らの主君の敵の出現に闘争心が増しこそすれ、戦意が萎《な》えることなど絶対にあり得なかっただろう。

これに対して大友皇子は、自分が陣頭に立てば、劣勢を一挙に挽回《ばんかい》できると考え、大津宮最後の防衛ライン、瀬田橋《せたばし》の西岸に布陣した。だが、彼の思惑は完全に裏目に出てしまう。瀬田橋東岸の天武軍の戦意は萎縮《いしゅく》するどころか、大友出現によりその士気はかつてないほどに高揚したのだ。

このような将軍「人事」からは天武の人間洞察《どうさつ》の奥深さ、戦略家としての凄みを感じずにはいられない。彼の前半生は深いナゾに包まれているが、余程の修羅場をくぐり抜けてこない限り、このような「人事」を思いつくはずもなかっただろう。

以上見たように、天武は中小豪族や地方豪族の不平不満を吸収し、彼らの力だけに依存し内乱を勝利に導いたわけではない。そもそも、天武が兄天智による「構造改革」に対して不満を抱く豪族たちに同情的だったかと言えば、決してそうではなかったのだ。

なぜならば、壬申の乱後に天武が行ったのは、天智による大化改新以来の「構造改革」

の成果を引き継いだ、その総仕上げの変革だったからだ。

カリスマ性による大リストラ

「大化改新②」の項で述べたように、7世紀半ば、クーデターによって誕生した孝徳《こうとく》政権は、中央・地方の豪族たちの世襲の仕事を否定し、代わりに彼らを「能力評価」システムにもとづき「官僚」に編成していく一大「構造改革」に着手した。だが、654年に孝徳天皇が没し、翌年即位した斉明《さいめい》天皇の時代に百済《くだら》が滅亡(660年)、その後、百済救援戦争の最中に斉明が急逝《きゅうせい》し、白村江で大敗を喫するなど内外ともに多事多難であった。そのため「構造改革」は当初の勢いを失い、なお完成するに至っていなかった。

壬申の乱に勝利し、晴れて天智の後継者となった天武は、かつてない規模の内乱を制し、実力で王位を手にしたというその「カリスマ性」を最大限に利用し、未完の「構造改革」の総仕上げに着手することになった。

天武が在位中に一人の大臣も任命せずに独裁を行ったのは、大臣を出すような中央の大豪族を抑圧するためではなかった。それは、彼ら大豪族の処遇も含めた年来の「構造改革」を一気に仕上げるためにほかならなかったのだ。

天武はまず手始めに、中央の中小豪族を対象に「能力評価」システムによって「官僚」たりうる人材の発掘に努め、彼らに臣《おみ》に次ぐカバネである連《むらじ》を授けていった。氏族ではなく、あくまでも個人を対象に「官僚」候補者を選抜していったわけだ。だが、これはあくまで暫定的《ざんてい》なもので、「官僚」となりうる人材の裾野《すその》を広げるという意味合いがあった。

そして684年、天武は中央の大豪族や中小の豪族たちに対し、新たに制定したカバネを授与すると宣言した。これが「八色《やくさ》の姓《かばね》」だ。従来のカバネは臣を最上位とし、連がそれに次ぐとされていたが、それ以外の直《あたい》・造《みやつこ》・首《おびと》・史《ふひと》などのカバネには明らかな序列や上下関係がなかった。

それに対し「八色の姓」では、①真人《まひと》、②朝臣《あそん》、③宿禰《すくね》、④忌寸《いみき》、⑤道師《みちのし》、⑥臣、⑦連、⑧稲置《いなぎ》というように、明確な等級・序列が設けられていた。これにより天武は、「天下のすべての姓をこの新姓に一本化するのだ」と言っている。

最上位の真人を皮切りに、順次、新しいカバネが諸氏に授けられていったが、結果的にあたえられたのは①~④の上位4姓のみだった（真人13氏、朝臣52氏、宿禰50氏、忌寸11氏）。

④の忌寸までの4姓を授与されたこれら豪族（計126氏）は、これ以後に制定された位階制（正一位《しょういちい》から少初位下《しょうそいのげ》までの30階）のもとで「五位《ごい》」以上を授かる資格を認められる

ことになる。「五位」以上は「貴《き》」「通貴《つうき》」と呼ばれ、いわゆる貴族階級に相当し、国家を運営する高級「官僚」になれる階層とされた。上位4姓をもらえた豪族は万々歳だが、「八色の姓」制定直前に連のカバネを授与され、「官僚」になれる資格を暫定的に認められながら、最終的な選にもれた豪族たちは悲劇だった。

天武自身による審査と決断によって、高級「官僚」になれる豪族とそうでない豪族とに情け容赦なく選別され、大化改新以来の「構造改革」はようやく所期の目標を達した。壬申の乱を勝ち抜いた天武の「カリスマ性」がなければ、このような一大リストラは到底不可能だったのだ。

「勤務評定」と昇進の実態――服務規程②・律令制《りつりょうせい》

7世紀半ば、孝徳《こうとく》政権が始めた「構造改革」（いわゆる大化改新）は、7世紀の後半、「カリスマ天皇」天武《てんむ》による総仕上げを経て、律令法にもとづく中央集権国家を生み出すにいたった。

この国家を運営する「官僚」はどのようにして選抜されたのか。その勤務評定は一体どのように行われ、また彼らの昇進はどのようになっていたのか。律令法はこの点に関して実に詳しく規定している。本項は律令制のもとでの「官僚」の勤務評定という「人事」システムと昇進の実態などについて見てみたいと思う。

まず、どれほどの名家・名門の出だろうと、有能な人物だろうと、位階を授からない限り特定の官職に就くことはできなかった。これを「官位相当制」と言って、天皇への忠誠度や勤務状況に応じ授与される位階に対応して一定の官職に任命されたのだ。

位階による年収

位階	米換算(石)	現在の貨幣価値(円)
正一位	3645	2億7338万
従一位	3286	2億4645万
正二位	2548	1億9110万
従二位	2250	1億6875万
正三位	1687	1億2653万
従三位	1364	1億230万
正四位上・下	662	4965万
従四位上・下	552	4140万
正五位上・下	362	2715万
従五位上・下	255	1913万
正六位上・下	22	165万
従六位上・下	20	150万
正七位上・下	17	128万
従七位上・下	15	113万
正八位上・下	12	90万
従八位上・下	11	83万
大初位上・下	9	68万
小初位上・下	8	60万

〔出典:『週刊再現日本史 原始・奈良⑧』(講談社)〕

位階は30階あって、三位《さんみ》以上を「貴《き》」、四位・五位を「通貴《つうき》」と言って、五位以上がいわゆる貴族階級とされた（大体、150人前後いた）。高い位階を授けられれば、それに応じて上級官職に任命されるわけだ。また、「官僚」への給与・報奨はその位階に応じて与えられたから、高位であるのに越したことはない。

たとえば、彼らの年収を現在の貨幣価値に換算すると、「貴」の最下位、従三位《じゅさんみ》が1億230万円ほどだったのに対し、「通貴」最上位の正四位上《しょうしいのじょう》は4965万円。「通貴」の最下位である従五位下の場合はおよそ1913万円であり、たった1階級下の正六位上は165万円だった。三位と四位の間、五位と六位の間に大きな溝《みぞ》のあったことが明らかだ（ちなみに一位は2億円以上、最下位の少初位下《しょうそいのげ》はわずか60万円＝前頁表参照）。

厳しい勤務評定

古代では勤務評定のことを考課《こうか》と言い、その結果にもとづき位階が授与されることを選叙《せんじょ》と呼んだ。律令制のもとでは「官僚」は勤務状態によって4種に区分されていた。

中央・地方官庁に所属する常勤の職員が内長上《ないちょうじょう》で、彼らは4年にわたって勤務日数が毎年240日以上でなければ、評定の対象にすらならない。それに対し中央・地方官庁に勤める非常勤職員を内分番《ないぶんばん》と言った。彼らは常勤職員よりも長い6年間にわたり毎年の勤務日数が140日以上でなければならなかった。郡司などの現地採用の地方「官僚」にもこのような常勤・非常勤の区分があり、それぞれ外長上《げちょうじょう》・外《げ》散位《さんに》と呼ばれた。

「官僚」らは毎年、それぞれが属する役所の長官（長官が不在の場合は次官）による勤務評定を受けた。勤務評定の原案を考文《こうもん》と言ったが、これを作成するのに必要な費用は考料《こうりょう》と呼ばれ、勤務評定を受ける本人が負担することになっていた。上司から点数をつけられるだけでも金がかかったのだ。とんだ「受益者負担」である。

さて、勤務評定の実際だが、評価の対象とされたのは「官僚」らの「功過《こうか》行能《こうのう》」だ。「功過」とは「職務遂行に問題がなかったか？」ということ。「行状に問題はなかったか？」が「行」で、「特殊な技能があるか？」が「能」だった。

勤務評定の基準項目には「善《ぜん》」と「最《さい》」があった。「善」とは「四善」と言って、「官僚」らに共通して求められる道徳的なチェック項目のことだ。それは、①「人格者との評判が高い」、②「清く慎ましやかだとの評判が著しい」、③「勤務ぶりが公平だ」、④「勤務に精励し怠けることがない」という4項目だった。

「最」とは、官職別に職務を十分に果たしたかどうかについてのチェックのこと。たとえば、文官の「人事」を管掌した式部省《しきぶしょう》に勤める「官僚」の「最」は、「人物の人格・資質を正しく詮議《せんぎ》し、才能ある者を登用したか否《いな》か?」というものだった。

この「四善」と「最」という観点から、毎年「官僚」らは勤務状況を審査・評価される。内長上は「上上」から「下下」の9段階評価、内分番は「上・中・下」の3段階評価。そして外長上は「上・中・下・下下」の4段階評価で、外散位は「上・中・下」の3段階評価とされた。

たとえば、勤務評価の実際はつぎのとおり。内長上の「官僚」の場合、「善」を四つすべてと、「最」ももらえれば、その年の評価は「上上」。それに対し、「善」が一つだけ、けれども「最」があれば、かろうじて「中中」という評価だ。

「中下」は「職務の処理はまあまあ。だが、『善』『最』のポイントを与える程ではない」というマイナス評価であり、「下下」は「上司に偽《いつわ》ったり諂《へつら》ったり、また汚職があった」ということで、これは最低評価ということになる。

内長上の「官僚」が、4年間にわたって「上上」の評価を受け続けたならば、何と5階級も特進できるのだ。だが、このようなことは滅多になかったらしい。同じく4年連続で「中中」を獲得すれば、何とか1階級の昇進だ。

結局は「家柄」重視

このような「人事」システムのもとで、着実に昇進を続けるには、まずは所定の年間勤務日数を毎年クリアし、その上、連年のように一定以上の評価を得なければならないのだから、それは容易なことではなかった。病気などで欠勤が続き、その結果、年間の勤務日数が不足すれば、その分だけ昇進のチャンスは遠ざかる。だから有能な若者が、どんなに頑張ったとしても、彼が白髪または頭髪の薄くなるまでに、五位以上に昇進できる可能性はほとんどなかったのだ。

他方、「官僚」養成機関である大学寮《だいがくりょう》に入るというコースもあった。そこでの卒業試験(応挙試《おうきょし》)にパスすれば、高級「官僚」に採用される国家試験(秀才科《しゅうさいか》)の受験資格が得られる。だが、これらの試験は難関中の難関だった。尋常の学力と研鑽《けんさん》ではとても歯が立たなかったようだ。

ところが、だ。大変皮肉なことに、五位以上になれるか否かは、父祖の地位や身分、言わば家柄によって決まっていた。五位以上の「官僚」の子か、または三位以上の子か孫に生まれれば、21歳以上になるとほとんど無条件で、父か祖父の位階に応じた位階を授けられる規定になっていたのだ。

これを「蔭位《おんい》の制」と言う。「蔭位」とは「父祖のお蔭《かげ》の位階」という意味だから、高級「官僚」の地位と特権の事実上の世襲と言ってよい。

たとえば、一位の嫡子《ちゃくし》は従五位下、いきなり貴族に列するわけだ。一位の庶子《しょし》（嫡子以外のむすこのこと）でも正六位上、二位の嫡子には正六位下。これならば、五位以上になるのは時間の問題だ。三位の嫡子に従六位上、従五位の庶子でも従八位下が授けられた。

前項で述べたように、7世紀末、天武天皇は「八色《やくさ》の姓《かばね》」を制定、それを通じ五位以上の高級「官僚」になることができる家柄を選抜・確定した。天武は結局、「まえつきみ」になれるような大豪族の既得権益を守り抜いたことになる。

律令制のもとでもこの路線は継承され、上記「蔭位の制」によって、これら大豪族の子孫がその地位や権益を失うことがないよう周到に仕組まれていた。律令制の「人事」システムは非常に合理的に作られているように見えながら、一般の人間はなかなか昇進できない構造になっていたのだ。

「官僚制」とは、今も昔も、既得権益を守るためのシステムだったのか。我が国「官僚制」の原型となった律令制の「人事」システムを見る時、その思いはますます強くなる。

「派閥」を広げた血のつながり――外戚《がいせき》・藤原不比等《ふじわらのふひと》

686年、「構造改革」を達成した「カリスマ天皇」天武《てんむ》はこの世を去った。天武の後を襲ったのは、天武の皇后として長年にわたり政治の第一線にあった鸕野讃良皇女《うののさららのひめみこ》だった。持統《じとう》天皇の登場である。彼女もそれまでの女帝たちと同様、キサキとしての政治的経験と実績が評価され、即位することになったのだ。

697年、持統女帝は孫にあたる珂瑠皇子《かるのみこ》（文武《もんむ》天皇）に譲位し、史上最初の太上《だいじょう》天皇（上皇《じょうこう》）となる。文武はまだ15歳の少年天皇で、祖母持統の補佐を必要としたのである。

この文武にむすめを嫁がせたのが中臣《なかとみの》（藤原）鎌足《かまたり》のむすこ、不比等だった。彼のむすめ、宮子《みやこ》は701年に文武の皇子を出産する。これが首皇子《おびとのみこ》、後の聖武《しょうむ》天皇だ。不比等は聖武を自邸で養育し、やがて聖武が成人すると、むすめの安宿媛《あすかべひめ》を彼に娶《めと》らせた。彼女こそ、聖武皇后として名高い藤原光明子《こうみょうし》、後の光明皇后だ。

文武は707年に25歳の若さで亡《な》くなり、その後は文武の母である元明《げんめい》天皇と、彼女のむすめの元正《げんしょう》天皇という2代の女帝が即位した。720年に不比等は没したが、その4年後、聖武は晴れて天皇になった。

昇進レースを勝ち抜く秘訣《ひけつ》

このように鎌足に始まる藤原氏は、不比等の時に2代の天皇にむすめを嫁がせ、天皇家の「外戚」の座を独占、比類のない権勢を築いたと言われている。しかし、藤原氏の政界制覇はたんに「外戚」の地位を確立したことだけによるのではなかった。もし、藤原氏がそのような特権を独り占めにしているだけであったら、他氏族の嫉妬《しっと》や反発を食らい、1秒たりともその地位を保つことは難しかっただろう。

たとえば、鎌足・不比等の父子2代にわたる律令制国家建設への貢献（当時の日本の「近代化＝文明開化」への献身と言ってよい）、不比等による若い文武や聖武の天皇擁立の功労など、藤原氏はたとえ特権的地位を手に入れても、他の貴族らに文句を言わせないような確かな実績があったのだ。

ただ、それにしても、藤原氏が2代の天皇の「外戚」の座を確保したことが、その後の藤原氏の飛躍を準備したことは否《いな》めない。では、当時の貴族たちにとって、天皇の「外戚」になることがどうして政治的な躍進を約束するのだろうか。実は、これには「人事」問題が絡《から》んでいるのだ。

前項の「律令制」で説明したように、律令制の導入で完成した中央集権国家のもとで、「官僚」らの勤務評定制度も確立を見た。当時の政府に属する人びとにとって、最大の関心事はズバリ位階だった。それは、位階の高低によって就任できるポストが決まるし、何よりも彼らの給与・収益もすべて位階によって決定したからだ。

位階は、「官僚」らが属する階層によって授与システムが異なっていた。前項の補足になるが、この点を説明しておこう。

五位以上、すなわち「貴《き》」(三位以上)や「通貴《つうき》」(四、五位)の身分の場合は「勅授《ちょくじゅ》」と言った。勤務評定の文書(考文《こうもん》)は天皇に提出され、位を上げるか否かは最終的に天皇の判断によって決まり、位階は天皇が授与するものとされた。

六位以下、八位以上は「奏授《そうじゅ》」と言い、文官の「人事」を掌《つかさど》る式部省《しきぶしょう》、武官の「人事」を掌る兵部省《ひょうぶしょう》が考文を審査して決定したものを天皇に奏上、天皇による裁可を経た後に授与される。初位《そい》の場合は「判授《はんじゅ》」と呼ばれ、式部・兵部両省の決定を太政官《だいじょうかん》(国政の最高機関で、太政大臣《だいじょうだいじん》または左大臣《さだいじん》が長官）が審査した後に授けられることになっていた。この場合は天皇は関与しないわけだ。

このように、とくに五位以上の貴族、いわゆる高級「官僚」の「人事権」は天皇が掌握していたと言ってよい。だから、政府部内でより高い位階を得ようと思えば、時の天皇に顔と名前を覚えてもらい、その才能や勤務姿勢をアピールできるに越したことはない。

天皇と姻戚関係がある一族の出であれば、このような関門は簡単にクリアできよう。藤原氏の場合がまさにそうなのだが、藤原氏内部の「人材情報」は藤原氏出身の皇后や夫人《ぶにん》を通じ、天皇の耳に入る可能性が大きい。これは昇進レースを戦い、それに勝ち抜く上で極めて有利だ。

藤原氏はたしかに、種々の点で優遇されていた。律令制のもとでは貴族の子弟は21歳以上になると、位階を授かり「官僚」生活をスタートするのだが、21歳ですぐに位階をもらえるのは稀《まれ》だった。だが藤原氏は、他氏族に比べると位階を授かる年齢が非常に若いのだ。これは、藤原氏にどういう「人材」がいるかを常日頃から天皇が見知っていなければ、考えがたいことだろう。

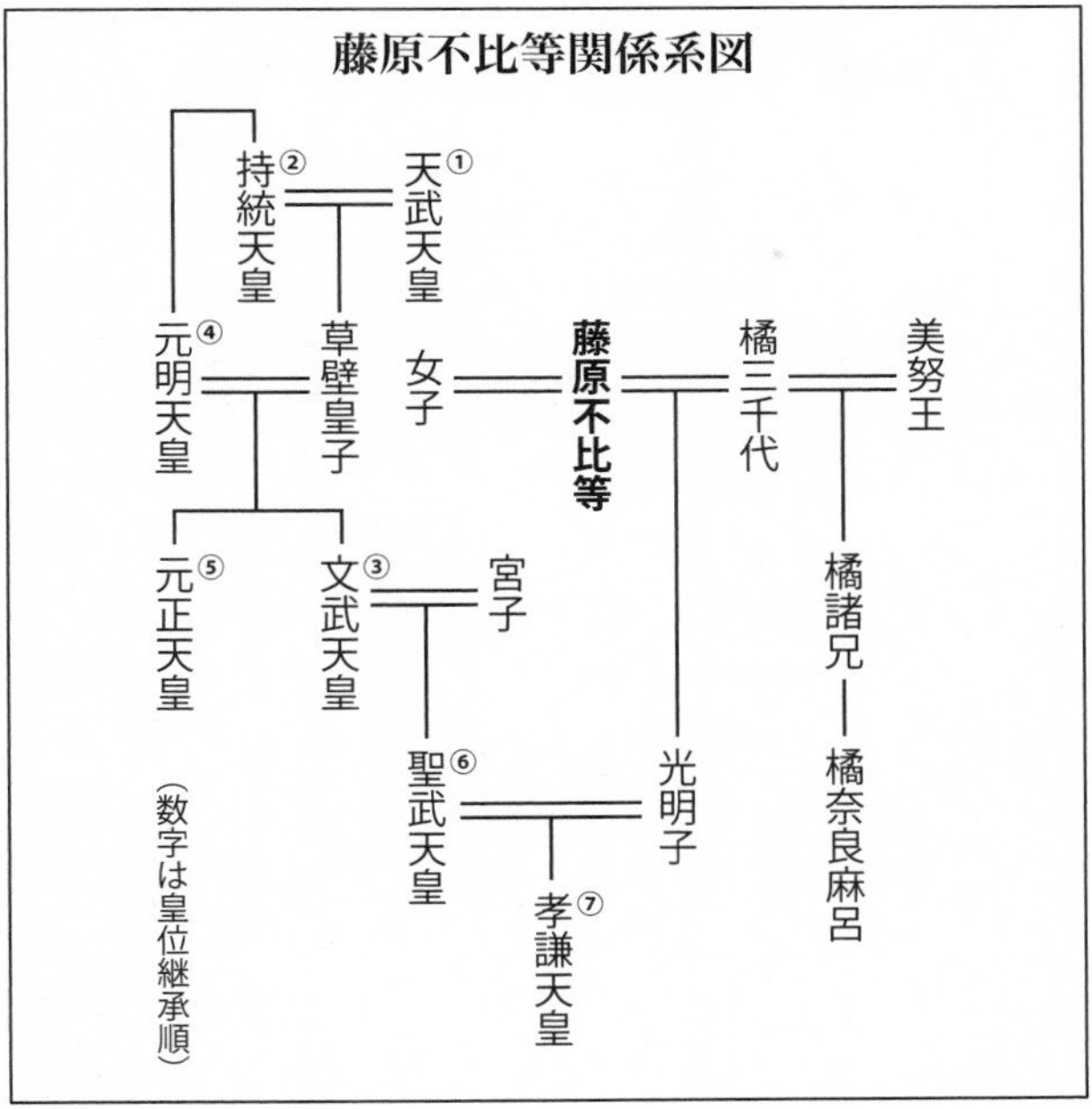

皇位継承を巡る派閥形成

さて、天武の死後は、持統→文武→元明→元正→聖武と皇位が継承されたが（系図参照）、聖武は自分と藤原氏出身の女性との間に生まれた皇子を天皇にしようと企てた。聖武を起点にした「皇統」を樹立しようとしたのだ。聖武が藤原氏にこだわったのは、彼の母が藤原氏だったことに加え、やはり不比等の天皇家への功労を無視できなかったのだろう。

聖武と光明皇后の間に皇子が生まれれば問題はなかった。だが、727年に生まれた待望の皇子は、誕生後すぐに皇太子に立てられたが（赤ん坊の皇太子だ!）、不幸にも翌年病死してしまう。そして、それ以後、光明子はついに皇子も皇女も産むことはなかった。このような偶然が、その後の歴史を大きく狂わせることになる。

738年、聖武は光明皇后が718年に産んだむすめ、阿倍内親王《あへないしんのう》を皇太子とした。女性の皇太子というのも珍しい。将来の天皇には藤原氏の女性を母にもつ皇子がベストなのだが、これは「次善の策」ということだろう。

そして749年、聖武はついに阿倍皇太子に譲位し、太上天皇となる。こうして誕生したのが、古代最後の女帝となる孝謙《こうけん》天皇だ。

孝謙は独身だったから、皇位継承の行方が急に不透明になった。そうなると、今までは藤原氏の権勢を指をくわえて見ていた「官僚」たちも、「藤原氏に取って代わるチャンス!」と色めきたち、特定の皇族を天皇候補に押し立てて結集するようになる。将来の「トップ候補」をみこしにかつぎ、それに一蓮托生《いちれんたくしょう》で結びつくことに自らの出世を賭《か》ける、今の政界や会社で見られる「派閥」がここに生まれ、奈良後期の政治を動かすのだ。

たとえば、橘奈良麻呂《たちばなのならまろ》（聖武の重臣、橘諸兄《もろえ》のむすこ）は、黄文王《きぶみおう》（謀反《むほん》の容疑を受けて自殺した長屋王《ながやおう》のむすこ）という皇族を中心に、大伴《おおとも》氏や佐伯《さえき》氏など藤原氏に反感を抱く勢力を抱き込んで「派閥」を形成している。そして、745年、聖武が難波宮《なにわのみや》に行幸し、そこで病に倒れて一時危篤《きとく》となった時、奈良麻呂は、皇太子として後の孝謙がいたにもかかわらず、黄文王の天皇擁立を武力に訴えてでも果たそうと決意を固めている。

聖武は756年に没し、遺言で道祖王《ふなどおう》（天武の孫で、新田部親王《にいたべしんのう》のむすこ）を皇太子に指名した。しかし、翌年、孝謙女帝は彼女が信任する藤原仲麻呂《なかまろ》の意を迎え、道祖皇太子を廃して、代わりに若い大炊王《おおいおう》（やはり天武の孫で、舎人《とねり》親王のむすこ）を皇太子に立てた。

孝謙の姻戚で、その点で優位に立つ藤原氏が皇太子の交替を強行したのを見て、757年、ついに奈良麻呂を領袖《りょうしゅう》とする「派閥」はクーデターを実行に移そうとする。しかし、計画は密告によって発覚、奈良麻呂の「派閥」は大粛清の憂《う》き目に遭った。黄文王や道祖王らは激しい拷問《ごうもん》を受けて息絶えている。彼らは刑具である杖《じょう》で撲殺されたのだ。

奈良麻呂については、その孫娘（嘉智子《かちこ》）が嵯峨《さが》天皇の皇后になったことが配慮されたためか、彼がどうなったのかが一切記録に残されていない。だが、彼が黄文王らと同じ運命をたどったことは、ほぼ間違いないだろう。

「再就職」が厳しい中高年豪族――採用試験・試練《しれん》

今から1270年前、「天平《てんぴょう》」の年号が用いられた時代のことだ。ある人物が自身の就職に向けて政府に提出した文書が残されている。

文書を書いた男の名は、他田日奉部直神護《おさだのひまつりべのあたいじんご》という。「神の加護」を意味する大変おめでたい名前の持ち主だ。文書が提出されたのは748年。その時、神護の位階は従八位下だった。全部で30階のうち下から数えて5番目という低い地位だ。

彼が就任をもとめたのは、下総国《しもうさのくに》「海上郡《うなかみのこおり》」（現・千葉県銚子市と旭市、香取市、香取郡の一部）の郡司職だった。

郡司とは郡の行政を預かる地方官僚で、大領《だいりょう》（長官）・少領《しょうりょう》（次官）・主政《しゅせい》（文書校閲官）・主帳《しゅちょう》（文書作成官）の4ポストから成り立っていた。これらは、郡司を監督する国司が中央から派遣されたのとは異なり、それぞれ地域の有力者から任用されることになっていた。

神護が望んだのは「海上郡」のトップ、大領の地位だ。

時代の激流に巻き込まれ

神護は「海上国造《くにのみやつこ》」を務める一族の出身だった。「海上国造」とは、下総国「海上郡」の前々身である「海上国」を支配する世襲職のことだ。

だが、「大化改新②」の項でも述べたように、大化改新によってこのような「国」が分割・統合されて「評《こおり》」が設置された結果、「海上国」は「海上評」となり、「海上国造」はたんなる名誉称号になってしまった。さらに、701年の大宝律令《たいほうりつりょう》の施行に伴って、「評」は「郡」に変わることになる。

さて、神護の一族は、他田日奉部直を名乗っている。これは、彼の一族が前記「海上国」の支配とともに、かつて他田宮《おさだのみや》（敏達《びだつ》天皇の王宮、訳語田幸玉宮《おさださきたまのみや》）に所属する日奉部（日祀部）と呼ばれる神職集団を統率・管理する仕事を世襲していたことを示している。もちろん、大化改新以後は日奉部のような部《べ》全体が廃止されたから、神護の一族は日奉部の統括という職務からも離れることになったわけだ。

神護は政府に提出した文書のなかで、まず自分の父祖が代々「海上郡」の郡司職を務めてきた「実績」を誇示している。

それによれば、神護の祖父忍《おし》は、7世紀の半ば、孝徳《こうとく》天皇の時代に「海上郡」の少領を務めたという。ただ、前記したように、この時代はまだ郡制ではなく評制だったから、忍は「海上評」の次官に選任されたということだろう。

神護の父の宮麻呂《みやまろ》は、7世紀後半の天武《てんむ》天皇の時代に同郡少領となったという。この時代もまだ「郡」ではなく「評」だったはずだから、宮麻呂はやはり「海上評」の次官を務めたのだろう。

そして兄の国足《くにたり》は、8世紀の初め、元明《げんめい》天皇（女帝）の時代に同郡大領となった。これは701年以降のことだから、彼が「海上郡」の長官だったということで問題はあるまい。

文書ではつぎに神護自身の履歴が記されている。

それによると、718年から11年間にわたって、兵部卿藤原麻呂《ひょうぶきょうふじわらのまろ》（あの不比等《ふひと》の四男）の位分資人《いぶんしじん》（貴族の位階に応じてあたえられる従者）として勤務した。さらに、729年から20年間は中宮舎人《ちゅうぐうとねり》として仕えたという。中宮舎人は、中宮（皇后・皇太后・太皇太后）の家政機関である中宮職《ちゅうぐうしき》に所属する舎人のことだ。

神護が中宮舎人として勤め始めた729年は古代史上激動の年で、2月に左大臣の長屋《ながや》王《おう》が謀反《むほん》の容疑を受けて自殺するという事件（長屋王の変）が起き、半年後の8月には藤原不比等の三女である光明子《こうみょうし》が、臣下の身分で初めて聖武《しょうむ》天皇の皇后に立てられた（光明立后）。

神護が中宮舎人だった時代、中宮職の主は、時の天皇聖武の生母藤原宮子《みやこ》（不比等の長女）だった（光明子の家政機関は、皇后宮職《こうごうぐうしき》として別置された）。神護は718年から748年まで足掛け31年、中央官庁において藤原氏と縁の深い職場で勤務に励んだことになる。

彼が20歳くらいから勤め始めたとしても、この文書を提出した時には優に50を越える年頃になっていたはずだ。当時の50歳は、現代の感覚で言えば70歳以上の高齢と言ってよい。

「試練」のプロセス

「海上郡」の郡司職への就任をもとめた神護がこの文書を書いたのは一体どうしてだろうか。そもそも、彼のように郡司職を望む者はみなこのような文書を作成して政府に提出したのだろうか。

この答えを知るには、当時の郡司職の任命システムを明らかにする必要がある。実は郡司になるには言わば国家試験があって、郡司候補者に課せられた試験、これを「試練」と呼んだのだ。そのプロセスを紹介しよう。

まず郡司候補生は、国司による銓擬《せんぎ》（これを「国擬《こくぎ》」といった）を受ける。その者が中央政府に推薦するのに相応《ふさわ》しいかどうかが、郡司を統括する国司によって審査されるわけだ。この「国擬」がある限り、郡司は国司に頭が上がらないことになる。

それを経た候補者は、国司の朝集使《ちょうしゅうし》（国司の年毎《ごと》の政務を中央政府に報告し、査問を受けるための使い）に伴われて上京する。平城京に着いた郡司候補者は、朝集使とともに文官の「人事」事務を管轄する式部省《しきぶしょう》に出頭、いよいよ「試練」に臨む。

「試練」は2回にわたって行われた。

最初に、口頭で「譜第《ふだい》」が問われる。「譜第」とは候補者当人の「実績」ではなく、その一族の郡司職に関わる「実績」のことで、要するに候補生の一族が郡司職を務めた地方の名門かどうかが問われるわけだ。

神護が政府に提出した文書の前半に書かれていた祖父忍以来の経歴こそ、この「譜第」に該当すると言えよう。候補者は父祖の履歴を暗唱し、それを審査員（式部省の次官以下）の前ですらすらと述べなければならないのだ。

これが終わると、日を改めて2回目の「試練」が行われる。今回は式部省の長官である卿《きょう》も出席する。庭中に設《しつら》えられた候補者の座にはそれぞれ硯《すずり》が置かれている。国毎に朝集使と候補者が呼び入れられ、再び口頭で「譜第」が問われる。

その後、朝集使を退席させ、候補者に筆記試験が課せられた。式部省の役人が「問頭《もんとう》」すなわち問題用紙を候補者に手渡す。候補者は解答を記入し、それを提出して退席することになっていた。

この「問頭」の内容が伝わらないのは残念だが、論文試験のようなものだったのだろう。神護自身の履歴を記した文書後半部は、筆記試験採点の際の参考資料として提出されたのではあるまいか。

要するに、他田日奉部直神護の文書は、律令制のもとで郡司のみに課せられていた試験である「試練」に向けて作成されたと見ることができる。神護は50歳を越えてなお、このような試験に臨まねばならなかったのだ。

「海上郡」がまだ「海上国」と呼ばれていた時代であれば、このような煩瑣《はんさ》な査問や試験を受けることなく、神護の一族には「海上国」とその一帯を支配する権利が保証されていた。ところが、大化改新をさかいに「海上国」が「海上評」になった後は話が違ってきた。「海上評」次いで「海上郡」の支配権は神護の一族の独占物ではありえず、他の一族とそれを競合する関係になった。

神護一族のような旧「国造」一族にとっては、文字通り「試練」の始まりだったのだ。

「選抜」の決め手は性格――外交使節・遣唐使《けんとうし》

753年正月、中国唐の首都長安《ちょうあん》の蓬莱宮《ほうらいきゅう》では恒例の朝賀の儀式が始まろうとしていたが、場内は騒然とした雰囲気に包まれていた。日本の使者（752年出発の第12次遣唐使）が自国の席次について不服を唱え、一歩も譲らない勢いなのだ。異議を申し立てているのは大使の藤原清河《ふじわらのきよかわ》ではなく、副使の大伴古麻呂《おおとものこまろ》だった。

古麻呂は、日本を吐蕃《とばん》（チベット）の下の西側第2位に位置づけたのに対し、新羅《しらぎ》を大《たい》食国《じきこく》（アッバース朝イスラム帝国）の上位の東側第1位に置いたのは断じて認めがたいと強硬に主張した。日本は7世紀末に朝鮮半島を統一した新羅を自国に朝貢する「蕃国《ばんこく》」と見なしていたから、唐の宮廷で新羅の下位に立つわけにはいかなかったのだ。唐は結局、古麻呂の見幕に押し切られ、日本と新羅の席次を急遽《きゅうきょ》交換することになった。

古麻呂の外交官としての硬骨漢ぶりは、翌年の帰国のさいにも遺憾なく発揮される。当時の日本には僧尼に戒律を授けるシステムが整っていなかったので、戒律の世界的権威、唐僧鑑真《がんじん》を日本に招聘《しょうへい》することが今回の遣唐使の重要な使命だった。だが、大使清河は唐側の思惑を配慮し、直前になって鑑真とその弟子らを彼の乗船から下ろしてしまったのだ。ところが、古麻呂は彼の一存で鑑真らを密《ひそ》かに自分の船に乗せた。古麻呂の勇気と決断がなければ、鑑真が我が国にやって来ることはなかったに違いない。

その後、清河の船は阿児奈波《あごなは》（沖縄）まで来たところで暴風のために遭難、やっとのことで長安に戻ったが、その後、ついに日本の土を踏むことはできなかった。古麻呂のほうは、前項で述べた、あの橘《たちばなのなら》 奈良麻呂《まろ》の「派閥」に属し、クーデター計画に加担したが、それが発覚し逮捕され、激しい拷問《ごうもん》を受けて絶命している。

「和やかに話し合え」

遣唐使と言えば、当時の未熟な航海技術で東シナ海を渡る危険を顧みず、中国の先進の文化・文物を取り入れるという若々しい情熱に燃えた「外交使節団」として有名だ。だが、大伴古麻呂のように、自国の「国益」を守るため体を張って意見を言い、実際に行動できる外交官は、やはり古代でも極めて稀《まれ》だったのだ。

遣唐使は630年、舒明《じょめい》天皇の時代に始まり、計画は20回あったが、実際に唐まで到達したのは13回のみだ。20回のうち4回（746年、761年、762年、894年）は中止に終わっている。

遣唐使一行は大使・副使・判官《はんがん》・主典《しゅてん》といった幹部以下、訳語《おさ》（通訳）・神主・医師・陰陽師《おんみょうじ》などの職員、船師《せんし》（船長）・船匠《せんしょう》（船大工）・柁師《かじし》（操舵長）・水手長《かこおさ》といった船団の管理スタッフ、それに請益生《しょうやくしょう》（短期留学生）・留学生《るがくしょう》（長期留学生）、還学僧《げんがくそう》（短期留学僧）・学問僧（長期留学僧）などから構成された。大体500人前後が4船に分乗、東シナ海の荒波に漕《こ》ぎ出したのだ。

この「外交使節団」を代表する大使には一体どのような人物が抜擢《ばってき》されたのだろうか。大使は議政官である参議《さんぎ》クラスから任命され、位階で言えば四位の者が最も多かった。また、時によっては大使の上に執節使《しっせつし》や押使《おうし》が置かれることもあった。

遣唐大使には将軍と同様に出発にあたって天皇から節刀《せっとう》が与えられた。これは使節往来の間に限って天皇大権が大使に委譲されたことを意味する。随員への褒賞《ほうしょう》・処罰などの「人事権」はすべて大使が掌握していたのだ。大使はさながら、戦地に赴く将軍のような存在だった。遭難の危険が多い命懸けの航海を思えば、それも頷《うなず》けよう。

遣唐使の使命は、何と言っても唐の法や制度、文化を学び、最新の文物を仕入れることにあった。だから、大使には四位前後の貴族から唐の宮廷に出しても恥ずかしくない学識・教養の持ち主が選ばれたようだ。例えば、701年任命の第8次遣唐使の執節使だった粟田真人《あわたのまひと》は、唐で「好んで経書・史書を読み、文章を綴《つづ》ることを解し、容貌《ようぼう》や所作は温雅だ」と絶賛を受けている。

しかし、当時の唐と日本との外交関係の現実を考えると、大使には真人ほどの学識・教養がなくても、当時の日本の立場をわきまえ、相手と決して揉《も》め事を起こさない人格的に温和と思われる人物が第一に求められたようだ。

例えば、775年任命の第16次遣唐使に対し、光仁天皇《こうにんてんのう》（天智天皇《てんじてんのう》の孫にあたる。桓武天皇《かんむてんのう》の父）は「以前より我が朝廷は使者をかの国に遣わし、かの国からも使者がやってきた。このような使節往来の一環として、そなたらを派遣するのだ。この趣旨をよく心得て、かの国の人びとが和やかに心安らぐように話し合え。相手を驚かすようなことをしてはならぬ」と言っている。

「ボイコット」の頻発

どの遣唐大使にも、これとほぼ同様の詔書が与えられたようだが、大使には一体どうして、このような温和な姿勢が期待されたのだろうか。実は、当時の日本は事実上の「世界帝国」と言ってよい唐を真似《まね》て、日本こそ世界の中心に位置する国家で、すべての周辺諸国を「蕃国」として従えているという尊大な国家意識をもっていたのだ。

だから日本は、朝鮮半島の新羅ばかりでなく、ほかならぬ唐も「蕃国」と見なしていたのだが、これはあくまでも、日本国内でのみ通用していたことだった。他方、唐は日本を朝貢国の一国としか見なしていなかったから、日本がこのような大それた意識を抱いていることが唐側にバレれば、必ずや問詰《もんきつ》を受け、法や制度、文化・文物の摂取・移入という遣唐使本来の任務に支障を来すことになりかねない。

冒頭で紹介した大伴古麻呂も、歴代の遣唐使のなかでは大変「型破り」に見える。だが、彼はあくまで日本が新羅の上位にあることを頑強に主張したのであって、唐と日本が「対等」などとは口が裂けても言えなかったはずだ。

遣唐使を通じて唐から学ぶものが限りなくあった時代は、日本が唐を「蕃国」の一つと見なしていることなど、おくびにも出さず、ただひたすら文化・文物の輸入に努めていた。

しかし、755年に起きた安禄山《あんろくざん》・史思明《ししめい》の反乱をきっかけに唐の支配力や周辺諸国への影響力が急速に衰えてくると、話が違ってきた。もう唐の顔色など窺《うかが》う必要はないから、大使は特別に温厚な人物でなくても構わない。それに何よりも、多大な危険を冒してまで、わざわざ唐に渡って学ぶべきものがあるのかという意見が大勢を占めるようになる。

775年任命の第16次遣唐大使は、東大寺《とうだいじ》造営に活躍した「能吏」佐伯今毛人《さえきのいまえみし》だ。彼は博多まで行ったが順風が吹かないとの理由でいったん都に帰る。その後、副使の交替があり、今毛人は再度出発することになったが、その直前、病気になったと称して大使を辞退してしまうのだ。

第19次遣唐使（834年任命）の時にも、遣唐使「ボイコット事件」があった。大使は藤原常嗣《ふじわらのつねつぐ》、副使は小野篁《おののたかむら》だったが、篁は常嗣が安全性の高い船をより好みするのに嫌気がさし、これまた病気を理由に乗船を拒否したのだ。さらに彼は身の安全ばかりを気にする常嗣を信任した嵯峨上皇《さがじょうこう》を公然と非難、そのため隠岐国《おきのくに》に流罪《るざい》となっている。

894年、第20次遣唐大使を拝命した菅原道真《すがわらのみちざね》が使節派遣の無益を主張し、遣唐使の260年余にわたる歴史にピリオドが打たれたことは有名だ。平安時代に入ると、遣唐使への任命拒否が頻発したことからも分かるように、遣唐使「人事」はかつての重要性をすでに失っていた。

「血脈」が作用した会議の結論——御曹司・藤原緒嗣《ふじわらのおつぐ》

805年12月。桓武《かんむ》天皇の御前で重大な会議が催された。

会議といっても出席者は中納言・近衛大将で従三位の藤原内麻呂、それに参議・右衛士督で従四位下の藤原緒嗣、参議・左大弁で正四位下の菅野真道《すがののまみち》のわずか3名だ。議題は「天下の徳政」について。

緒嗣はこう提言した。「今、天下の民を苦しめているのは『軍事』と『造作』である。この二つを停廃すれば、民の暮らしは安らかになるであろう」。この時、緒嗣32歳。

「軍事」とは東北地方に対する大規模な軍事的展開を指す。いわゆる蝦夷《えみし》との戦争だ。「造作」とは長岡京ついで平安京の造営のこと。いずれも桓武天皇の時代になって本格的に企画・実施された事業だった。緒嗣はこの二大事業が民の生活を徒《いたずら》に困窮させているとして、即時停止を提案したのだ。

これに対して真道が異議を唱えた。詳細は伝わらないが、緒嗣のあげた論点に執拗《しつよう》に反駁《はんばく》を加えたようだ。真道は当年65歳の老練な「官僚」である。

桓武天皇は終始無言で二人の論争を聞いていたが、やがて結論を下した。「緒嗣の論にこそ理がある」と。時の賢人は天皇のこの決断に感嘆したという。

桓武天皇は翌806年3月にこの世を去った。時に70歳。

海外にルーツをもとめた桓武天皇

桓武天皇は737年に生まれた。名前を山部王《やまべおう》（後に親王）といった。父は白壁王《しらかべおう》といい、天智《てんじ》天皇の孫だった。後の光仁《こうにん》天皇である。母は最初、和新笠《やまとのにいがさ》といった。後に高野新笠と名乗るようになる。和氏は百済《くだら》系の渡来人だった。そのような母をもつ桓武であったから、将来天皇になるとは夢想だにしなかったであろう。

桓武の父である光仁も、その晩年に至るまで即位する可能性は乏しかった。それでも光仁は、あの聖武《しょうむ》天皇のむすめ井上《いのえ》内親王を娶《めと》り、他戸王《おさべおう》というむすこ（桓武には異母弟にあたる）をもうけていたから、聖武のむすめの称徳天皇（孝謙天皇の重祚《ちょうそ》）のもとで、将来の天皇候補として次第に着目されるようになった。

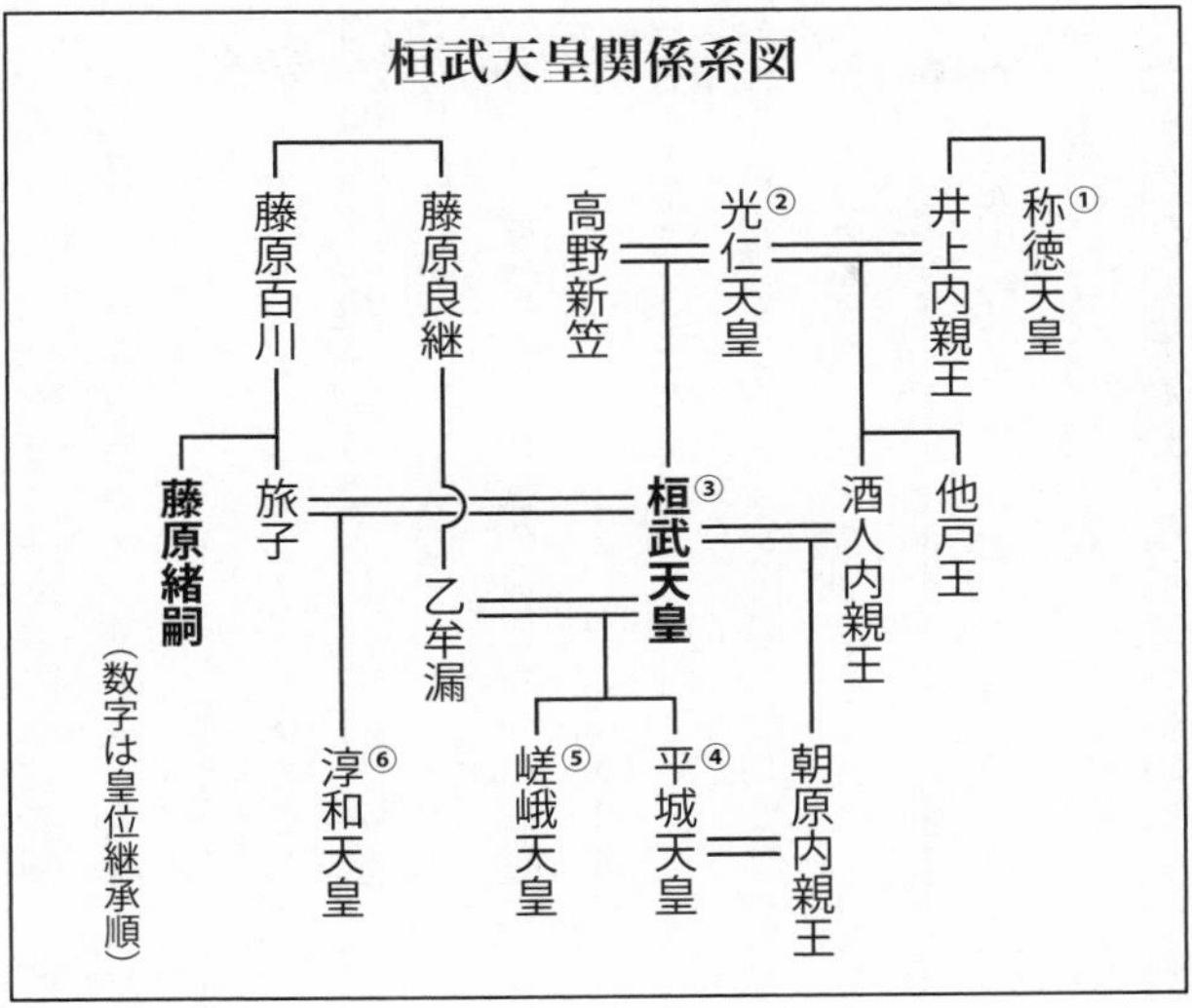

桓武天皇関係系図

それは、独身で後継ぎのいない称徳女帝が、亡父聖武の孫である他戸王を天皇に立てようとして、その「中継ぎ」ということで光仁を即位させるという計画だった。そして、770年8月に称徳が53歳で没すると、すでに62歳となっていた光仁は称徳の皇太子に立てられ、言わば称徳のむすことという触れ込みで、天皇への階段を上がったのだ。

光仁はこのような事情で即位したから、何よりも称徳の父である聖武との繋《つな》がりを重んじた。光仁は天智の孫とは言いながら、天智の弟である天武天皇の子孫である聖武の御蔭《おかげ》で天皇になれたことを内外にアピールしなければならなかった。

ところが、772年3月、思いもよらぬ事件が起きた。光仁の即位とともに皇后に立てられた井上内親王（桓武には義母にあたる）が天皇を呪詛《じゅそ》によって殺そうとした容疑を受け、その地位を追われたのだ。その側杖《そばづえ》を食らい、彼女のむすこ他戸王（この時は親王）も、皇太子の座を失うことになった。井上・他戸の母子は幽閉され、775年4月の同日に没した（暗殺の疑いが濃厚）。

他戸の没落により桓武の前にかつては夢にも見なかった道が開かれることになった。彼は773年1月に皇太子となり、781年4月には光仁の譲りを受けて即位した。

父が聖武天皇との繋がりを重視したように、皇太子時代から即位当初までの桓武も、自分が聖武に連なる存在であることを何かにつけて強調しようとした。母方が百済系の渡来人ということもあって、聖武との繋がりによって我と我が身を殊更《ことさら》に飾ろうとしたわけだ。

だが、桓武が即位して間もなくして聖武の血筋を受け継ぐ氷上川継《ひかみのかわつぐ》（聖武のむすめである不破内親王のむすこ）が謀反《むほん》の容疑で「自滅」してからは、聖武との繋がりを以前ほど気にしなくてもよくなった。

聖武の血統的呪縛から解放された桓武は、自分の父方の先祖が天智であることに加え、母方が百済系の渡来人であることを以前に増して強調するようになった。7世紀後半に滅んだ百済の王家の流れをくむ百済王氏を積極的に登用したのはその表れだった。さらに中国の皇帝が行う天（天帝）を祭る祭儀なども採り入れるなど、自身のルーツが天智や天武といった日本の過去の天皇ではなく、日本列島の外部にあることを政治的に強く意識するようになったのだ。彼は言わば亡父光仁を始祖とする中国的な王朝を打ち立てようとしたのである（光仁は781年12月に没）。

桓武が「軍事」すなわち東北戦争を開始したのは、中国の皇帝がその支配領域の周囲に野蛮な異民族（東夷《とうい》・西戎《せいじゅう》・南蛮・北狄《ほくてき》）を従えているという世界観を移入し、それを実態化しようと企てたためだった。長岡京や平安京の相次ぐ造営という「造作」に着手したのも、平城京を拠点とした聖武の血脈とは最早決別し、桓武自身が興した王朝の独自の都を建設したかったからであろう。

要するに「軍事」と「造作」とは、桓武自身あるいは彼が属する王朝の存在証明にほかならない。彼はそれを死の数カ月前、自らの手で封印する決断を下したのだ。自身の生涯を賭《か》けたプロジェクトを最後の最後になって停止するとは、誰もが簡単に真似《まね》できることではない。

御前会議、参加者の思惑

桓武が生涯を賭けたプロジェクトの即時停止を提唱した藤原緒嗣とはいかなる人物だったか。彼は藤原氏の式家《しきけ》（不比等の三男宇合《うまかい》に始まる家系）の出身で、父は百川《ももかわ》といった。百川は桓武擁立の功臣であり、例の他戸王が失脚した直後、百川の活躍がなければ桓武は皇太子になることも危うかったのだ。桓武は百川の功労を大として、そのむすこの緒嗣を早くから優遇した。父を早くに亡くした緒嗣は御所に招かれて元服を加えられている。さらに、桓武が藤原式家から迎えた女性（乙牟漏《おとむろ》、旅子）が生んだ皇子（後の平城《へいぜい》天皇、嵯《さ》峨《が》天皇、淳和《じゅんな》天皇）を後継者に選定したのも、百川の功に報いるためだった。

このように緒嗣とは、言わば桓武の大恩人のむすこであって、だからこそ、若くして桓武に対して歯に衣を着せずに物を言える立場にあったのだ。「軍事」と「造作」が民衆の生活を疲弊させていると誰もが分かっていても、猫の首に鈴を懸けることができたのは緒嗣以外にいなかったであろう。一代で企業を起こした老人も、創業を助けた今は亡き恩人のむすこの一言には弱いといったところか。

他方、菅野真道はどうして頑強なまでに桓武の二大プロジェクトの続行にこだわったのだろう。真道の属する菅野氏はもと津史《つのふひと》氏といった。王辰爾《おうしんに》を始祖とする渡来系の氏族であり、真道の時代には百済王家の流れをくむと唱えていた。津氏から菅野氏に改姓する時も、桓武によって優遇されていた百済王氏の口添えを得ている。

真道は緒嗣とは異なり、いわゆる「親の七光り」はなかった。だが、その「官僚」としての優れた才幹に加えて、百済系の血脈を受け継ぐという桓武との共通点があった。彼の異例の出世も、その点が大きく評価された結果にほかならない。

とすれば、真道は自分と同様の血統的条件をもつ桓武がその血筋ゆえに思い立った二大プロジェクトに対して、緒嗣という御曹司が決して抱くことのない「思い入れ」をもっていたことは想像に難くない。それは、企業トップと創業の昔から労苦を共にした老人ならではの苦い「思い入れ」とも言えよう。

「天下徳政論争」と呼ばれる桓武最晩年の御前会議は、所詮《しょせん》「やらせ」にすぎないのではないかという見方もある。「軍事」と「造作」は早晩停止せねばならなかったというのだ。だが、プロジェクト続行に反対できるのはおそらく緒嗣しかいなかったし、他方、真道以上にプロジェクト打ち切りに異議のある者もいなかったことだけは確かであろう。

「学閥」出身者の悲劇――右大臣・菅原道真《すがわらのみちざね》

「学問の神様」として名高い菅原道真が大宰府《だざいふ》で亡《な》くなって、およそ1120年。道真の59年の生涯はそれ自体が「人事」の日本史の格好の素材と言ってよい。本項では道真の栄光と転落の人生を通して、平安時代の生々しい「人事」問題を垣間見《かいまみ》ることにしたい。

道真が誕生したのは845年。父親は晩年に参議《さんぎ》にまで昇り詰めた是善《これよし》だ。菅原氏はもとは土師《はじ》氏と称しており、天武《てんむ》天皇が制定した「八色の姓《やくさのかばね》」で第三位の宿禰《すくね》を賜っていたから、辛うじて五位以上に昇進できる資格はもっていたことになる。

だが、天皇家と密着し、「人事」でつねに有利な条件を占めていた藤原《ふじわら》氏とは異なり、土師氏のような氏族が政官界で生き延びるには種々の知恵と努力が必要だ。781年、道真の曽祖父《そうそふ》古人《ふるひと》が桓武《かんむ》天皇に願い出、土師宿禰を菅原朝臣《あそん》（菅原は一族の本拠地）に改めたのはその表れだった。土師氏改め菅原氏は学問で身を立て、政官界に打って出ようと決意したのだ。

だから、道真は幼少の頃より父から厳しい教育を受け、さらに父の門人、島田忠臣《しまだのただおみ》からも詩文の指導を受けた。彼は後に、この忠臣のむすめ宣来子《のぶきこ》を娶《めと》っている。

道真にとって恵まれていたのは、菅家廊下《かんけろうか》と呼ばれる勉学の場を身近にもっていたことだ。これは彼の祖父清公《きよきみ》が開いた私塾で、政官界に多数の有能な人材を輩出した。菅家廊下とは文字どおり、それが菅原氏私邸の廊下にあったことに由来する。長い廊下が教室に当てられ、廊下の北側には書庫が、廊下の突き当たりには後に道真の研究室兼応接室が置かれた。

「改革」を担った学者大臣

道真は言わば、政治家や「官僚」を世に多数送り出す私立大学、または「政経塾」の創立者の一族に生まれ、そこで当時望みうる最高レベルの教育を受けたのだ。彼は生まれながらにして菅家廊下という一大「学閥」を率いる運命を負わされていたわけだ。若い道真の才能は菅家廊下で磨かれ、やがてそれは世間の耳目を集めることになる。

862年、道真は式部省《しきぶしょう》が実施する文章生《もんじょうしょう》試験を史上最年少の18歳でパスして文章生となった。文章生の定員は20人で、その中からさらに成績優秀者が選ばれ文章得業生《とくごうしょう》となる。そうなれば方略試《ほうりやくし》という最高の国家試験の受験資格が認められるのだ。方略試は哲学と文学に関する高度な論文試験だが、これをクリアすれば「官僚」や政治家になる道が開かれる。

867年、道真は23歳で文章得業生となり、870年には26歳で方略試に合格。それを皮切りに昇進を重ね、中央官庁の要職を歴任する。従五位下《じゅごいのげ》に叙され、貴族の仲間入りをしたのは30歳の時だ。877年には文章博士（「官僚」養成機関である大学寮の主任教授。現在の東大総長と文部科学大臣を併せたようなポスト）となった。

順風満帆に見えた道真の「官僚」人生だったが、886年、讃岐守《さぬきのかみ》（現在で言えば香川県知事）という地方官への転出（出向？）が命じられる。これは道真にとって思いもよらない「人事」だったようだが、彼は地方官を体験することで、中央官庁にいては分からない地方の実情を目の当たりにする。政治の何を改革しなければならないかを肌身で学び取ることができたのはこの期間だ。

887年、道真が中央に返り咲くチャンスが訪れる。この年即位した宇多天皇《うだ》は功臣の藤原基経《もとつね》を関白《かんぱく》に任命したが、宇多の命を受けその辞令を作成した学者の橘広相《たちばなのひろみ》は「阿《あ》衡《こう》に任ず」と書いた。阿衡とは関白の中国風の呼び名だ。だが、基経お抱えの学者、藤原佐世《すけよ》が「阿衡は名誉職で実権がない」と入れ知恵したものだから、基経はヘソを曲げ、政務をボイコットするという騒ぎになった。世に言う「阿衡の紛議」だ。

要するにこれは、学者同士の足の引っ張り合いが政治問題に発展した事件だ。道真は讃岐より急遽《きゆうきよ》上京、宇多天皇サイドの橘広相を堂々と弁護するキャンペーンを張った。これにより宇多は道真を俄然《がぜん》注目するようになったのだ。

以後、宇多のもとで道真の累進《るいしん》は目覚ましい。891年には天皇の秘書官トップと言うべき蔵人頭《くろうどのとう》、893年に参議、翌年には遣唐大使《けんとうたいし》（前項で述べたように、これは結局辞退）、895年、中納言に任ぜられ従三位《じゆさんみ》。897年には権大納言《ごんだいなごん》となり右大将《うだいしよう》を兼任。そして、右大臣《うだいじん》に任ぜられたのは899年、道真55歳の時だった。一方の左大臣は基経のむすこの時平《ときひら》、当時29歳だ。

学者から身を起こした道真が大臣にまで出世したのは、基経のような実力者を抑え、政治の刷新に意欲を燃やしていた宇多天皇の計らいにほかならない。宇多は道真だけでなく、その背後にある菅家廊下という一大「学閥」に政治改革の望みを託したのだ。

897年、宇多は当時まだ13歳のむすこの醍醐《だいご》天皇に譲位、2年後には出家して史上初の法皇《ほうおう》となった。道真と菅家廊下は宇多「院政」のバックアップで政治改革に取り組んだ。道真の政治家としての真骨頂は何と言っても「経済政策」にあった。道真の経歴や仕事を見て、小泉内閣の竹中平蔵氏を想起するのは筆者だけではあるまい。

7世紀末に完成した律令制国家の財政は、調庸《ちょうよう》や雑徭《ぞうよう》など主として成人男子への課税によって成り立っていた。だが、平安時代になると、このような「人頭税」収入が激減、国家財政が破綻《はたん》に瀕《ひん》する。課税の基礎データである戸籍に登録されているのは女性ばかり。確信犯的な「脱税」行為がまかり通っていた。そこで道真は、課税対象を思い切って人から土地に切り替えようと企てる。

他の学閥からの嫉妬

このような改革が着々と進むなか、道真の足元に暗い影が忍び寄っていた。900年10月、三善清行《みよしのきよゆき》が道真に「引退勧告」をしたのだ。清行は道真と同じ学者出身の政治家だが「学閥」が違った。彼はこう言うのだ。「来年は辛酉《しんゆう》の年、陰陽道《おんみょうどう》では1260年に一度の大変革の年と言われている。変革の禍はきっとあなたの身にも及ぶだろう。あなたが学者の出でありながら大臣にまで昇り詰めたからだ。おのれの分を弁《わきま》え、直ちに職を辞すべきだろう」。だが、道真はこれを黙殺した。

９０１年正月、17歳になっていた醍醐天皇は突如、道真の大宰権帥《だざいのごんのそち》への「左遷」を発表する。道真のむすめは醍醐の弟斉世《ときよ》親王《しんのう》に嫁いでいたが、道真は宇多法皇に取り入り、醍醐と斉世の仲を裂こうと企《たくら》んでいるというのがその罪状だ。宇多法皇が道真を弁護するために駆けつけたが、醍醐は父親に会おうとしなかった。さらに道真派の「官僚」や菅家廊下の学生にも処罰が及ぼうとしたが、それを制止したのが何と三善清行だった。道真の「学閥」に恩を売ることで、学界トップの座を確保しようとの打算は見え見えだ。

道真「失脚」は、藤原時平が道真に外戚《がいせき》の座を脅《おびや》かされるのを恐れて仕組んだものというのが通説だ。だが、平安時代に入って藤原氏は天皇家の外戚の座を安定して維持していたから、道真が藤原氏の脅威になったとは考えがたい。むしろ、宇多と醍醐との父子間の対立、道真の「学閥」菅家廊下に対する他の「学閥」からの嫉妬《しっと》や攻撃が、道真を「失脚」に追い込んだと見るべきだろう。

それから2年後、道真は宇多法皇の恩寵を偲《しの》びつつ大宰府で病没した。およそ「学問の神様」らしからぬ、「人事」の荒波に翻弄《ほんろう》され、そして力尽きたのが彼の人生だったと言えよう。

「人事権」がもたらす栄華の極み――関白・藤原道長《ふじわらのみちなが》

1018年、藤原道長（53歳、兼家《かねいえ》の五男）は人生最高の時を迎えていた。彼のむすめ威子《いし》（20歳）が後一条天皇《ごいちじょう》（11歳）に嫁ぎ、その中宮《ちゅうぐう》（皇后の別称）に立てられたのだ。後一条は、道長の甥《おい》にあたる一条天皇《いちじょう》（母は兼家のむすめ詮子《せんし》）と道長のむすめ彰子《しょうし》との間に生まれた皇子だった。

立后《りっこう》の祝いの宴席で酒に酔った道長が詠《よ》んだのが有名な「此世《このよ》をば我が世とぞ思ふ望月のかけたることもなしとおもへば」という歌。道長は即興の歌だと言って披露したが、怪しいものだ。列席の公卿《くぎょう》は皆でこの歌を唱和したという。あたかも上司の下手くそなカラオケに皆で拍手を送る宴会のような光景。ああ、昔も今も。

彼が「この世は我が世」と歌ったのは、一家から3人の皇后が出たことを指している。道長の長女彰子（31歳）は後一条とその弟で当時皇太子だった敦良親王《あつなが》（後の後朱雀天皇《ごすざく》、

10歳）の母で太皇太后《たいこうたいごう》。次女妍子《けんし》（25歳）は、一条と後一条の間に在位した三条天皇《さんじょう》（故人）の中宮で当時は皇太后《こうたいごう》。そして、三女威子が後一条の中宮に納まって、太皇太后・皇太后・皇后がすべて道長のむすめによって占められているのだから、まさに栄華の極みだ。

「人事」ポストに21年間

さらに3年後、道長のむすめ嬉子《きし》が皇太子の敦良親王に嫁ぎ、彼女は後に後冷泉《ごれいぜい》天皇を産む。道長はこれら天皇の外戚《がいせき》として絶大な権力を掌握したと言われている。そして、道長の権勢を保障したのが律令制の規定にない摂政《せっしょう》・関白《かんぱく》というポストだったというのが日本史の「常識」だ。

だが、道長の絶大な権勢は外戚の座や摂政・関白の地位だけで維持できたわけではなかった。なぜならば、道長は摂政になったことはあるが、それは極めて短期間であり、関白に就任したことは一度もなく、むしろ彼はそれを頑《かたく》なに拒み続けたからだ。道長の権勢を保障したもの、それはズバリ「人事権」の掌握だった。

道長の時代は、藤原氏の中でも北家《ほっけ》（不比等《ふひと》の次男、房前《ふささき》の子孫）が独占した摂政・関白による政治、すなわち「摂関《せっかん》政治」の最盛期と言われている。そもそも、摂政・関白とは一体どのようなポストだったのだろう。

まず摂政は「政を摂する（政治を統括する）」という意味であり、天皇の政務を代行するポストだった。叙位や除目《じもく》（任官）などの「人事」をはじめとする天皇の政務の一部を代行する権限を有した。８６６年に清和《せいわ》天皇（17歳）の外祖父、藤原良房《よしふさ》（房前の玄孫）が任命されたのが最初だ。

つぎに関白だが、これは「関《あずか》り白《もう》す」という意味。天皇に奏上を行い、天皇から下された事項に関して関係者に諮《はか》るというのがその職務だった。８８４年、光孝《こうこう》天皇が先代の陽《よう》成《ぜい》天皇（17歳で強制退位）の摂政だった藤原基経《もとつね》（良房の後継者）にその職務を与えたのが最初で、８８７年に光孝のむすこ宇多《うだ》天皇が基経に同様の職務を与えた時に関白の名が正式に用いられた。この時、「阿衡《あこう》の紛議」が起きたことは前項で述べたとおりだ。

摂政・関白はいずれも天皇の政務を代行する地位と言われているが、両者の権限には微妙な差異があった。「人事権」の掌握という点で関白は摂政におよばなかったのだ。また摂政は幼少の天皇、関白は成人の天皇を担当するという明確な分担が当初からあったわけではない。10世紀の前半、基経のむすこ忠平《ただひら》（前項で登場した時平《ときひら》の弟）の時、天皇幼少時＝摂政、天皇成人後＝関白という例が定まったのだ。

「紫式部日記絵詞」に描かれた藤原道長

9世紀の良房以来、藤原北家が天皇家の外戚として、天皇を「後見」するという名目で摂政または関白として宮廷政治を動かしてきたことは明らかだ。だが、摂政・関白がいない時期も少なからずあり、当時宮廷政治のキーマンとなりうる地位は摂政・関白だけではなかった。

例えば、当時「内覧《ないらん》」というポストがあった。「内覧」とは、本来は天皇に奏上する文書や天皇が裁可した文書をあらかじめ見ることができる権限のことだった。だが、後にそのような権限を有する地位の呼び名となったのだ。

「内覧」が関白と同義とされた時期もあったが、やがて関白でなくても「内覧」の職務を果たす例が現れ独立したポストになった。995年、道長は一条天皇から「内覧」に任命され、これにより宮廷政治の中枢《ちゅうすう》を押さえることになる。

また、「一上《いちのかみ》」と呼ばれる地位も重要だ。政務執行にあたる公卿を上卿《しょうけい》と言ったが、その筆頭者をこう呼んだのだ。太政官《だいじょうかん》（国政運営の中枢機関）の事実上の長官である左大臣《さだいじん》がこれに当たるのが普通だった。「一上」となった左大臣が摂政や関白を兼ねたり、または左大臣が欠員の場合には、次席の右大臣がこれを務める慣わしだった。

道長は996年に左大臣に任命されて以来、太政大臣《だいじょうだいじん》となる1017年までの21年間の長きにわたって「一上」を務めた。その間、三条天皇の准摂政《じゅんせっしょう》、次いで後一条天皇の摂政となった1015年からの約2年間だけ「一上」の座を離れた。どうも彼にとって「一上」は摂政・関白よりも魅力ある地位だったようだ。それは、「一上」が宮廷の「人事」に直接関わる要職だったからなのだ。

天皇とサシで人事を決める

春秋2回の叙位・除目は、天皇の御前に公卿が参集し3日間をかけて行われる。当日、公卿らは多くの関係書類をもって清涼殿《せいりょうでん》（天皇が日常生活を送る建物）に入り所定の座に着く。この「人事」決定の最高会議で「一上」は「執筆《しゅひつ》大臣」という役目を務めるのだ。「執筆大臣」は天皇のすぐ隣の円座に座り、さまざまな書類や申請書を前に、天皇の許可を得ながら、「大間《おおま》書《がき》」と呼ばれる書類に候補者の名前を自ら書き込んでいく。

3日間のスケジュールは細かく決められており、これが終わると、「大間書」を天皇に点検してもらい、問題がなければ清書を担当する上卿に渡して、位階や官職のランキングに従い一覧表を作成する。それを天皇に奏上して最終的な裁可が得られれば、これが式《しき》部省《ぶしょう》・兵部省《ひょうぶしょう》という「人事」所轄《しょかつ》官庁を通し関係者に伝達されるわけだ。

この「人事」決定会議に公卿は参加しているだけで、発言権はほとんど認められていない。「執筆大臣」を務める「一上」が、言わば天皇とサシで向かい合って「人事」を決めていったのだ。

道長が摂政や関白になりたがらなかったのは、ひとえに天皇と「人事権」を分かち合う「一上」のポストに固執したためだろう。彼が2年間だけ摂政を引き受けたのは、摂政が関白と違って「人事」に積極的に関与する権限があったからだ。「藤原不比等」の項で見たように、律令制のもとでは天皇が高級「官僚」の「人事権」を握っていたが、「一上」は天皇のもとで事実上「人事権」を掌握していたのだ。

一条天皇は「人事」に関しては道長に全幅の信頼を置いていたという。「人事権」を握った者に権力が集中し、組織内での地位が強化されるのは今も昔も変わらない。どうも道長さん、一度「一上」になったら、その味をしめて「もうやめられない!」という心境だったらしい。「この世は我が世」という彼の恥知らずな歌を唱和した公卿らは、それこそ人生の浮沈を道長にガッチリと握られた哀れな人々だったのだ。

実は道長、「この世は我が世」と歌った翌日、目が見えないと訴えている。やっと自分の手のひらが見える程度だというのだ。これは年来の糖尿病による白内障だ。さすがの道長も病には勝てず、やはり糖尿病による背中の腫《は》れ物のせいで「我が世」と誇ったこの世を去るのは、それから9年後のことだった。

「出世競争」で骨肉相食《あいは》む殿上人――摂関家・藤原氏

「この世は我が世」と誇った藤原道長《ふじわらのみちなが》。彼は藤原兼家《かねいえ》(師輔《もろすけ》の三男)の五男であったから、兄たちが健在であれば、前項で述べたような「人事」の頂点を極めることは不可能だったに違いない。だが、道長はいくつかの偶然と幸運に恵まれて、権力の絶頂に上り詰めたのだ。

995年4月、道長の長兄道隆《みちたか》が病のために43歳で没すると、道長のすぐ上の兄であった道兼《みちかね》がその後を襲い関白《かんぱく》となった。ところが、道兼は在任わずか数日で流行病《はやりやまい》のために没してしまう。彼が亡《な》くなったのが関白就任のお礼言上のために参内してから七日目だったので、世に「七日関白」という。享年35。

こうして兄たちが相次いで没したことにより、当時30歳だった道長に幸運がめぐってきたわけだが、その際に彼の近親女性の力がなければ、幸運は道長の前を素通りしたかもしれないのだ。

実は道隆は、弟の道兼ではなく長男伊周《これちか》に関白の座を譲ろうと考えていたのだ。だが、道兼がそれに猛烈に反対した。

これには因縁があって、かつて道兼は、父兼家の密命を受け若い花山《かざん》天皇を誘い出して出家させ、その結果、一条《いちじょう》天皇（兼家の外孫）の即位と兼家の摂政《せっしょう》就任に貢献したのだ。道兼はその見返りに長兄道隆を差し置いて、自分が父の後継者になれると思っていた。だが、彼の期待は裏切られ、道隆が父の後を継いで摂政となった。そのため、憤慨した道兼は父の喪にも服さなかったと言われる。

だから、道兼は今度こそという思いで、「関白は兄弟の順に！」と強硬に主張したのだ。その願いがかなってようやく関白となったのに、「七日関白」で終わるとは道兼もまったくついてない。

天皇の生母の力

その道兼が急死を遂げた後も、道長の前に強力なライバルとして立ちはだかっていたのが伊周だった。時の一条天皇の中宮は定子《ていし》といい、道隆のむすめ、すなわち伊周の妹だった。定子を寵愛する天皇は伊周を信任していたから、この点は道長にとって大きなハンデとなった。

そのような時、道長に幸いしたのが、彼の姉で円融《えんゆう》天皇の皇后だった詮子《せんし》（東三条院《ひがしさんじょういん》）だ。彼女は現天皇一条の生母だった。詮子は兄弟のなかでもとくに道長に目をかけていた。

この詮子が懸命に一条天皇を説得したのだ。

「お上《かみ》。道長が大臣就任で伊周に先を越されたことだけでも、本当に気の毒なことであると姉として心を痛めています。でも、これは道隆が決めたことですから、お上もお断りできなかったのでしょう。しかし、関白への任命を亡き道兼に下したのに、道長に対して下すことができないと仰《おお》せであるならば、それはたんに道長が哀れというだけでは済まされません。それは、お上御自身の御威光にも関わることではないでしょうか？」

天皇は母の訴えを疎《うと》ましく思い、詮子のもとに足を運ばなくなった。そこで詮子は自ら天皇の寝所に入り、道長を関白に任命するように泣きながら嘆願した。

一条天皇はついに根負けして、道長を摂政・関白に相当する「内覧《ないらん》」に任命することを承諾した。まさに「母は強し」だ。あるいは、企業創始者の妻の一言の重みとでも言おうか。

以上は、平安時代末期に書かれた歴史物語、『大鏡《おおかがみ》』に見える話だ。『大鏡』は、「人

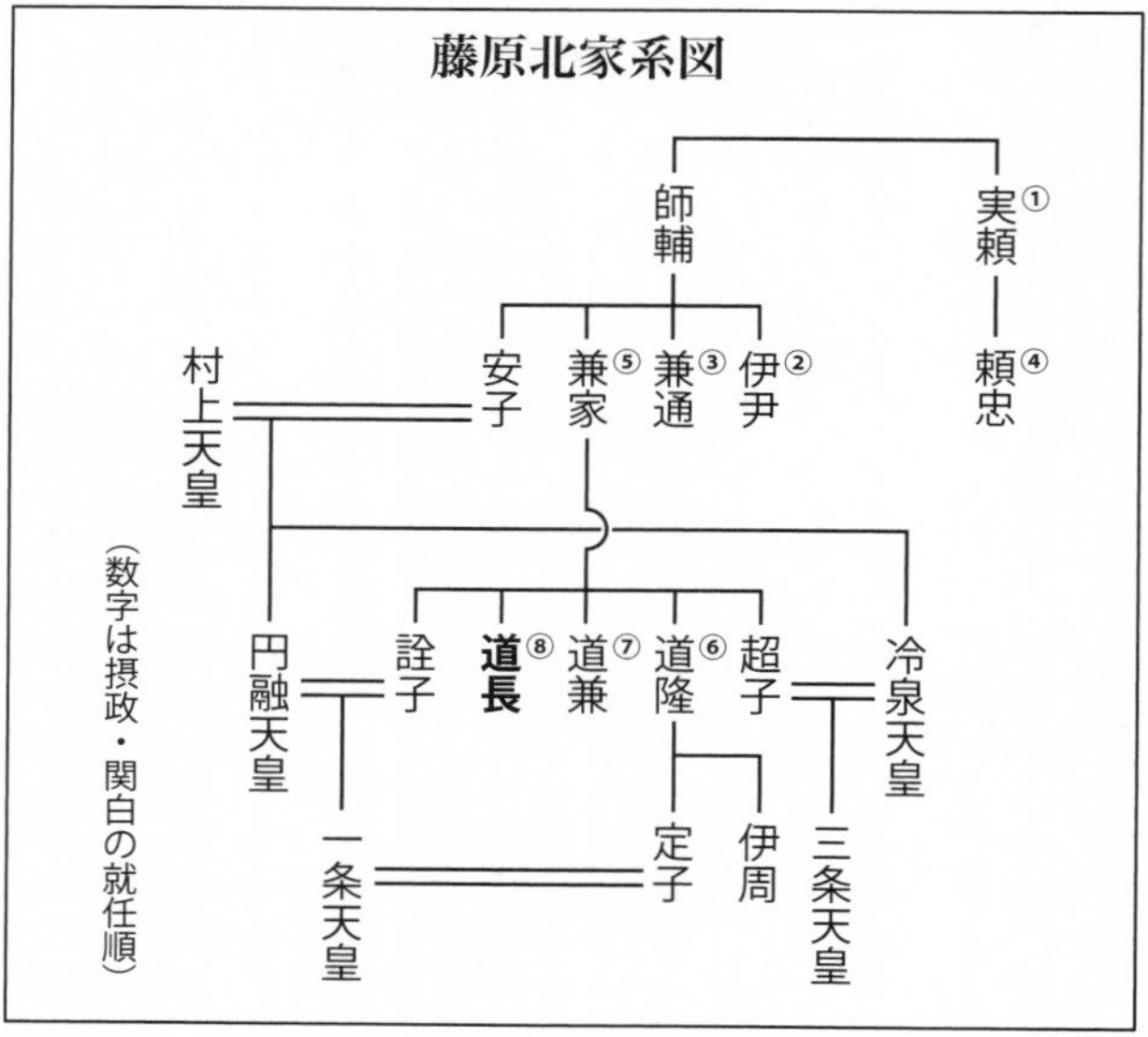

事」をめぐる貴族たちの苛烈《かれつ》な駆け引きを実に生き生きと描いている。

このように、女性の力が摂政・関白を決したという点では、遡《さかのぼ》って道長らの父兼家の兄、兼通（師輔の次男）にも似たようなエピソードがある。これも上記『大鏡』に見える。

兼通は兼家よりも4歳年長であったが、どうしたわけか、出世競争では弟のほうがつねに兄に先んじていた。969年、兼通がようやく参議に就任した直後に、兼家はそれを超えて中納言《ちゅうなごん》の高位についた。

このままでは摂政・関白の座も弟に先を越されてしまうと焦《あせ》った兼通

は、あらかじめ妹の安子《あんし》（村上《むらかみ》天皇の中宮《ちゅうぐう》）に頼み込み、「関白職は兄弟の順に」という趣旨の書き付けを手に入れていた。それを御守りのように首から掛けていたというから、滑《こっ》稽《けい》を通り越し哀れですらある。

972年11月、兼通・兼家の長兄である伊尹《これただ》が49歳で亡くなった。すると、兼通は早速参内し、この書き付けを天皇に見せて関白任命を迫ったというから、えげつない。

安子はすでに964年に38歳の若さで亡くなっており、この時の天皇はそのむすこ円融天皇だ。天皇はどちらかと言えば陰気な兼通に好感を抱いていなかった。その叔父がいそいそとやってきたのを見て、天皇はそっと奥へ入ってしまおうとした。だが、兼通が、

「奏すべきこと（お上に申し上げたきことがございます！）」

と迫ったので、天皇も仕方なく、またお出ましになった。すると、兼通は例の書き付けを天皇に見せたのだ。そこにはつぎのように書かれていた。

「関白をば、次第のままにせさせたまへ。ゆめゆめたがへさせたまふな（関白職は兄弟の順にしたがって任命なさいませ。これを決して違うことがありませんように）」

天皇はこれを見て、大きく心を動かされた。

「故宮《こみや》の御手《みて》よな（たしかに亡き母宮の筆跡だなあ）」

天皇は書き付けを手にしたまま、奥へ入った。その後、ややしばらくして兼通を関白内《ない》大臣《だいじん》に任命するとの「人事」が発令される。結局、円融天皇も母の遺命には逆らえず、この時は辛うじて、兼通が兼家を出し抜く格好になったのだ。

死を目前に「最後の人事」

さて、兼通・兼家兄弟の出世競争のその後を見届けて「古代編」の結びとしたい。

兼通も病には勝てず、977年、最期《さいご》の時が訪れようとしていた。『大鏡』によれば、兼通がいよいよ危篤《きとく》に陥った時のことである。彼の邸《やしき》の東のほうから先払いの声がする。公卿の行列が近づきつつあった。一体誰が来るのか調べさせると、何と兼家がこちらに向かっているというではないか。

「年頃なからひよからずして過ぎつるに、今はかぎりになりたると聞きて、とぶらひにおはするにこそは（ここ数年、気まずい間柄のまま過ごしてしまったが、やはり兄弟だな、私が危篤と聞き付けて見舞いに来てくれたのだろう）」

と、兼通が柄にもなくしんみりしていると、兼家の行列は兼通の邸前を通り越して、御所に向かったというのだ。

兼通は激怒した。猛然と病床から起き上がると、人に支えられながら参内、円融天皇に拝謁《はいえつ》した。天皇も、その御前に伺候《しこう》していた兼家も、幽鬼のような姿の兼通を見て言葉もない。

兼通はひどく不機嫌な声で、

「最後の除目《じもく》行ひにまゐりたまふるなり（最後の「人事」を行いに参内いたしました）」

と言い、いとこの頼忠《よりただ》（兼通らの父師輔の兄である実頼《さねより》のむすこ）に関白職を譲り、兼家の兼官職を取り上げるとの「人事」を断行したのだ。この執念の参内の後、間もなく兼通は世を去った。

しかし、兼通・兼家兄弟の競合は、結果的に見て弟兼家の勝利に終わった。なぜならば、円融天皇の後宮に入った兼通のむすめ、媓子《こうし》が皇子を生むことがなかったのに対し、兼家のむすめ詮子は円融天皇の皇子（一条天皇）を生み、同じくむすめの超子《ちょうし》は冷泉《れいぜい》天皇に嫁ぎ後の三条《さんじょう》天皇をもうけたからだ。

摂政・関白就任の前提になる天皇の外戚の座は兼家が射止めることになったわけだが、勝敗が明らかになったのは、すべて兼通没後のことだった。

中世編

関 幸彦

「負け組」ゆえの人気者——反乱者・平将門《たいらのまさかど》

現在の学界では、大体10世紀からを中世への助走としている。

もちろん、その時期と意味づけには様々な議論がある。荘園制の形成など経済構造の変化に着眼して中世の始まりとするのが通説だが、いずれにせよ、封建制の中世は、ある時点で画然と始まったのではなく、長い過渡期を経て次第に姿を現したのだ。

古代が、中央権力による「均一化」と「統合化」を志向した時代だったのに対し、中世は、権力のかたちを「選択」する試みと、地域の「自立」の挑戦がなされた時代であった。すなわち、「選択」と「自立」が中世のキーワードだ。

そして、その「選択」の結果、古代の「王権」から「武権」が自立していく過程で、中世が確立する。こんな理解となる。

本項で取り上げる平将門は、「天ノ与フル所ハ既ニ武芸ニアリ」と語り、いち早く武力を「選択」することで古代の権力のかたちに挑戦した。その意味で、彼こそは中世の扉を叩《たた》いた最初の武人といえる。

平安時代の中頃、坂東《ばんどう》を舞台とした将門の乱については、ご存じの読者も多いだろう。一族の内紛から始まり、天慶《てんぎょう》2(939)年12月には、反乱は常陸《ひたち》・下野《しもつけ》・上野《こうずけ》など北関東を巻き込む大規模なものに発展した。『将門記《しょうもんき》』には、反乱の経過とともに、坂東への諸国司の任命と王城《おうじょう》建設が触れられている。つまり、坂東独立構想ともいうべき内容が語られている。

だが、その独立構想は早くも天慶3年の2月には潰《つい》え去る。藤原秀郷《ふじわらのひでさと》・平貞盛《たいらのさだもり》連合軍のために、将門は敗北したのだ。

記憶のなかで輝く「負け組」

史実のうえでは「負け組」となった将門と、「勝ち組」となった秀郷との最初の出会いに関して、印象的なエピソードがある。鎌倉時代の『吾妻鏡《あずまかがみ》』にも載っている有名な話だ。秀郷は当初、貞盛側につくか、将門側につくかを決めかねていた。そこで、将門の力量を確かめるべく、将門の陣に赴いた。『吾妻鏡』によれば、その秀郷に対して、将門は次のように応対した。

「喜悦ノ余リ二梳《くしけず》ルトコロノ髪ヲ肆《ゆ》ハヅ、即チ烏帽子《えぼし》ニ引キ入レ、コレニ謁《えつ》ス」（治承4年9月19日条）。

つまり将門は、髪を乱し、ザンバラ髪を烏帽子に慌《あわ》ててかき入れ、秀郷を迎えたのだ。秀郷は、この将門の応待ぶりを非礼と感じ、興醒《きょうざ》めしたらしい。この悪印象から、秀郷は将門の敵に回ることになる。

この逸話には、対人儀礼を求める秀郷と、感情をストレートに表す将門という両者の気質がよく表れている。そしてこれは、個人の思惑の違いを超えて、歴史上の「勝ち組」と「負け組」を分ける普遍的なパターンを、ある程度、表現してもいるようだ。

少なくとも、敗れし者としての将門が、民衆の記憶のなかに繰り返し蘇《よみがえ》り、伝説化・神話化していくのは、その武骨な素直さゆえであろう。民衆は、怜悧《れいり》な秀郷よりは、直情的な将門像を敬愛したのだ。

現代の組織のなかにも、将門的な人はいるだろう。会社で言えば、彼は順当に出世するタイプではない。「情の人」将門は、「理の人」秀郷に比べ、非組織型人間の典型ということになる。官職的秩序から外れていた将門は無位無官の人だった。

しかし、ルールにこだわらない実力派の将門は、秀郷には嫌われたが、後世の多くの人に愛されていた。当時にあっても将門に反乱をすすめた興世王《おきよおう》をはじめ、彼のそばには多くの食客やいろいろな人間が集まってきた。人気があったのだ。

将門が目指した「自立」は、夢で終わった。しかし、「何者か」になろうとした将門の強烈な意志は、歴史のなかでの記憶として再生され、いわば地下水脈として歴史を動かしていく。

企業などにも、出世競争では敗れたが、組織を去ったのちに人々の記憶に残り、繰り返し人々の口にのぼるような人物がいるだろう。将門は、その意味で「負けても敗れなかった人」と言うこともできる。このような人の栄光は、むしろいなくなったあとに輝くもののようだ。

中央への「出世」の突破口

一方、「勝ち組」のほうの記憶は、現実のなかで定着する。ここで、将門の乱の「勝ち組」のその後について触れておこう。

将門を追討《ついとう》した秀郷と貞盛は、当然のごとく人事的にも出世した。恩賞として秀郷は従《じゅ》四位下《しいのげ》、貞盛は従五位上《じゅごいのじょう》に叙せられている。

貴族とは厳密には三位《さんみ》以上をいうが、広く五位以上（「通貴《つうき》」）もそれに準じた。彼らが授与された四・五位の位階は、中下級貴族に位置づけられ、国司《こくし》（受領《ずりょう》）に任ぜられる者も多かった。会社で言えばスタッフからラインの役職者に転進し、軍事貴族ともいうべき地位に就いたことになる。

これは、「人事の日本史」のうえでも、大きな意味をもっていた。

わが国の古代以来の人事システムの特色は、中央の貴族と地方の豪族の間にある厚い壁だった。科挙の制度のない日本の場合、地方の豪族が中央へと進出することは非常に難しかった。

しかし、将門の乱の「勝ち組」に与えられた果実は、この従来の固定した人事システムに風穴を開けることにつながった。地方の豪族が中央の貴族になるビッグチャンスが生まれたのだ。

事実、秀郷も貞盛もこのチャンスをしっかりとものにした。秀郷の子孫の一派は、奥州《おうしゅう》藤原氏につながり、また北関東に広がって、鎌倉幕府の有力御家人のルーツとなる。一方の貞盛の子孫も、平清盛《きよもり》の系統や北条《ほうじょう》氏のルーツとなるなど、武家政権の担《にな》い手となっていった。

つまり、新たな人事システムは、結果として中央軍事貴族を促成栽培することとなった。将門の乱での「勝ち組」は、このシステム上での自己の権力を強める温床を確保したのだ。

再び「負け組」の将門に話を戻せば、彼には、秀郷や貞盛と違って、中央志向がなかった。既存の価値（人事システム）を度外視することで、急進的な方向に進もうとした。将門の目指した方向は、最終的には体制外での変革であり、体制からの独立の志向だった。

考えてみれば、10世紀の将門の乱での「勝ち組」と「負け組」は、その後の武家政権に二つの方向性を示す結果になった。

その一つは清盛の平氏政権であり、もう一つは、中央からの自立を志向した頼朝の鎌倉政権だ。それぞれが将門の乱での「勝ち組」「負け組」の帰着点ということになる。

このように、将門の乱でいったん「勝ち組」と「負け組」に分かれた二つの方向が、武家政権の二つのあり方として、のちに両者ともども実現することになる。その二つがともにあり得たということが、「選択」の時代たる中世の特徴と言えるだろう。その意味でも、中世はまさに将門的世界を母体として始まったのだ。

「バランス」で到達した頂点の座——太政大臣・平清盛《たいらのきよもり》

平安末期に権勢を振るった平清盛といえば、ひと昔前は「悪役」のイメージが強かった。これはやはり、『平家物語』の影響が大きいだろう。あの「驕《おご》れる者も久しからず」である。武家出身でありながら貴族社会で出世の階段を上り詰めた清盛は、悪《あ》しき「成り上がり」であり、傲岸不遜《ごうがんふそん》な権力者の典型というわけだ。

清盛は、「清く正しい武士」対「腐敗した特権階級たる貴族」という庶民的歴史観のなかで分が悪かったのと同時に、戦前の皇国史観のなかでもイメージが悪かった。源頼朝《みなもとのよりとも》の鎌倉政権をはじめ、のちの武家政権が天皇家と一定の距離を保ったのに対し、清盛は京都にあって、後白河《ごしらかわ》院を「幽閉」したからだ。

しかし、こうした一方的ないし画一的な「悪役」清盛像は、大衆のイメージのなかでも徐々に是正されつつあるようだ。歴史学でも、古代から中世への転換を促した「政治家」

清盛の見直しが以前から行われている。
ここでは、「人事」という面から、従来の清盛像を見直してみたい。

武力を専売特許としていた平氏が王朝権力に同化していく過程は、会社で言えば、専門職から出発した人が経営陣に参入していくサクセスストーリーである。

ここで清盛には、「悪役」イメージの延長線上で、「不正に」出世の階段を上った、と思われてきた面がある。つまり、武力で周囲を威圧しつつ、暴力的に地位をもぎ取ったというイメージだ。

清盛の出世に関しては、従来、もう一つの説がある。清盛は実は白河院の子、つまり「ご落胤《らくいん》」であり、そのために異例の出世を勝ち取った、という理解だ。

しかし、史実を見ると、どちらも当たらない。清盛は、京都という磁場のなかで、むしろ「武力を衣の下に隠して」慎重に振る舞った。そして、ステップ・バイ・ステップで出世していったのだ。

出世の「保守本流」

清盛が恵まれたスタートを切ったのは本当だ。伊勢平氏の出身で、平将門《まさかど》の乱での勝ち組・貞盛《さだもり》流平氏の一派である。都に近い伊勢や伊賀方面を拠点とし、父祖たる正盛《まさもり》・忠盛《ただもり》の代に白河院や鳥羽院に接近できていたことは大きい。

さらに、忠盛の代からかかわった日宋貿易によって蓄積された富が、清盛の出世に寄与しただろうことも指摘されている。

しかし、生まれがよく、コネや富があったとしても、清盛は中央政界での重役を生まれつき保証された「サラブレッド」ではなかった。

清盛は大治《だいじ》4（1129）年、12歳で従五位下《じゅごいのげ》に叙せられ、以後、少しずつ出世して、久安2（1146）年、29歳で、安芸守《あきのかみ》、中務大輔《なかつかさたいふ》兼任の正四位下《しょうしいのげ》になる。ここまでは、他と比較して抜群に早い出世ではない。着々と階段を上っていった感じだ。

清盛の出世のスピードが速まるのは、やはり保元《ほうげん》の乱（1156年）以降である。保元の乱とは、要するに後白河天皇と崇徳《すとく》上皇との覇権争い。天皇家が分裂し、京都という中央を舞台にした前代未聞の騒乱であった。会社で言えば、経営陣が社長派と会長派に真っ二つに分かれて争う一大事だ。

勝ち組の後白河天皇についた清盛は、その功績で播磨守《はりまのかみ》、その後、大宰大弐《だざいのだいに》の地位を得る。

そして平治《へいじ》の乱（1159年）。これは、清盛と源義朝《よしとも》という、保元の乱の勝ち組同士が、軍事貴族の最高位を懸けてぶつかった対決だ。清盛はこれにも勝ち、永暦元（1160）年、2階級特進の正三位《しょうさんみ》、参議となる。いわゆる「公卿《くぎょう》」への仲間入りであり、政権最高機関の構成員になることを意味する。部長級以上の幹部クラスに出世したということか。このとき、清盛は43歳。

ここで強調しておかねばならないのは、保元の乱、平治の乱はともに正真正銘の真剣勝負であり、それに勝ったのは、ひとえに清盛の実力と強運のゆえであったことだ。生まれや親の七光りは関係なかった。

そして、応保元（1161）年に検非違使別当《けびいしべっとう》・権中納言《ごんちゅうなごん》、永万元（1165）年に兵部卿《ひょうぶきょう》兼任の権大納言《ごんだいなごん》、その翌年に正二位《しょうにい》・内大臣《ないだいじん》へと駆け上り、ついに仁安2（1167）年、50歳にして従一位《じゅいちい》・太政大臣《だいじょうだいじん》となって位人臣《くらいじんしん》を極める。

このように、保元の乱以降は一気に頂点に上り詰めた清盛だが、だからといって、必ずしも驕り高ぶった権力者というイメージは当たらない。むしろ、実質的な最高権力を得たあとも、利害の調整に長《た》けた「気配り型」だったようだ。

それを象徴するのが、後白河上皇と二条天皇（この二人は親子）のあいだでのバランスのとり方である。平治の乱ののち、当時の貴族は、後白河派と二条派とに分かれて対立していた。またまた「会長」と「社長」の対立の構図だ。

保元の乱で後白河についた清盛は、ここでも後白河派となるのが当然と思われただろう。だが、そうではなかった。たしかに清盛は、後白河上皇のために蓮華王院《れんげおういん》（三十三間堂《さんじゅうさんげんどう》）を建立《こんりゅう》するなど、かつての結びつきを大事にした。しかし同時に、二条天皇のためにも内裏の付近に宿直所《とのいどころ》を設営し、朝夕のご機嫌伺いに努めたのである。

『愚管抄《ぐかんしょう》』が、そうした清盛の姿を冷やかし気味に記している。現代表記に直して引用すると、

「よくよく慎みて、いみじく計《はか》らいて、アナタコナタしける」

アナタコナタ、つまり、あちらともこちらともよろしくやっている、ということだ。

以上の清盛の出世の軌跡をまとめると、①前半は慎重かつ着実に地位を上り、②千載一遇のビッグチャンスに実力で勝ち抜き、③上り詰めたのちも権力バランスに配慮して地位の安定を図った、ということである。

清盛は決して、ズルや楽をして出世の近道を走っていない。おそらく、絶えず気を遣い、汗を流しながら、「まっとうに」出世したのである。まさに出世の「保守本流」という感

じではないか。

清盛の先見性

思わず「保守」という言葉を使ったが、あくまで既成の政治システムの「内部」で権力を握った清盛は、実際、「保守政治家」には違いない。その点、同じ武家政権でも、東国という「外部」で権力を打ち立てた源頼朝などとははっきり違う。

しかしまた清盛は、ただの出世した保守政治家でもなかった。「人事」とは直接関係ないが、最後にその点に触れておこう。

清盛は「保守のなかの革新」という、少し前に自民党の政治家が使った旗印を使いたくなる存在でもあった。その革新性を象徴するのは、彼の「海」への志向、すなわち、晩年に摂津福原《せっつふくはら》（現・神戸市）に遷都《せんと》した彼の海洋国家構想である。

平城京あるいは平安京に代表される古代は、海を恐れ、海を拒絶することで成り立っていた。それに対して清盛は、海の神、安芸厳島《あきいつくしま》神社を一族の氏神に据え、兵庫島を築き、その後、いまの神戸港のルーツである大輪田泊《おおわだのとまり》を修築する。

おそらく清盛は、当時の東アジアの国々（いまの中国・朝鮮など）と同列の「普通の国」

を目指していた。当時の「普通の国」とは、清盛の京都での処世術に似た、『武』を衣の下に隠し」、交易にも重きを置く方向だ。

だが、清盛は福原に遷都した翌年、64歳で亡《な》くなる。それ以後の武家政権は、「武」を前面に打ち出す、当時の東アジアでは「異質な国」のかたちを選択していくことになった。

「人心」をつかむ巧みな演出——征夷大将軍・源《みなもとの》頼朝《よりとも》

鎌倉幕府の創立者、源頼朝。彼は、武士という専門家集団の一大派閥「源氏」の「プリンス」（当時の源氏のトップ、義朝《よしとも》の子）として久安3（1147）年に生まれた。

しかし、彼が13歳だった平治《へいじ》元（1159）年、彼自身も参加した平治の乱によって、源氏は負け組に転落する。勝ち組はもちろん、もう一方の大派閥、清盛《きよもり》の平氏だ。

ここで、清盛は頼朝を殺すこともできた。そうしなかったのは、清盛の温情である。これが、後から見れば頼朝にとっての最大の幸運であり、平氏から見れば、禍根となる。

死を免れたとはいえ、頼朝にはまったく「人事」的な希望はなかった。彼は伊豆に流され、そこで負け組の派閥の「元プリンス」として、生涯おとなしく生きることを定められていた。彼自身、その運命をいったんは受け入れていたはずである。

しかし、頼朝が30代に入った頃、転機が訪れる。都で反平氏の気運が高まり、源氏の嫡《ちゃく》流《りゅう》たる伊豆の頼朝に再び注目が集まる。平氏から見て「反乱勢力の中核」となりかねない、「危険人物」としてである。

彼は最初から中央への謀反《むほん》を好んだわけではない。しかし、こうして「やるか、やられるか」の状況に追いこまれ、結果として平氏を倒し、「幕府」という前代未聞の政体を創出することになる。

「お前だけが頼りだ」

さて、体制への反乱者であった源頼朝にとっての「人事」の意味は、当然、前項で取り上げた平清盛にとってのそれとは、まるで異なる。

清盛にとって出世の要は、自分を引き上げてくれる権力者との関係であった。そこで清盛が、当時の分裂ぎみだった王権のなかで巧みにバランスをとって保身を図ったのは、すでにふれた通りだ。

それに対し、反乱者の頼朝には、自分を引き上げてくれるような存在はなかった。地位は、自ら戦い獲《と》るしかなかったのだ。

そのために彼が頼みとできるのは、一緒に戦ってくれる同志と家人《けにん》（家来）だけであった。それを獲得していく――数ももちろん、「やる気」を起こさせる――のが、彼にとっての「人事」戦略だったと言えよう。

頼朝が期待したのは、当然、かつての同志である東国武士たちの助力であった。しかし、平氏への反感があったとしても、東国武士たちは当初、一度負け組となった源氏になかなか付こうとしなかった。これも当然だろう。

当時の東国武士たちは、中央の人事システムの埒外《らちがい》にあり、多くが無位無官である。だから出世やポストの誘惑で動くことは少なかったが、その代わり、「恩こそ主《ぬし》」を標榜《ひょうぼう》した。現実に恩を受けている者のために働く、ということだ。

そして、この場合、「今そこにある恩」とは、平治の乱以降、武家の棟梁《とうりょう》であった平氏への恩である。頼朝がいくら「昔は源氏の世話になっただろう」と説いても、あまり効き目はなかった。

結局、頼朝が取ったのは、数のうえでの劣勢を、一人一人の「やる気」で補う戦略だ。それによって、1人をいわば10人分の戦力に仕立て上げる。そのために頼朝はどのような手を使ったのか。

それについて、『吾妻鏡《あずまかがみ》』に印象的な記述がある。

挙兵が間近い治承《じしょう》4（1180）年8月のこと。頼朝は、北条時政《ほうじょうときまさ》以下の家人を一人ずつ呼び寄せ、こう言ったという。

「いまだ口外せずといへども、ひとへに汝《なんじ》を恃《たの》む」

つまり、「ここだけの話だが、お前だけが頼りだ」と囁《ささや》いたわけだ。

これが「諸人《しょにん》の一揆《いっき》」のための「方便」であろうことは、『吾妻鏡』の編者も冷静に指摘している。そして、「真実の密事」は北条時政にしか語らなかった、としている。

しかし、そうだとしても、このときの「部下」の身になって考えれば、この頼朝の「囁き」作戦は効いたであろう。少なくとも、「昔は世話してやったじゃないか」などと言われるよりは、はるかに心を奮い立たせられたはずだ。

こうしたことは、今も昔も変わらない。今の会社でも、上司の「ここだけの話」という「囁き」が、部下の士気を鼓舞したり、同志としての絆《きずな》を強めたりしているのではないか。

組織といっても、最終的には、それを構成する一人一人の「心」が動かしている。多くの場合、人は打算で動いているだろうが、ときに、打算を超えて「心」で動く。人間としての誇りや自尊心といった部分だ。それを動かしうるのが、よきリーダーの資質ということになろうか。

頼朝は、この「心」のつかみ方がうまかった。そして、なるほど、武士というのは、この「心」で動く部分が大だったからこそ、頼朝は最終的に勝ったのである。

カリスマ性の自己演出

頼朝の心理巧者としての側面を表すエピソードをもう一つ紹介しよう。同じく『吾妻鏡』が治承4年9月のことと伝えている。

緒戦の石橋山（現・小田原《おだわら》市付近）で敗北した頼朝は、房総《ぼうそう》に逃げた。ここには上総介《かずさのすけ》広常《ひろつね》が率いる大武士団がいた。劣勢の頼朝としては、本音では喉《のど》から手が出るほど欲しい戦力だったはずだ。

しかし、頼朝はそれを態度にまったく表さなかった。それどころか、迷ったあげくに最後に2万余騎という大兵力を率いて広常が参陣すると、頼朝は「遅い！」と叱《しか》りつけたのだ。

「数万ノ合力《ごうりき》ヲ得テ、感悦セラルベキカノ由《よし》、思ヒ儲《もう》クルノトコロ、遅参ヲ咎《とが》メラルルノ気色《きしょく》アリ」――つまり、広常は、頼朝が「よく来てくれた！」と感激して迎えるだろうと思っていた。しかし違ったというわけだ。

『吾妻鏡』によれば、実は広常は、この時点でも頼朝につくべきかどうか迷っていた。頼朝が弱気ならば、すぐにでも彼を討って首を平氏に献上し、褒賞《ほうしょう》をもらおうとすら思っていたという。しかし、頼朝の態度を見て「人主ノ体《てい》ニ叶《かな》ヘルナリ」と感服し、恭順を誓う。地方のボスとして誇り高き広常が頼朝の気概に圧倒された、というわけだが、この話のポイントはそこだけではあるまい。頼朝は、自分の他の「部下」たちへの効果も考えていたはずだ。

頼朝はリーダーとして、常に「見られている自分」を意識し、自ら「威風」つまりカリスマ性を演出していた節がある。それは、「強い棟梁」を求める武士たちが相手だったことと、絶対的な劣勢から出発せざるをえなかったことから、頼朝にとって必要な「戦略」だったであろう。

もっとも、それは必ずしも現代的な「計算された」演出や戦略ではないだろう。今だって、計算だけで人を心服させることはできまい。頼朝自身がだれよりも武士の「心」を持っていたからこそ、それが可能だったのだ。

こうして頼朝は、誇り高い武士の心をつかみ、平氏を倒して鎌倉幕府を開く。

幕府とは何かといえば、武士による武士のための政権だ。京都との関係でいえば隔絶でも孤立でもない。東国の相対的自立という、日本の中世独特の政治システムである。このシステムには先例も手本もなかった。いわば頼朝のオリジナルであり、だからこそ、頼朝は新たな時代の幕開きを宣し、「天下草創」と呼んだ。

　頼朝が自らの体制を守る立場になったとき、どのような人事を行ったか。それが「頼朝の人事」の第2幕だが、それについては次項、源義経《よしつね》との関係で述べることにしよう。

「査定」に泣いた軍事の天才――判官・源 義経《みなもとのよしつね》

「毒まんじゅう」は裏切りの密約に対する報酬を意味するかつての流行語だが、もう読者の記憶のなかで薄れかけているかもしれない。

念のために説明しておけば、平成15年の自民党総裁選において、反小泉純一郎首相派と目された政治家が小泉氏支持に転じたのは、総裁選後の有力ポストを約束されたからではないか、という故・野中広務氏の非難に由来する。

懐柔のエサとしてのポスト――それを、「毒まんじゅう」と表現したわけだ。

人事が懐柔の手段に使われるのは、政治の世界だけでなく、今日の会社組織でもよくあることだろう。日本史を振り返っても然《しか》りで、その代表例として思い浮かぶのが、本項で取り上げる源義経のケースである。

平氏討伐に力を振るった義経は、日本史上の人気ヒーローとして、3本の指に入るだろう。お馴染《なじ》みの牛若丸と弁慶の話は室町期に書かれた『義経記《ぎけいき》』に取材したお話ではあるが、能力も実績もあった彼が、兄の頼朝《よりとも》に嫌われ、諸国放浪を強いられた後、非業の死を遂げたのは史実である。

判官贔屓《ほうがんびいき》の言葉どおり、この悲劇の主人公への民衆の人気はずっと高かった。一方、そのせいで頼朝のほうは分が悪い。義経との関係では、どうしても情を欠いた悪役イメージになる。

だが、そもそも、なぜ頼朝と義経の兄弟は不和となったのか。ご存じの方も多いだろうが、義経が京都から与えられたポストに、頼朝の許可なく就いたからである。しかし、そのことが、なぜそれほど頼朝を怒らせたのか。

それは要するに、義経に与えられたポストが、頼朝から見れば「毒まんじゅう」にほかならなかったからだ。

例の野中氏の「毒まんじゅう」発言にさいしては、世間は野中氏の非難に共感したようだった。それならば、義経を追放した頼朝の立場についても、人々はもう少し理解を示していいだろうと思うのである。

組織の方針への無理解

義経が、武人として、抜群の力量の持ち主であったのは確かである。その力を天下に轟《とどろ》かせたのが、元暦《げんりゃく》元（1184）年の一ノ谷の合戦。義経が司令官として指揮し、平氏を破った最初の戦闘だ。

「毒まんじゅう」事件はその直後に起こる。京都の王朝の代表、後白河《ごしらかわ》院が、義経の武略と武功にたいし、官職の授与を申し出た。示されたポストは検非違使《けびいし》の尉《じょう》。警察と裁判官を兼ねたような地位で、「判官」とはこのポストの別名だ。義経はこの申し出を頼朝の許可なく「食って」しまう。とはいえ、後白河側からすれば、昇殿が許されるための資格も必要なわけだから、無位無官では昇殿は難しい。そんな事情もあった。

これが頼朝の逆鱗《げきりん》に触れる。なぜか。

頼朝の立場になって考えてみよう。頼朝の目指していた東国自立主義において、王朝と一定の距離を保つことは最大限に重要だった。頼朝が鎌倉を動かなかったのも、ひとえにこの理由による。

もちろん頼朝は、地理的な距離だけで自立が保障されるとは考えていなかった。頼朝は、御家人たちが人事をエサに王朝に取り込まれるのを当初から恐れていた。

前項で述べたように、東国武士は基本的に無位無官で、「恩こそ主」を標榜《ひょうぼう》していた。しかし、官位に無関心だったかといえばそうではない。いざとなれば「名誉」に弱いのが武士だと頼朝は知っていたのである。

官職の授与は、王朝側の最大の政治的武器である。この「武器」を使い、京都は東国武士を懐柔し、組織の分断を図ろうとするだろう。

だから頼朝は御家人たちに厳命していた。「自分の許可なく官職に就くな」「朝廷への推挙は自分が行う」と。すなわち頼朝は、人事権の掌握こそが、いまだ不安定な東国の自立と組織の団結の要だと、正しく認識していた。

そして頼朝から見れば、この政治的現実と組織の方針を、鎌倉殿《かまくらどの》（頼朝）の代官である義経は、一般の御家人以上に理解すべき立場にあった。それなのに、なぜ——ということになるのだ。

許可なく任官したことだけが問題なのではない。まだ20代の義経に差し出されたポストの重さを考えれば、後白河院が義経を、頼朝の対抗馬として取り込もうとしていると疑って当然であった。「毒まんじゅう」たるゆえんである。

低かった「人事部長」の査定

もっとも、義経には、王朝と組んで頼朝に対抗しようなどという気はなかっただろう。義経が考えていたのは、父・義朝《よしとも》を討った平氏への復讐《ふくしゅう》と、源氏の家名を高めることだけだったはずだ。彼が官職に飛びついたのも、それが源氏の名誉だと考えたからではないか。

義経は、よく言えば純真、悪く言えば単純だった。悲劇の真の原因は、ここにあると言うべきだ。

義経のその「単純さ」をよく物語るのが、一ノ谷の合戦から約1年後の、屋島《やしま》の合戦での、梶原景時《かじわらかげとき》との対立だ。

景時は、司令官・義経に対して、副司令官の立場にあった。この二人が、讃岐《さぬき》・屋島での戦略をめぐって激論となる。『平家物語』が記す有名な「逆櫓《さかろ》の争い」だ。論争の焦点は、屋島に渡海する船に逆櫓（後退時に必要な櫓）を取りつけるかどうか、であった。

退却のことを初めから考えるのは弱気にすぎる、前進突破あるのみ、というのが義経の主張。それは無謀だと諫《いさ》める景時を、義経は臆病者《おくびょうもの》扱いした。結果的には、義経の「猪武《いのししむ》者《しゃ》」ぶりが当たり、戦に勝利する。しかし、公平に見て、義経の玉砕主義は危険であり、冷静な景時の主張のほうに理があっただろう。

戦場では義経の部下であった景時だが、目付け役として頼朝の信頼が厚く、いわば鎌倉の取締役人事部長的な地位にあった。景時は、このときの義経の態度に性格の欠陥とリーダーとしての不適格を感じ、それを頼朝に報告した。

「自由、自専の人」、すなわち、わがまま勝手な人だ、と。

この讒言《ざんげん》、すなわち「告げ口」のために景時には悪役イメージがあるが、「毒まんじゅう」事件をあわせて考えると、梶原景時・人事部長の「査定」は正しかったと言うべきではないか。義経の独断専行の傾向を見抜いていたのである。

この時点ではまだ頼朝との対立は表面化していない。しかし一ノ谷の合戦から約1年間、鎌倉から合戦の指令がなく、義経は「干されて」いた。その間に義経が多少とも態度を改めていれば、彼の運命も変わったかもしれない。だが義経は、その意味に気づくこともなかったようだ。

そして文治《ぶんじ》元（1185）年、義経は戦場に復帰し、屋島の合戦を経て、壇《だん》ノ浦《うら》で平家を滅亡に追い込む。義経の目覚ましい活躍による勝利だ。

ドラマなどではここで、「今度こそ鎌倉殿は自分を評価してくれるだろう」といった台詞《せりふ》を義経は吐く。しかし、平氏が滅んだことで軍事的天才・義経は頼朝にとって用済みとなり、むしろ敵に利用されやすい危険な存在となったのである。

あとはご承知のとおり、義経は頼朝から追われる身となり、最後は陸奥《むつ》で藤原泰衡《ふじわらのやすひら》に急襲されて自害する。31歳の若さだった。

義経に欠けていたのは、つまりは組織の一員としての自覚だろう。頼朝や景時が組織の維持をつねに最重要に考えていたのに対し、義経は終始、個人プレーの人にとどまった。

有能な情熱家が、いつのまにか組織の異物となり、最後には無情に排除される——義経の悲劇は、今の会社でも起こりそうな人事的悲劇である。

「天下り」にも効用はある――政所別当・大江広元《おおえのひろもと》

「天下り」といえば、官民の癒着や、高額すぎる報酬を連想させ、今ではイメージが悪い。しかし、「天下り」も人事の一つには違いない。本来、退職官僚を受け入れる側の人事的目的は、彼らの実務能力に加え、中央とのパイプを獲得することであろう。また、「生え抜き」の陥りがちな停滞を、優秀な「異物」に打ち破ってほしいという期待もあるはずだ。現実にはその期待に応《こた》えることが少ないから、評判が悪いのだろうが……。

とはいえ、なかにはうまくいく例もあるだろう。日本史には、とびきりうまくいった例がある。それが、本項で取り上げる大江広元だ。

広元は鎌倉幕府に仕えた文官だ。武士による武士のための政権――鎌倉幕府を定義すればそのようになるが、実際には武士だけで政権を担《にな》えたわけではない。安定した政権運営のためには、いわゆる総務・庶務を含め「事務方」が必要だ。

そのために源頼朝《みなもとのよりとも》は、京都から多くの官人を鎌倉に呼び寄せた。そのなかでもとくに重要で、実際に長期にわたって鎌倉の事務方の最高位にいたのが広元である。

彼を現代の意味での「天下り官僚」と言うのは無理がある。30代で鎌倉幕府の前身に入った広元は、官職を「定年退職」したわけではなく、また厳密な意味で官職を「退職」してもいない。学問上は、彼のような存在を「天下り」ならぬ「京下り官人」と呼んでいる。

だが、ここでのポイントは次のことだ。頼朝は彼らに、今日の「天下り官僚」に期待されるようなことを、まさに期待しただろうということ。そして、とりわけ大江広元が、その期待に十二分に応えたことである。

「地場」を超えた思考法

大江広元は久安4（1148）年に生まれた。大江家は文書係の中下級貴族である。鎌倉に渡るまでは、太政官外記局《だいじょうかんげき》に勤める中央官僚だ。

頼朝が広元を「スカウト」した事情について、詳しくは分からない。流人《るにん》として伊豆にいたときからの京都人脈、広元の義兄の中原親能《なかはらちかよし》、乳母《めのと》関係の三善康信《みよしやすのぶ》とのつき合いが生きたのだろう。

それにしても、なぜ広元は頼朝の誘いに応じたのか。頼朝旗揚げの初めに鎌倉に渡った貴族のなかには、京都にいられなくなった「不良」貴族も多かったが、広元はそうではない。京都でも安定した人生が約束されていた。

しかし、安定はしていても、大江の家柄では、京都での出世に限界があった。彼が鎌倉に移る時点の位階は従五位上《じゅごいのじょう》。そこからいくらがんばっても三位《さんみ》以上の公卿《くぎょう》——今で言えば高級官僚や大臣——になるのは無理だった。そうしたことから、広元は頼朝の鎌倉幕府に賭《か》けてみる気になったのだろう。

条件もよかった。文官であり、「よそ者」である広元は、鎌倉のトップにはなれない身だ。しかし、彼が得た政所別当《まんどころべっとう》という地位は、幕府内部では官房長官のような事務方のトップであるから、望みうる最高の地位と言える。

広元もさっそく頼朝の期待に応える。彼の業績として真っ先に挙がるのが、文治《ぶんじ》元（1185）年の守護・地頭制の提案だ。誤解を恐れずに言えば、地頭とは市町村長、守護とは県知事のようなもので、いくつかの地方自治体の首長の任命権を、ここで鎌倉が得たわけである。

これにより、いわば地場産業であった鎌倉幕府が全国展開のナショナル・チェーンとなる。そしてそれが、のちの大名などのもとになるわけで、広元の提案は、鎌倉幕府のみならず、その後数百年の国のかたちを変えたと言っていい。

「広元ならでは」という点で一層重要なのは、これを京都に呑《の》ませたタイミングだ。王朝側は本当はこの制度を認めたくない。しかし、頼朝の対抗馬と目された義経《よしつね》が逃げ、頼朝追討の綸旨《りんじ》を出すが失敗し、王朝側が恐慌《きょうこう》を来《きた》していた、まさにその時にこの提案が突きつけられる。

「頼朝がいま攻めて来たら王朝は滅びる」

京都は実際、その恐怖を感じていた。それを敏感に察知し、最大限の譲歩を京都から引き出したのが広元だったわけである。このあたり、「中央」の考えを知り尽くした彼ならではの貢献だ。

「異論」で鎌倉を救う

「広元ならでは」の例として次に挙げるべきは、承久《じょうきゅう》の乱（1221年）での貢献だろう。時代は一気に30年以上飛ぶ。その間、北条《ほうじょう》氏をはじめとした有力御家人の権力闘争を背景に、源氏は3代で終わっている。しかし、広元は勝ち組の北条氏に付き、今や70代で出家していたが、北条執権政治のなかで変わらず重鎮の地位を占めていた。

承久の乱は、後鳥羽《ごとば》上皇の王朝が、北条義時《よしとき》・政子《まさこ》の鎌倉に仕掛けた戦争だ。弱体化していた鎌倉幕府にとって最大の危機となる。

鎌倉側の大勢は、王朝側を坂東《ばんどう》で迎え撃つ戦術を主張した。それに異を唱えたのが広元だ。「こちらから京都に攻めこむべし」と。

この広元の判断には、二つのポイントがあると思う。一つは、京都に攻めこむことへの心理的抵抗が、広元になかったことだ。東国武士の大方に京都進攻を躊躇《ちゅうちょ》させたのは、見知らぬ京都という地への、つきつめれば王朝という権威への恐怖心であろう。日頃は「お上の権威」を冷笑し、いざとなれば弱腰になる人はよくいる。

その点、広元は違った。古巣に幻想をもっていない分、「勝つためには何が必要か」だけを、冷静に考えられたのだ。

そして第二は、「待ち時間」が長いほど鎌倉側に不利になるのを見抜いていたことだ。『吾妻鏡《あずまかがみ》』に彼の意見が残っている。「日時ヲ累《かさ》ヌルニ於イテハ……定メテ変心アルベキナリ」と。つまり、武士は、瞬発力において優秀だが、士気の持続は苦手なのだ。また、「待ち時間」のあいだに王朝側が繰り出してくる策謀にも、武士は弱いだろう。

武士のなかの「異物」であるからこそ、広元はそうした武士の弱点をドライに観察できていた。

最終的には北条政子は広元の「異論」を容《い》れ、鎌倉側は王朝との関係で決定的勝利を得る。この承久の乱は、鎌倉側が勝つべくして勝ったと思われがちだが、広元の意見と政子の決断がなければ、どうなっていたか分からない。

広元は鎌倉の勝利を見届けてから3年後、78歳で亡《な》くなる（最後は正四位下まで上る）が、彼の功績を振り返れば、彼を起用した頼朝の人事の功績も改めて実感できよう。広元の例は、役に立つ「天下り」の実例というだけでなく、組織に「異物」を入れることの重要性を教える最高の例だ。

しかし、ここでこんなふうにも思える。組織が広元から得た果実に劣らず、広元自身、組織から大きな果実を得たのではないか。彼は、京都に留まっていたのでは得られない地位を得ただけでなく、「永遠の異物」でいたおかげで権力闘争から距離を置け、源氏3代を超えて長生きできた。

それればかりではない。彼の子孫は毛利家として中国地方で栄えることになるが、それも彼の提案した守護・地頭制の賜物《たまもの》である。彼は所属する組織に営々と仕えつづける一方で、自らと子孫の繁栄をしっかりと確保していたわけだ。

一度もトップに立たない、立とうとしない広元のような存在は、えてして歴史のなかで印象が薄い。今回改めて探したが、確かな肖像画も残っていないようだ。しかし、本当に利口な人間とは彼のような人かもしれない。名よりも実《じつ》を選び、組織と自らの両方に巨大な実をもたらした。「宮仕え人生」の一つの理想型にも思える。

「運」に任せた風流な出世——権中納言・藤原定家《ふじわらのていか》

藤原定家は、鎌倉時代の代表的歌人というだけでなく、日本史上第一等の文化人だ。二つの勅撰集《ちょくせんしゅう》『新古今和歌集』『新勅撰和歌集』を編み、「近代秀歌」などの歌論を著し、歌の道、冷泉家《れいぜいけ》の祖となった。書家としても有名だ。

それらすべてを知らない人も、彼が選んだ「小倉百人一首」には親しんでいるだろう。

——来ぬ人を　まつほの浦の　夕凪《ゆうなぎ》に　焼くや藻塩《もしお》の　身もこがれつつ

巧緻《こうち》な作風を誇る定家が、百人一首に選んだ自作である。

その定家が、一方で、正二位《しょうにい》・権中納言《ごんちゅうなごん》という、官人として高い地位まで上り詰めた事実は、あまり知られていないかもしれない。しかも、その出世の過程は、まるで小説のごとく波乱に富んでいた。ここでは彼の出世物語を紹介しよう。

定家は、応保《おうほう》2（1162）年、歌人として有名な藤原俊成《しゅんぜい》の子として生まれた。いわば歌が家業の貴族であり、王朝のための文学研究こそが彼の「仕事」だった。

そう言うと優雅に聞こえるだろうが、宮仕えとして生臭い出世競争のなかに生きたのは、今のサラリーマンと変わらない。平安から鎌倉時代に移るこの時期、王朝貴族たちの間には、動乱の世に煽《あお》られたごとく、むしろ剝《む》き出しの出世欲が渦巻いていた。

彼らにとっての第一目標は、今の会社で言えば取締役に当たる、三位《さんみ》以上の「公卿《くぎょう》」になることである。20代に入ってすぐ正五位に叙せられた定家も、まずは公卿への出世を願って宮廷生活をスタートさせたに違いない。

「付け届け」の効果

しかし、彼はスタート早々につまずく。文治元（1185）年、24歳の時に、暴行事件を起こすのだ。定家は殿上で上司の少将・源雅行《みなもとのまさゆき》を殴った。喧嘩《けんか》の理由はよく分からない。雅行は、定家より地位は上だが、年齢は下だ。定家には何か癪《しゃく》に障《さわ》ることがあったのだろう。

理由はどうあれ、上司を殴ったのだからタダではすまない。4カ月の除籍、つまり貴族の身分の停止という処分を食らう。

定家はどういう性格の人だったのか。彼の日記『明月記』を読むと、かなり気難しい人であったのが分かる。源平争乱の物情騒然とした時代で、源義経《よしつね》と同世代なのだが、「紅《こう》旗征戎《きせいじゅう》吾ガ事ニ非《あら》ズ」（治承4年9月条）と世を斜《はす》に見ているところがある。確かに学者らしい性格だ。若い頃はその性格ゆえに暴走することもあったということだろう。

この暴行事件による処分はキャリアに響いた。29歳で従四位下、34歳で従四位上と昇進のスピードは遅く、「若気の至り」のせいだろう。そして39歳で正四位となり、『新古今』編纂《へんさん》の命が下るのはこの頃であるが、地位のほうはそのまま約10年動かない。

その背景には、もう一つ、派閥の問題がある。当時の宮廷は、鎌倉幕府との関係において大きく親幕派と反幕派に分かれており、定家は親幕派に属していた。

これは彼の意思というより、成り行きである。暴行事件での処分以後、彼は親幕派の有力者である九条兼実《くじょうかねざね》のもとに家司《けいし》として出仕していた。そして建久5（1194）年、33歳の定家は、西園寺《さいおんじ》実宗《さねむね》の娘と2度目の結婚をするが、この結婚でさらに親幕派と固く結びつく。

系図（次頁）を参照していただきたい。九条兼実と西園寺実宗の家系は、鎌倉幕府将軍家と直接繋《つな》がっている。定家の妻の弟、関東申次《かんとうもうしつぎ》の西園寺公経《きんつね》は、源頼朝の妹の子と結婚

藤原定家関係系図

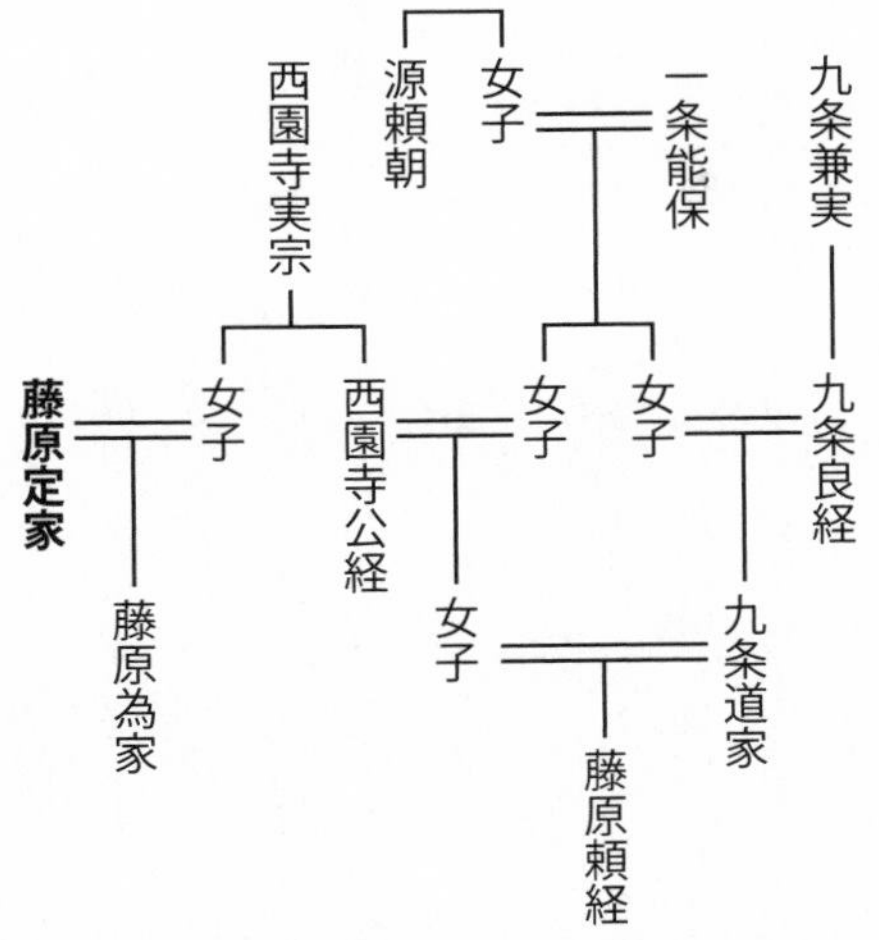

した。その公経の娘と、九条兼実の孫である道家《みちいえ》との間の子が、鎌倉幕府4代将軍・藤原頼経《よりつね》である。

　有力な家系と婚姻で結びついたことは、彼の地位を下支えすることになった。一方、隠れもなき親幕派となったことから、人事上は不利もこうむる。当時の天皇、のちの後鳥羽上皇が反幕派であったからだ。とりわけ建久7（1196）年、政変で九条兼実が失脚して以来、定家は宮廷のなかで分の悪い立場に立たされていた。

　これが、定家が40代に差しかかった頃の状況である。前述のとおり、

39歳で正四位になってから、昇進はしばらく止まる。この時点では、目標の三位以上、公卿になるのは難しそうであった。

だが、彼は建暦元（1211）年、50歳で従三位になるのである。そしてこれは、彼の実力というより、「付け届け」の成果であったようだ。

その付け届けは、どうも彼の意思ではなかった。定家の姉・九条尼《くじょうに》が、卿二位《きょうにい》・藤原兼《けん》子《し》に、家領の細川《ほそかわ》・讃良《さらら》の2荘を贈って、弟の出世を頼んだのだ。

藤原兼子は後鳥羽上皇の乳母であり、『愚管抄』に「京ニハ卿二位ヒシト世ヲトリタリ」と記されるほど権勢絶大なる女性。朝廷の人事権を握っていたから、効果はたちまち表れた。

定家はこの付け届けの件を知らず、後に知って反対したのだがもう遅かった、ということになっている。一方、ついに公卿の仲間入りをした感激を、恐悦至極という感じで『明月記』に記している。「非分ノ官ヲ授ケラレ、是《こ》レ又面目ニアラザルカ……」

最後は強運に助けられる

こうして定家は、若き日のキャリアの疵《きず》を乗り越え、公卿への昇進をクリアした。

それからの定家は、これまでとは別人のような栄進ぶりだ。53歳で参議、54歳で伊予権《ごんの》守《かみ》、55歳で治部卿《じぶきよう》（治部省の長官）、正三位、57歳で民部卿《みんぶきよう》と、ほぼ毎年のように昇進していく。

ここで余談だが、定家はこの頃、鎌倉3代将軍の源実朝《さねとも》と交流があった。実朝は歌人であり、定家は歌の師でもあった。

その実朝の姿は、創業一族の3代目が家業を忘れて「文化人」気取りとなったように映るかもしれない。実際、前項で取り上げた大江広元《おおえのひろもと》などは実朝の京都志向に苦言を呈している。

実朝は結局、鎌倉内部の権力闘争で暗殺されてしまうのだから、「軟弱化」の面も否定しがたい。だが、同情的に見るなら、周囲の血腥《ちなまぐさ》い権力闘争にうんざりして、芸術に癒《いや》しを求めたのではなかろうか。

定家にとっては芸術は「仕事」だが、その彼においても、歌の道が宮廷の出世競争の癒しとなっていた面があるだろう。彼の風雅の世界は、血腥い現実世界の陰画でもあった。

さて、定家の出世の最終段階で、暗雲のようにのしかかっていたのが、後鳥羽上皇の存在である。反幕派と親幕派の違いだけでなく、人間的に合わなかったようだ。『明月記』

にも上皇への批判が見え隠れしている。それが態度に出なかったはずはなく、承久2（1220）年、詠じた和歌が上皇を怒らせたらしく、59歳の定家は追放処分となる。

定家のキャリアもこれまでかと思われたが、その翌年の承久の乱で、後鳥羽上皇のほうが「追放」されてしまうのだから、人間の運は分からない。定家は66歳で正二位、71歳で権中納言と上り詰め、さらに10年生きて80歳で亡《な》くなる。

正二位になった時、定家はこう記した。

「正二位ハ人臣ノ極位ナリ。乱世ニ遭ハザレバ、争《いかで》カ之《これ》ニ除《じょ》センヤ」（安貞元年10月22日条）

乱世でなければここまで出世できなかった、というわけだが、定家自身はその乱世に積極的に関わろうとしたというより、どこか人任せ、運任せで出世していった印象が残る。そのあたりが、定家らしい「風流」と言えなくもなかろう。

「ヒラ」の意地と戦《いくさ》の功名――御家人・竹崎季長《たけざきすえなが》

人事とは、しょせん人間のなすことだから、間違いもあるだろう。実際には間違いだらけかもしれない。だが、よほどのことがない限り、いったん発令された人事は取り消されず、当人たちの異議申し立ては認められないのが習いだ。

「なぜ上司は自分を評価してくれないのか。これから上司のところに行って直訴してやろうか」

と思い詰める人がいたとしても、それを実行する人は少なく、実行しても成果は期待できず、結局は酒か何かで憂《う》さを晴らして諦《あきら》めるのが、〝宮仕え〟の普通の姿に違いない。

しかし、ここに、人事の不満を不退転の覚悟で訴え出て、自らの主張を通したばかりか、それで歴史に名を残した人物がいる。竹崎季長である。

その名に覚えがなくても、彼の戦《いくさ》ぶりが描かれた「蒙古襲来絵詞《もうこしゅうらいえことば》」は、誰もが目にしているはずだ。日本史教科書の蒙古襲来（元寇《げんこう》）の個所に、必ずといっていいほど挿絵《さしえ》として使われている。

鎌倉幕府において北条氏全盛であった13世紀後半、北条時宗《ときむね》執権の時代。中国に興ったフビライの元《げん》が、2度にわたって九州から日本に侵攻しようとした、いわゆる元寇の顚末《てんまつ》についてては、ここで改めて述べるまでもないだろう。

絵画と詞書《ことばがき》で構成された絵巻「蒙古襲来絵詞」は、元軍の風俗を含めて元寇の様子を詳細に描いている一級史料である。そして、それは同時に竹崎季長という個性的な鎌倉武士の姿を浮き彫りにもしている。これを読み進めながら、彼の「人事への反抗」の物語を紹介しよう。

命がけの働きが評価されず

竹崎季長は、肥後《ひご》国（熊本県）出身の御家人《ごけにん》だ。御家人とは、鎌倉幕府将軍と主従関係にある武士のことで、いわば鎌倉の「正社員」である。

その御家人の身分証と言うべきものは、「地頭職《じとうしき》」という名で安堵《あんど》された土地（所領）であった。しかし、原則はそうなのだが、すべての御家人が地頭だったわけではない。所

元軍の矢や「てつはう」を受ける竹崎季長（『蒙古襲来絵詞』・宮内庁三の丸尚蔵館蔵）

領に恵まれない御家人もおり、季長がそうであった。

所領や財産のない季長のような御家人を、「無足《むそく》の身」と言った。要は御家人社会の軽輩であり、今の会社で言えば、何の肩書もないヒラ社員ということになる。

いや、中世武士にとって、土地は、今の会社員の肩書以上のものであった。「一生懸命」という言葉が、本来「一所懸命」であったことはご存じだろう。それは、土地を得ること、そして、得た土地を守ることに命をかける、彼らの生き方を表した言葉だ。

無足の季長にとって、所領を得るには戦で命をかけて功を立てるしかない。元寇はその千載一遇のチャンスであった。だから季長は、まさに「一所懸命」で元との戦いに臨んだのだ。

最初の蒙古襲来、文永《ぶんえい》の役《えき》（1274年）のとき、季長は29歳だった。彼は「肥後国の先駆け」、すなわち肥後武士のなかの戦場一番乗りを狙《ねら》う。「先登《せんど》」「一番駆《いちばんが》け」は命を落とす危険が大きい賭《か》けだが、その功は名誉とされ、高い恩賞（つまりは所領）獲得が期待できた。


「味方の援軍を待つべきでは」と言う従者に、季長はこう答える。

「弓矢の道は先駆けこそ一番だ。とにかく敵陣に突入せよ」

こうして季長は、主従わずか5騎で元軍に突入し、先駆けを果たす。「蒙古襲来絵詞」には、季長のこうした「とにかく突撃」という趣旨の言葉が何度も出てくる。「戦場で目立つにはこれしかない！」という、武士の「一所懸命」の心情がよく伝わってくる。

負傷はしたが、季長は戦場から生還し、幕府からの恩賞を楽しみに待っていた。しかし、恩賞は来ない。せっかくの先駆けが、なぜか幕府から評価されなかったのだ。

季長の「人事への反抗」の物語が始まるのはここからである。

文永の役の翌年、建治《けんじ》元（1275）年の6月に、季長は一族の反対を押し切って、単身、鎌倉への出訴を決意する。「絵詞」には、中間《ちゅうげん》（召使い）二人を連れて、肥後国竹崎

（現・熊本県宇城《うき》市松橋《まつばせ》町）を発ったとある。「今度上聞《このたびじょうぶん》に達つせざれば、出家して長く立ち帰ることあるまじ」との覚悟で、馬や鞍《くら》まで売り払った。

それから三島大明神、さらに箱根権現《ごんげん》へと祈願を重ね、8月12日、季長は鎌倉入りする。さっそく幕府の恩賞奉行、安達泰盛《あだちやすもり》と対面した季長は、自身の戦功の経過を報告し、一番駆けの注進漏れのことを訴えた（拙著『神風の武士像』吉川弘文館）。

「人事部長」を根負けさせる

この季長と泰盛との長い一問一答が、「蒙古襲来絵詞」のハイライトシーンとなっている。さしずめ人事部長との査定をめぐる再交渉場面だ。

泰盛は季長に問う。

「手疵《てきず》カフブラセ給《たまい》候《そうろう》ト見エ候上ハ、何ノ不足カ候ヘキ（負傷で立派な戦功を立てているのに、これ以上、何が不足なのか）」

そう言われても季長は引き下がらない。自分の意図は単なる恩賞目当てではない、一番駆けの功を認めてほしいのだ、と。

一番駆けが事実でないなら「首ヲ召サルベク候（首を差し出します）」と言い、さらにこう力説した。もし鎌倉殿が自分の一番駆けの功を認めてくれないなら、「弓箭《きゅうせん》ノ勇ミ、何ヲモツカマツル候ベキ（戦での武勇は何の意味があろうか）」と。

泰盛は季長の粘りに負け、恩賞は間違いなく与えられるだろう、と約束し、だから早く国元に帰るように、と諭《さと》した。

後日、泰盛の館に参じた季長は、泰盛に仕えている肥前の武家人が、衆議の席で自分を「奇異《きい》ノ強者《こわもの》」と呼んでいたことを聞かされる。「あきれた強情者」というニュアンスだが、なんと言われようと、恩賞を手にするまで季長は鎌倉を動かない。

そして11月1日、季長は、泰盛から肥後国海東郡（宇城市小川町）の地頭に任じる将軍家の下文《くだしぶみ》を与えられ、さらに泰盛からも馬を贈られて、ようやく帰途につく。ついに季長は、人事を覆《くつがえ》させるたった一人の戦いに勝った。

「絵詞」はこれで終わらず、その後の第2回の蒙古襲来、弘安《こうあん》の役（1281年）での、季長のさらなる活躍ぶりを描写している。そのとき、季長は36歳。もはや「ヒラ」ではなく、御家人社会のなかで立派なステータスをもった武士だった。

2度の戦に勝ち、宿願をかなえた季長は、神徳への報恩として、自らの事跡を絵巻にして奉納した。それが今に残る「蒙古襲来絵詞」である。

この物語を美談と思うかどうかは読者の自由だ。季長の愚直なまでの自己主張を素晴らしいと思う人は多いだろう。一方、ただの「ゴネ得」だと思う人もいるかもしれない。たしかに、季長の「一所懸命」を支えていたのは、忠誠心というより、出世欲という利己主義であった。同じ露骨な上昇志向が、同時代の宮廷社会にも渦巻いていたのは、前にふれた藤原定家の例で述べたとおりである。

こうした「個」のエネルギーは、集団のなかに個を埋没させることが求められた近世に入ると減っていく。季長の物語は、人事においても剝《む》き出しの「個性」が発揮された中世ならではの話として読まれるべきだろう。

「単身赴任」は宮仕えの悲哀――武蔵国武士・山内経之《やまうちつねゆき》

人事といえば昇進や賞罰ばかりではない。「○○支社へ転勤を命ず」という辞令が突然下ることも、宮仕えなら覚悟しておかねばなるまい。家族と離れ、たった一人、見知らぬ地で会社のために働くことを求められることもある。ときには「元の場所」に戻れる保証もなく……。

ひところ、単身赴任のサラリーマンの悲哀がよくマスコミの話題になったが、「企業戦士」という言葉があまり使われなくなったのと同時に、そういう話も聞かれなくなった。リストラや失業者の増加で、愚痴さえこぼしにくくなったのだろうか。しかし、実態はそう変わっていないだろう。

ここでの主人公、山内経之は、今から630年ほど昔の、南北朝時代の「単身赴任」の武士だ。歴史上の重要人物というわけではなく、いわば中世の「普通の武士」である。当時の武士は戦場に動員されるとき、みな「単身赴任」だったのだから、その点でも彼は特別ではない。しかし、ここで彼を取り上げるのは、赴任先の戦場から家族に宛《あ》てた彼の手紙が、たまたま多数残されているからである。

彼ら中世の「普通の武士」の本音は、ほとんど記録に残っていない。公的文書に彼らの心情が記されていないのは当然だし、『平家物語』や『太平記』などは、戦場での彼らの勇ましい姿を描いてはいるが、その内心の不安や愚痴の類を伝えてはくれない。

だが、もし中世にマスコミがあれば、彼らからも、現代の単身赴任のサラリーマンが感じているのと同じ「宮仕えの悲哀」を聞き出せたはずである。経之の「戦場からの手紙」は、その一端を今に伝える貴重な史料だ。

妻子をいたわる心遣い

その内容を紹介する前に、「手紙」が現代にまで残された不思議な縁について触れておこう。これは、東京・日野市にある金剛寺（高幡不動《たかはたふどう》）の本尊、不動明王像の首部に押し込まれていた、いわゆる「高幡不動胎内文書」の一部である。大正末期に発見されて取り出されたが、「たたり」を恐れて寺院に秘蔵され、その全貌《ぜんぼう》が調査・公開されたのは平成に入ってからだった。

調査の結果、文書のほとんどが当地にゆかりの武士・山内経之の手紙（「消息」という）であることがわかった。しかし、なぜ彼の私信がそんなところに隠されていたのか。実は、これを不動明王像に押し込んだ人間には、経之の手紙を残そうという意図はなかった。中世にありがたいとされた印仏（仏像の木造スタンプ）を押す反故《ほご》紙として使われたにすぎなかったようだ。その証拠に、文書の一面にぺたぺたと印仏が押してある。そして、その呪物《じゅぶつ》的効力を高めるために不動明王像に押し込まれたものらしい。

ともあれ、そのおかげで、「普通の武士」の日常的文書が、手つかずで残されたわけだ。

この偶然によって一躍歴史家の注目の的となった山内経之は、武蔵国土淵郷《つちぶちごう》（現・東京都日野市）の領主、すなわち地頭クラスの武士であった。

彼が生きたのは、激動の時代だ。鎌倉幕府は天皇親政を目指した後醍醐《ごだいご》天皇に滅ぼされたが、その「建武《けんむ》の新政」も足利尊氏《あしかがたかうじ》の叛《はん》により2年半で終わり、南北朝時代の幕開きとなる。足利側の北朝につくか、それとも後醍醐天皇を中心とした南朝につくか。経之たち関東の武士も旗幟《きし》を鮮明にすることが求められた。

これは厳しい選択だったはずだが、経之は、多くの同郷の武士とともに、足利側の高師《こうのもろ》

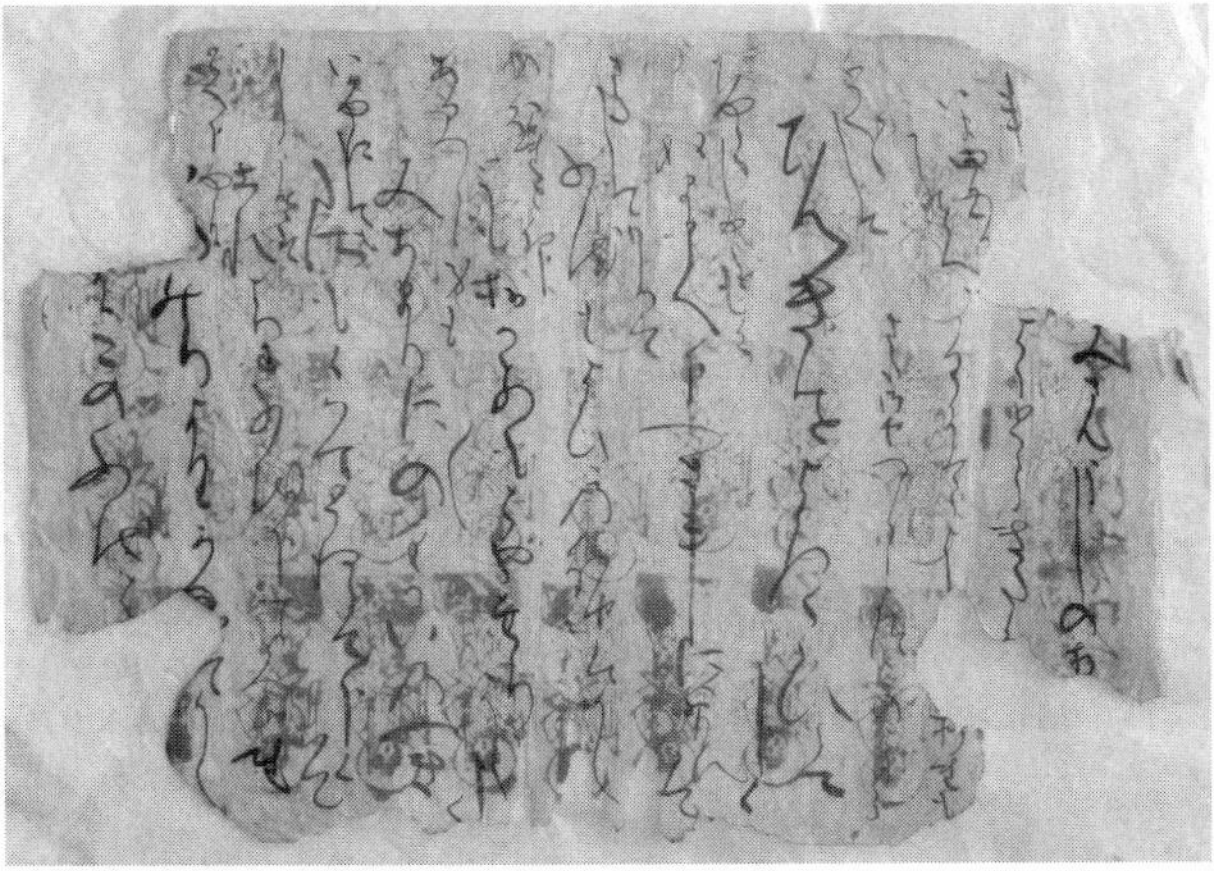

山内経之の手紙（東京・高幡不動尊金剛寺蔵）

冬《ふゆ》軍に参じた。暦応《りゃくおう》2（1339）年のことだ。師冬軍が南朝側の拠点であった常陸《ひたち》（茨城県）の諸城を攻略しつつあった時期で、北関東の各地で激しい戦闘が続いていた。

その戦火のなか、下総（千葉県）の山川に布陣していた経之は、土淵の妻子に書状を送る。読みづらい仮名文書で、意味をとりにくい部分もあるが、雰囲気を伝えるため、一部をそのまま引用してみよう。

「むま（馬）も身がほしく候、むまをくせい（供勢）のも（持）ちて候しを、ゑひとの（海老殿）、もと（許）より候て、と（取）りた（給）ひて候。かふと（兜）もこのほと（程）ハ人のか（貸）し給て候へハ、それにてかせん（合戦）をもき（着）てし候也」

馬を失って「海老殿」より借り、兜も失ったから仲間の軍勢から借りて戦っている——。戦闘の激しさを伝える内容だ。しかし、それに続けて、こう綴《つづ》っている。

「人人これほとう（討）たれ、てを（手負）ひ候に、いまゝて（今迄）を、おも（重）たハす候へハ、き（聞）かせ給候ても、かせん（合戦）いかやう（如何様）に候やと、心もと（許）なくハしおも（思）ハせ給ましく候」

人々は多く討たれ、また負傷しているが、自分はまだ大丈夫だ。合戦の様子を案じていようが、心配するな——そう妻子に伝えようとしているのだ。

いつの世も変わらぬ家族の絆《きずな》を感じさせる。実際、妻や子の心配はいかばかりだったろうか。

心配ばかりで心休まらず

だが、経之のほうの心配事は、他にもいろいろあった。例えば、戦場から多くの従者が逃げ出して困っている、といったことも手紙にはある。

そして戦場での心配だけではない。むしろ経之が気になって仕方がないのは、残してきた自分の所領の経営であったようだ。領内の百姓たちをうまく治めるよう、さかんに指示を出している。

これは理解できることだ。以前も述べたように、中世武士にとっての命は所領（土地）である。そもそも、なぜ戦場で戦わねばならないかといえば、自分の土地を守るためである。

現代のサラリーマンは、意に沿わない転勤は断れるかもしれない。しかし、その代わりに出世や昇給はあきらめなければならないだろう。中世の武士は、その場合、所領を取り上げられた。現に経之も、戦場に向かわない者が所領を没収された話を手紙に書いている。

武士は、戦士であると同時に、自分の所領では百姓らを治める「経営者」であった。自分の「会社」を守るために「奉公」していたのだ。経之の場合とくに、比較的新しい領主であったから、その経営基盤は確かなものではなかったようだ。あまり強圧的態度をとると百姓に逃げられるから、うまくなだめるように、などと指示している。

その立場は、上にも下にも気遣いせねばならない、現代の中間管理職のようなものだ。そのうえ家族と自分の命の心配をしなければならないのだから、さぞやストレスがたまったことだろう。

さらに、戦《いくさ》の行方に関する心配がある。自分の属する側が勝てばいいが、負ければ、たとえ命があっても戻る場所をなくす。これは「人事」を超えた「運」の領域だが、経之参戦時点の勝負の行方は不透明だったから、気をもんだはずだ。

もちろん、結果的には、足利側が勝つ。経之はこの点ではついていた。一家没落は免れる。

だが、経之自身は戦場から生還できたのだろうか。手紙は暦応3（1340）年初頭あたりで途切れる。あるいは転戦の間に討ち死にしたのかもしれない。彼の手紙が不動堂にあったのは、親族がその冥福《めいふく》を祈って奉納したからだろう。

単身赴任の悲哀をはじめとした宮仕えの孤独な苦悩は、歴史に残りにくい。だが、「武士」にせよ「企業戦士」にせよ、勇ましいイメージに隠された実像は、「心配ばかりのつらい人生」なのだ。

「二頭体制」に必要な資質とは――征夷大将軍・足利尊氏《あしかがたかうじ》

人々は「理想のリーダー像」を歴史のなかに探し求めてやまない。よいリーダーが現代に不足していると感じるからだろうか。歴史上のさまざまな名君・名将の姿を今に重ね合わせるのは、ビジネス誌の定番企画になっている。

だが歴史が教えるのは、むしろ、一人の突出したリーダーによって組織が担《にな》われるのは稀《まれ》だということのように思える。たいがいの時代、たいがいの組織はそうしたリーダーをもたず、複数の指導者が協力し合って組織が運営されている。それでうまくいく場合が多いのだ。

完璧《かんぺき》な人間などおそらくは存在しない以上、理想のリーダーが稀であるのは当然だろう。人はみな偏《かたよ》りをもち、固有の長所と欠点がある。現代の人事においても、一人のリーダーに期待するより、互いの属人的な欠陥を打ち消し合うような人材配置を工夫するほうが、現実的であるはずだ。

この人事的な「組み合わせ」がうまくいけば、互いの長所が相乗的に機能し、素晴らしい効果を発揮する。だが難しいのは、その効果を持続させることだ。その効果も、その難しさも、やはり歴史が繰り返し教えている。

足利尊氏と直義《ただよし》の二頭体制は、その好個の例である。

対照的な二人の「上司」

室町幕府初代将軍の尊氏と、その1歳下の弟、直義。幕府成立期のいわば社長と副社長だ。

この二人を組み合わせたのは、人為的な「人事」ではない。しかしそれだけに、また兄弟ということを考えればなおさら、これほど性格・資質の対照的な二人を並べて歴史の重大局面を担わせた天の配剤には感心するしかない。

まず兄の足利尊氏。ご承知のとおり、歴史的に評価が揺れ動いた人物だ。

戦前は、後醍醐《ごだいご》天皇の意向に反して建武新政を打倒した「逆賊」として悪人イメージがあった。天皇を絶対視する史観からのそうした評価は、今では影をひそめているが、古い世代にはまだそのイメージをもっている人がいるようだ。

しかし、さらにさかのぼり、江戸時代において見れば、それなりに人気があった。徳川政権につながる幕府政治の創始者として評価されていたからだ。

では、その実像はどうか。時代による評価の揺れを別にしても、たしかに捉《とら》え難い人物である。はっきりしているのは、彼は「深謀遠慮」型ではなく、直情型の人間だったことだ。

室町幕府の創立は、通常、彼の功績とされる。それはそのとおりだが、では彼に何か実現したい政治的ビジョンがあったかといえば、それは怪しい。権力欲もそれほど強かったと思えない。それが証拠に、彼は何度も、引退して政権を弟の直義に譲ろうとした。それも、かなり早い時期からだ。

建武3（1336）年、京都を占拠して光明《こうみょう》天皇を即位させたあと、尊氏は願文《がんもん》（神仏への契約文）を清水寺に収めた。「この世ハ夢のごとくに候《そうろう》」で始まるこの願文には、自分はもはや「遁世《とんせい》」したいこと、自分の「後世《ごせ》（死後）」を守ってほしいこと、「今生《こんじょう》の果報」は直義に与えること、などがしたためられていた。

政治的に一段落の時期とはいえ、先行き不安な状態で、「会社」の経営権を弟に譲ろうというのだ。べつに他から責任を問われたわけでもない。唐突で無責任な行動のように思われても仕方なく、行動の一貫性のなさが言われるのはこういうところだが、しかし、これが「尊氏流」だった。

だが、実際には彼の「引退願望」——それはこのもっと前からあったようだが——は、かなわなかった。諸事情はいぜん、合戦に強い尊氏を必要としていたからだ。

さて、尊氏が政権を譲ろうとした弟の直義。ともに建武新政に叛《そむ》いた同志でもあるが、性格的には尊氏と正反対の人物であったらしい。直情型の尊氏に対し、主義を貫く信念の人だった。

その性格の対照性をよく表す逸話がある。中世にも、今のお中元にあたる「八朔《はっさく》（八月一日）の贈り物」というのがあった。尊氏は、贈られてきた品々をおうように受け取り、しかもそのすべてを惜しげもなく他人に与えたという（ということは、自分の贈った品が、回り回ってまた自分に戻ってくる珍事もあったかもしれない！）。一方、直義は、そうした風習を嫌って、贈り物をいっさい受け取らなかったという。

これは、現代の「上司」にもいそうな二つの対照的なタイプではなかろうか。つまり、尊氏は寛大な温情主義者、直義は冷徹な合理主義者の上司ということになる。

尊氏の「温情主義」については、禅僧の夢窓疎石《むそうそせき》が『梅松論』のなかで書いている。「(尊氏は)仁徳ヲカネ給上《たもううえ》ニ、三ノ大ナル徳マシマス也《なり》」。つまり、尊氏には「三徳」があった。第一に、合戦で劣勢であっても平然としていたこと。第二に、敵をも許す寛大さがあったこと。第三に、物欲がなく物惜しみしなかったこと。この「武勇」と「慈愛」と「無欲」が、彼を天下人にしたというのだ。

尊氏と親しかった疎石の観察だから、当然、ひいき目はあろうが、『太平記』からも、尊氏のこうしたパーソナリティーはうかがえる。その資質は、ともに戦う部下の心を鼓舞する、「営業部長」にぴったりといえよう。だが、先に触れたように行動に一貫性がないから、非常時にはともかく、平時のリーダーにもつのは不安だと思う人もいよう。

その点、直義ははるかに行動と信念が安定しており、他者の評価においても信賞必罰主義で白黒をはっきりつける人だったようだ。そのほうが仕えやすいし、組織の日常的管理・運営は直義型に任せたほうがいいと思う人も多かろう。

「相補的二頭体制」の時代

この対照的な二人が、互いの資質と性格を相補う形で共同経営し、成功していたのが初期の室町幕府だった。

これは、学問上も確かめられている。両者の出した文書を整理・分類した研究で、二人が役割分担を明確化し、それぞれ得意分野を担っていたことがわかっている。尊氏の文書は、武士に恩賞を与えたり、守護を任命する補任状《ぶにんじょう》が多い。一方、直義のそれは、所領の相続を承認する安堵状《あんどじょう》や、所領の紛争での判決を示す裁許状《さいきょじょう》など、民事関係のものが多い。

つまり、尊氏は全国の武士を従わせる役を、直義はそれ以外の組織運営役を担っていた。前者を主従制的支配権、後者を統治権的支配権という(佐藤進一『南北朝の動乱』中央公論新社)。室町幕府の将軍権力の二元性と呼ばれるもので、この考え方が学界でも通説になっている。うまく機能した二頭体制の例として、「人事の日本史」上、特筆されるべきだろう。

もっとも、この体制は結局、破綻《はたん》する。尊氏の武士統率を実行したのは家来の高師直《こうのもろなお》だが、この師直と直義のあいだに対立が生まれたのだ。簡単に言えば、秩序を無視しがちな武人派の師直と、秩序を最優先する統制派の直義とは、相いれなかったということだ。

それぞれの下に派閥が形成されるなか、直義は観応《かんのう》2(1351)年、ついに師直を殺害する。そしてその翌年、幕府の崩壊を避けるため、尊氏は自らの手で、公私ともにパートナーだった直義を殺害する。二頭体制の好例は、この悲劇的結末とともに、二頭体制を持続させることの難しさを示す例ともなってしまった。

「降格」された天才のその後——能楽者・世阿弥《ぜあみ》

「初心忘るべからず」。入社式の訓示でよく使われる、世阿弥の『風姿花伝《ふうしかでん》』の一節である。

室町時代の能楽大成者、世阿弥元清《もときよ》は、日本中世が生んだ最高の芸術的天才といえるだろう。ご承知のとおり、彼の作品はいまも能の演目の中心だ。たとえば、祝言《しゅうげん》第一の能とされる「高砂《たかさご》」。神仏と人間との融和をあらわす、その玄妙な世界には、600年の時を超え、現代人をも陶然とさせる芸術的な力がある。

さて、本項で世阿弥を取り上げるのは、彼の芸術をここで改めて称《たた》えるためではない。どんな特別な才能も、それを見いだして育てる、ある程度組織的な庇護《ひご》がなければ、成果を残せない。それは歴史が証明しているが、同時に、その才能が特別であればあるほど、組織との折り合いが悪いのも歴史の示すところだ。

それは無理からぬことで、組織は通常、「天才」の参入を予想していない。現代でも、ノーベル賞級の逸材が会社に入ってくれば、問われるのは組織の側の人事的対応力だろう。組織は「天才」をどう遇すべきか。世阿弥の例でそれを考えてみようというのが、ここでの趣旨である。

最高権力者に見いだされた幸運

異能の才が埋もれることなく発揮されるには、特別の人事的な幸運がなければなるまい。人事権者にその才能を見いだされ、人事的に引き上げられる、という幸運だ。

世阿弥の場合、その幸運をもたらしたのは、室町幕府の3代将軍、足利義満《あしかがよしみつ》であった。世阿弥が父・観阿弥《かんあみ》と京都に現れたのは応安7（1374）年ごろとされる。彼らの出自や生年には諸説があり、はっきりしないが、観阿弥が観世《かんぜ》の創始者として世に認められはじめたころだった。世阿弥はおそらく12歳前後。

このとき、父とともに今熊野《いまくまの》社で興行した猿楽が義満の目にとまり――その美少年ぶりにも魅了されたという――世阿弥は義満の「同朋衆《どうぼうしゅう》」に取りたてられる。

「同朋」とは、いまでは一般に「仲間」という意味で使われるが、もともとは仏教者の「修行仲間」のことだ。とはいえ、将軍の同朋衆とは、実際には一芸に秀《ひい》でた将軍側近たちの集団である。

この「同朋衆」は、名家の出身者たちからなる家職のシステムとは、完全に別枠の存在だった。通常の人事システムの埒外《らちがい》で、将軍の「お気に召すまま」人材を抜擢《ばってき》できた。

しかもこの場合、世阿弥を取り立てたのは並の権力者ではない。「太上法皇《だいじょう》」とまで呼ばれ、金閣を建立《こんりゅう》し、室町幕府の最盛期を築いた義満である。

その絶大な権力の寵愛《ちょうあい》を受けて、世阿弥は自らの才能を開花させる機会を得た。まさに特別の人事的幸運に恵まれたのである。

世阿弥の天才を認めた義満の眼力は、当然称えられるべきだろう。実際にその当時、連歌で有名な二条良基《にじょうよしもと》なども、世阿弥を見いだした義満の先見の明を褒め称えていた。

だが、組織における特別の人事的幸運は、一方でその反動を生む。すなわち、周囲の嫉《しっ》妬《と》を招くのだ。たとえ抜擢された者に、その人事的幸運に値する才能があったとしても、である。

「天才の人事」の第一の難しさは、ここにあるだろう。この場合も、義満の世阿弥にたいする寵愛ぶりを面白く思わない公卿《くぎょう》はいた。だが、お追従《ついしょう》の声にかき消され、得意の絶頂にいる義満や、その庇護下にある世阿弥には、組織内の不協和音は十分に届いていなかったようだ。

義満は応永元（1394）年、37歳の若さで将軍職を息子の義持《よしもち》に譲る。そして人臣最高の官職である太政大臣になるが、それも半年で辞任して出家する。すでに父の観阿弥は他界し、世阿弥は自力で芸能の世界のライバルたちと伍《ご》さねばならなくなった。

それでも、義満の生きているあいだは、世阿弥の地位は安泰だった。応永6（1399）年、義満後援の勧進能《かんじんのう》の興行がおこなわれ（義持も観覧した）、その翌年に『風姿花伝』の第一次完成。世間にその名人芸が知られはじめた、世阿弥40歳前後のこのころが、彼の芸道の絶頂期といえるだろう。

トップの交代でたちまち「暗転」

しかし、応永15（1408）年に義満が死去すると、彼の境遇は暗転していく。

トップの特別の寵愛を受けた者が、トップの交代とともに「冷や飯組」に転落することは、現代でもよくあることだろう。ここで、以前からわだかまっていた組織内の嫉妬が、微妙に、しかし決定的に作用していく。

そしてそれは、新しいトップが前任者に批判的であった場合、なおさら大きな反動を呼ぶ。義持の時代が本格的に始まったとき、世阿弥を襲った境遇の変化がその例であった。

義持は、義満存命時にはあからさまにしなかったが、義満の政治方針に不満であった。それがはっきりわかるのが、義持政権下での対中国（明）政策の転換だ。義持は、義満時代におこなわれていた明への朝貢を屈辱的だと感じていたので、対明貿易自体を取りやめている。

義持の「脱義満化」政策は、当然のごとく、文化政策にもおよんだ。彼は、世阿弥に代え、増阿弥《ぞうあみ》を重用した。増阿弥の芸風は、田楽的要素を取り入れた伝統回帰を特徴とする。要するに、世阿弥の芸風の否定である。

世阿弥は、この冷遇に耐えて義持時代を生き抜き、応永29（1422）年ごろ、60歳前後で出家して観世大夫《かんぜだゆう》の地位を子の元雅《もとまさ》に譲る。

だが、正長《しょうちょう》2（1429）年、義教《よしのり》が6代将軍になると、さらなる逆風が世阿弥を襲う。世阿弥の甥元重《おいもとしげ》（のちの音阿弥《おんあみ》）を優遇した義教は、世阿弥の仙洞御所《せんとうごしょ》（上皇の御所）への出入りを禁じ、その翌年には楽頭職《がくとうしき》（猿楽主催の権限）を奪うのである。

そして、とどめというべきは、永享《えいきょう》6（1434）年の佐渡への配流《はいる》だ。世阿弥は72歳前後で、直前に子の元雅を亡《な》くしている。この「島流し」の理由はよくわからないが、観世大夫の継承をめぐって将軍と紛糾したのかもしれない。世阿弥は81歳で没したとされるが、生前に許されて帰京できたかどうかも含め、はっきりしない。

このように、世阿弥の後半生は、まさに人事的不幸の連続であった。人事の「天国と地獄」を一身に味わった人生といえよう。

組織は天才をいかに遇すべきか。世阿弥の例が示すのは、「天才の人事」がトップの眼力という属人的資質に帰する限り、そのトップの代を超えて組織が天才を保護するのは難しいということだろうか。組織は通常、一人の天才のためにあるわけではないのだから、いつの時代でも、その対応力には限界があるだろう。

むしろここで強調したいのは、人事的に不遇な後半生においても自らの芸を磨きつづけた、世阿弥の人間的な偉大さだ。

義持の時代に増阿弥が重用されたときも、世阿弥はこのライバルの芸風に積極的に学び、自らの芸域を広げていった。人生の不遇も悲哀も、「幽玄」の芸に昇華させていった精進があったからこそ、彼の芸術はいまも人の心を打つのである。

人事的逆境にあっても「初心忘るべからず」。世阿弥の後半生は、天才ならぬ普通人にも、組織における生き方の模範を教えてくれている。

「無責任」が生んだ人事の失敗——クジ引き将軍・足利義教《あしかがよしのり》

「人事の日本史」上の珍事というべきだろう。クジ引きで選ばれた将軍がいる。室町幕府6代将軍、足利義教だ。

なぜそうなったのか。

応永35（1428）年正月、4代将軍だった義持《よしもち》が病気で重体におちいると、管領《かんれい》をはじめとした重臣たちは慌《あわ》てた。義持は43歳の若さだったが、すでにその5年前、将軍の座を嗣子《しし》の義量《よしかず》に譲っている。だが、この5代将軍は在職2年足らずで若死にしていた。つまり、このとき将軍ポストは空位だったのである。

だから重臣たちは、義持が生きているうちに、なんとか次の将軍を指名してもらいたかった。しかし、義持はこれを拒んだ。側近の三宝院満済《さんぼういんまんさい》がその真意を問うと、義持は臨終の床で、

「自分が指名しても、皆の支持がなければ無駄だ」

と答えたという。

かくして、その満済が提案し、クジ引きで次の将軍を決めることになった。義持の4人の兄弟が候補者となる。源氏の氏神、石清水八幡の神前でクジは引かれ、義持の弟、天台座主《ざす》の青蓮院義円《しょうれんいんぎえん》が当選する。彼は還俗《げんぞく》し、6代将軍義教となった。「クジ引き将軍」の誕生である。

いくつかの寺に残る彼の肖像を見ると、いったんは頭を丸めて出家していたため、将軍就任時にまだ髪が短かったことがわかる（本郷恵子『中世人の経済感覚』日本放送出版協会）。その姿は、これがいかに異例の人事であったかを物語っている。

強力な役員と無力な社長

それにしても、そもそもなぜ、義持は次期将軍の指名をそれほどに拒んだのか。その背景には、室町幕府独特の権力構造があった。

室町幕府の実態は、幕府を創始した尊氏以来、守護大名たちによる連合政権であった。会社にたとえれば、創業一族である足利本家のほかに、創業以来の有力者たちもそれぞれ力をもち、「役員会」を構成していた。その役員とは、三管領《かんれい》（斯波《しば》・細川・畠山《はたけやま》）の諸氏と、四職《ししき》（山名・京極・赤松・一色）と呼ばれる有力大名たちなどだ。

室町幕府の「社長」である将軍は、これら有力役員たちの「力の均衡」のうえに権力を維持することを求められたのである。

しかし、「力の均衡」といえば聞こえはいいが、社長が次期社長も決められないとは、いささか情けなくはないか。要するに、一見安定したこの連合政権は、構造的に「社長」のリーダーシップを奪っていたのである。こうしたことは、いまでも安定した大企業ほど起こりそうだ。

「皆の支持がなければ無駄だ」という義持の弱気な発言は、その実情を表していた。実際、このときの4人の候補者にはそれぞれ有力守護・管領の後ろ盾があり、普通の決め方では、誰に決まろうと「力の均衡」を崩しただろう。

だから神前でのクジ引きは、たしかに妙案だった。いわば「神の意思」による「人事」である。誰も文句が言えず、誰も責任を問われない。

だが、そのときはよくても、こうした無責任な人事は、やはり異常だ。無責任のツケは、結局誰かが支払わされる。この場合、そのツケを最後に支払わされたのは、選ばれた当人の義教である。

こうした選ばれ方をしたトップには、二つのタイプがあるはずだ。

一つは、「どうせ自分は無責任体制の産物」と達観し、役員の言いなりになる「ロボット型」。

もう一つは、これを奇貨として旧弊を打ち破ってやろうとする「張り切り型」だ。義教はこの後者のタイプであった。「自分は神に選ばれた」という強烈な自負をもって、将軍人事すら有力守護に握られている情けない事態を打破しようとしたのである。

その気持ちはわからないでもない。そして、突飛かもしれないが、ここで連想してしまうのは、「人気」という現代の「神託」により、派閥の論理を超えてかつて首相となった小泉純一郎氏である。義教の目指したものも、いまの言葉でいえば「構造改革」だ。

その改革の方向は、具体的には二つに分かれる。第一は、将軍独自の権力の充実だ。将軍への忠誠心に欠ける、従来の守護大名の軍勢に頼っていた構造が、将軍の発言権を弱めていた。そこで、将軍直属の武力として奉公衆《ほうこうしゅう》を再編・強化した。いわば社長側近グループの形成である。親衛隊的要素が強く、これを「役員会」とは一線を画す勢力に育てようとした。

第二は、訴訟制度の改革である。従来、各守護大名家の内紛には、将軍といえども介入できなかった。それを将軍の親裁（直接裁判）のシステムに変えていった。

後者はとくに、守護大名たちによる当時の硬直した体制を打破する効果的な手段となった。この時代は、いわゆる惣領《そうりょう》制が解体し、総領家と庶子《しょし》（分家）とがあちこちで家督を争っていたのである。義教は、こうした内紛状態にある守護大名家に積極的に介入し、紛争に乗じて力のない守護をつぶしたりした。これもつまりは、「社長」本来の人事権を取り戻す手段だったといえる。

「万人恐怖」の政治の結末

このようにして義教は、将軍職への権力集中と、組織の効率化の両方を進めようとした。そして、この構造改革路線のクライマックスともいうべきものが、鎌倉公方《かまくらくぼう》・足利持氏《もちうじ》の討滅である。

室町幕府は東国の政治的拠点である鎌倉を重視し、小幕府ともいうべき鎌倉府を置いていた。その代表が鎌倉公方だ。強い権力をもつこの職は、尊氏《たかうじ》の次男基氏《もとうじ》の系統が継承していた（次頁系図参照）。

同じ足利氏とはいえ、この鎌倉公方と京都の室町将軍は、以前から事あるごとに対立していた。いわば社長（京都）と副社長（鎌倉）の対立の構図である。その構図のなかで、クジ引きで「社長」の座を拾った義教に最も不満だったのが、「副社長」の持氏であったのも当然だ。

足利家系図

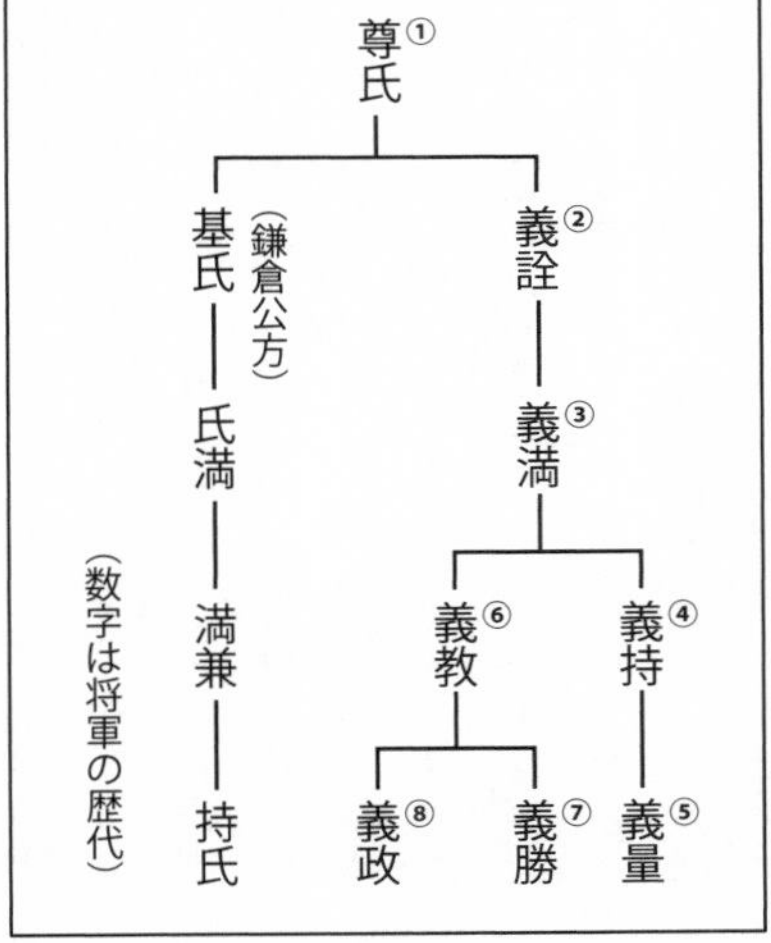

そこで義教は、将軍の実力を示すためにも、持氏勢力を一気に排除した。このいわゆる永享《えいきょう》の乱（１４３８年）は、室町時代のそれまでの東西冷戦構造を大きく変えた。そして持氏滅亡後の関東では、諸大名の勢力が各地でしのぎを削ることになる。

ともあれ、義教の「構造改革」は、このように劇的に進展した。彼の目指した「権力集中」はほぼ実現しかけていた。

だが、それは本当の意味でのリー

ダーシップといえるだろうか。事実は、彼の権力が増せば増すほど、彼は政治的支持を失っていった。ここが「人」ではなく「クジ」で選ばれたトップの悲しさだろう。それはリーダーシップというより、周囲からは「独裁」にしか映らなかったのだ。

いかに将軍とはいえ、「人」の支持のないまま強権を振るいつづければ、それは実際、独裁に他なるまい。当時の文献『看聞御記《かんもんぎょき》』は、その政治を「万人恐怖」とまで形容している。

「クジ引き将軍」の最期は、こうした異常なトップ人事の行きつく先を象徴している。嘉吉《かきつ》元（1441）年、猿楽鑑賞のため京都の赤松満祐《みつすけ》邸におもむいた義教は、その場で当主の満祐にあっけなく殺された（嘉吉の乱）。赤松氏は先に述べたように室町幕府の「四職」の一つ。つまり、「身内」である役員に社長が殺された形だ。義教が満祐の所領の一部を強権で没収するとの噂《うわさ》があり、それがこの「凶行」の動機だとされている。「神意」を装《よそお》う人事は、最後は「人意」に正される。それが歴史の教訓だといえるだろう。

戦国編

関　幸彦
山本博文

「実力主義」を育てた乱世——悪人・朝倉孝景《あさくらたかかげ》

今日のわれわれの経済生活を特徴づけるのは、いまさら言うまでもなく「競争」という原理だが、その激しさが日に日に増していることは誰もが感じていよう。

個人も企業も、そして昨今では大学も、生き残りをかけてしのぎを削ることを求められている。きのうまでの「名門」も、新参者にたちまち地位を奪われかねない。肩書や看板にあぐらをかくことは許されず、実力が問われる。まさに「戦国時代」である。

本書も、ここから戦国時代に入る。同じ「大競争」を背景に、「人事」という面から見ても、およそ500年前と現代とが共通性をもつのは当然かもしれない。その共通する特徴は、ひとことでいえば「実力主義」だ。

その500年前の「実力主義の人事」を知るためには、以下で取り上げる朝倉孝景の家訓ほど格好の素材はない。

人事権を握った大名の登場

時代区分としての戦国時代は、一般に応仁《おうにん》の乱（1467〜77年）から、織田信長が天下統一に乗り出すまでの約100年間をいう。「群雄割拠」や「下剋上《げこくじょう》」といった言葉でお馴染《なじ》みの時代だ。

まず、この時代を、中世から近世へ、という大きな流れのなかで、とくに「人事」という点から簡単に位置づけておこう。そのためには、権力のありようを、「土地の支配」と「人の支配」に分けるとわかりやすい。

権力の形が「土地の支配」中心であるのが、簡単にいえば封建制だ。それは中世から近世まで基本的に変わらない。時代のキープレーヤーは、鎌倉時代は「地頭」、室町時代は「守護」、そして近世の「大名」と変わっていったが、彼らがみな地域に拠点をもつ領主（土地の支配者）であったことは共通している。

中世と近世を分かつのは、むしろ「人の支配」のほうだ。中世は「権力の分散」の時代といわれるが、それは土地の支配者が必ずしも人の支配者でなかったことを意味している。後者を「人事権者」というなら、誰に人事権があるかがはっきりしなかった。土地の支配者の元締めは将軍だが、その将軍の支配も各「家」の人事にはなかなか及ばなかった。そのことは、前の「クジ引き将軍」足利義教《あしかがよしのり》の例で述べたとおりだ。

その「土地の支配」と「人の支配」が一致するのが近世である。そのためには、「家」の分裂を促す、下剋上の戦国時代を通過する必要があったといえるだろう。この「人事権を握った土地支配者」の原型が、いわゆる戦国大名だ。

本項の主役、朝倉孝景（敏景《としかげ》とも）は、北条早雲《ほうじょうそううん》などとともに戦国大名のはしりである。同時に彼は、下剋上の象徴ともいえる人物だ。もともとは越前の土豪で、名門の出とはいえない。それが、応仁の乱のさなか、主家である足利一門の斯波《しば》氏が相続問題で混乱したのに乗じて、文明《ぶんめい》3（1471）年、越前守護の座を斯波氏から奪い取る。孝景は、このとき40代半ば。

以後、本拠地を一乗谷《いちじょうだに》（現・福井市城戸ノ内町一帯）に定め、文明13（1481）年に没するまで、「土地」と「人」をともに支配し、領国の「富国強兵」を旨《むね》とする経営を実践した。それは、近世的な大名のさきがけであり、現代風にいえば、資本と労働力を元手にして競争力のある「強い企業」を目指す社長の姿に近い。

虚飾を排した合理的経営

その孝景の経営の要諦を示すのが、「朝倉孝景条々《じょうじょう》」または「朝倉敏景十七箇条《じゅうしちかじょう》」などと呼ばれるものだ。彼の晩年に、子の氏景《うじかげ》のために書き残したものとされている。

これは一般に「家訓」とされるが、道徳的な教えというより、一面では「法」そのものである。こうした大名独自の法（戦国家法という）がつくられるようになったことこそ、「人の支配」を彼らが手に入れた証拠である。

そして孝景のそれは、きわめて具体的な経営指針でもある。同様の家訓を残した戦国大名は多いが、孝景のは、その初期の例であるとともに、とくに優れたものとされている。そこから浮かび上がるのは、いまで言えば実力でのし上がったベンチャー企業の社長である孝景らしい、ドライで合理的な思考法だ。

たとえば第13条では、合戦において「吉日・方角」などの迷信にとらわれるな、と諭す。因習破壊の実力者、孝景の性格をよく表している。

また、家臣をすべて城下に集めよ、一乗谷城のほかに城郭をつくらせるな、という第15条は、集権性という大名権力の核心を表したものとして有名だ。

だが、全体として目立つのは、人の合理的・効率的支配、すなわち「人事」に関する項目である。

第1条からして、次のようにいう。

「朝倉ノ家ニオイテハ、宿老《しゅくろう》ヲ定ムベカラズ、其ノ身ノ器用、忠節ニ従フベシ」（朝倉の家中には宿老などの身分を定めず、個人の能力や忠誠度によって人材を登用せよ）

それにつづく第2条では——。

「代々持来《もちきたる》ナドトテ、団扇《うちわ》並奉行職預ラルマジキ事」（代々世襲してきたからといって、無能な者を団扇役や奉行職に任命してはいけない）

ここで「団扇」とは、軍扇から転じて軍の司令官のこと。奉行職とは、いまの会社でいえば役員にあたる。こうした重い役には、門閥や派閥にこだわった人事をしてはならないということだ。

すなわち、人事は実力主義でやれ——それが孝景の最も言いたかったことであるのは明らかだ。それは下剋上で地位を得た孝景の人生観の核心であり、自らの地位の正当化でもあった。

さらに第4条では、価万疋《あたいまんびき》の太刀も「百疋ノ鑓《やり》百丁ニハ勝《まさる》マジク候」とある。名刀の一振りよりも、百丁の鑓を百人にもたせたほうがいい——ここにも、革新的で効率的な人事への志向がある。

「孝景の人事訓」
（著者の現代風解釈による）

一、人材は、身分や地位で判断せず、
　　能力と忠誠度に応じて用いるべし。
一、重要なポストほど、
　　門閥・派閥と関係なく登用すべし。
一、一人のスタープレーヤーより、
　　粒のそろった十人を育成すべし。
一、天下りを受け入れず、
　　時間がかかっても生え抜きを育成すべし。

実力主義と効率主義を説いているばかりではない。文化政策の指針であり、同時に人事における人情の機微をついているのが第5条だ。

そこには、大和四座《やまとしざ》の猿楽などを呼び寄せるより、「国之申楽之器用《くにのさるがくのきよう》ナランヲ上洛サセ仕舞《しまい》ヲ習ハセ候」とある。つまり、文化に同じカネを使うなら、都から有名な芸人を招くより、国内の見込みある者を都に送って芸を習わせよ、というわけだ。国内文化振興、地場産業育成の奨《すす》めであるとともに、「生え抜き」の登用で「愛社精神」の涵養《かんよう》をも狙《ねら》っていると読み取れる。

これらの人事に関する条文を、その精神を私なりに酌《く》み取って現代風に解釈し、これを前頁にまとめてみた。

因習を無視した「成り上がり」の孝景は、一方では「天下ノ悪事《あくじ》始行《しぎょう》ノ張本《ちょうほん》」とも呼ばれた。いまでも、「商慣行」を無視したベンチャーの旗手には、やっかみ半分に、同じような悪罵《あくば》が浴びせられるかもしれない。

また、彼の説く実力主義は、彼の「社員」たちにとって、いいことばかりではなかっただろう。競争原理が必ずしも人の幸福に直結しないのは、われわれもよく知るところだ。

だが、彼が生きたのは本物の戦国時代であり、厳しい競争の現実と、敗れたときの悲惨さを最も知るのも彼自身だった。現代もまた「戦国時代」であれば、500年以上前の孝景に共鳴する経営者も多いのではなかろうか。

「情」を反映した家訓の意義——梟雄・北条早雲《ほうじようそううん》

保守の中の革新者——北条早雲を語るとすれば、こんな表現がうかぶ。

戦国時代の先駆をなした早雲という名をご存じの読者も多いだろう。守りと攻めの領国経営で小田原《おだわら》北条氏五代の基礎を築いた人物でもある。

激動の時代に、相模《さがみ》国小田原を拠点に一族が100年以上にもわたり、関東に覇《は》を唱えたことがおもしろい。早雲はその基礎を固めた。個人の資質という点で言えば、早雲は革新者の名にふさわしい力量を有していたようだ。

目を見はるのは、そのバイタリティだ。彼が歴史に名を刻む最初の行動は、60歳という高齢でのものである。人生の晩年に新たなカケに転じた早雲の手腕は敬服に値する。

これは今日でもあてはまる。たしかに飛躍するための条件に年齢の問題は大きい。起業家たらんとすれば、挑戦が可能な時期があるようだ。

だが、とびっきりの例外もある。この早雲がそうだ。

彼の行動はあたかも定年を迎えた人物が、新しい世界に向けて組織づくりをはじめたようなものだ。

早雲は駿河《するが》の名族、今川《いまがわ》氏の客将だったという。いわば今川株式会社の禄《ろく》を食《は》む立場から、早期退職し一念発起して、独立したようなものかもしれない。

延徳《えんとく》3（1491）年9月、駿河から伊豆へと侵攻した早雲は、またたく間にここを制圧。新時代の幕開けをかざった。織田信長が桶狭間《おけはざま》で今川義元《よしもと》を破る16世紀半ばよりは、はるかに以前のことだ。時代はむしろ応仁《おうにん》・文明《ぶんめい》の乱後の室町的気分のなかにあった。

早雲こと、伊勢《いせ》新九郎長氏《しんくろうながうじ》の出自は定かではない。『北条五代記《ほうじょうごだいき》』には、京都の出身とするが、駿河へ向かった時期や理由に関してもわからない。今川義忠《よしただ》の側室、北川殿《きたがわどの》の兄であった関係だともされるが、詳細は不明だ。要は駿河の今川一族の客分的立場にあったらしい。

早雲が侵攻した伊豆は、駿河の東に位置し、ターゲットとなった韮山《にらやま》には、堀越公方《ほりこしくぼう》足利茶々丸《あしかがちゃちゃまる》がいた。早雲は権威の象徴とも言うべき茶々丸を攻撃することで、時代の革新者たらんとした。

その軍事行為には的確な情勢判断がともなっていた。

早雲の伊豆攻略は、将軍足利義政《よしまさ》と、これに続く鎌倉公方政知《まさとも》の死という政治的混乱を見ての行動だった。

このことは軍事行動の第二弾ともいうべき小田原侵攻でも同じだった。明応《めいおう》4(1495)年のことだ。

この前年に小田原城にたてこもっていた大森氏頼《おおもりうじより》が死去しており、政治的空白を察しての動きだった。伊豆攻略から4年後のことである。

関東全域を射程にすえるためには、箱根の坂を越え、相模への進出が不可欠だった。

小田原は天険の要害を背負った軍略の地ということができる。こうした情勢判断の読みは、やはり組織のリーダーとして望まれる力量だ。

百姓との融和を重んじ、心服させる

機を見るに敏なる早雲の慧眼《けいがん》に加えて、豊かな経験も大きかった。

小田原を拠点とする領国経営は、この早雲の時代に始まる。

そして小田原へのステップが成功するか否かには、領民との融和が大きかった。旧領主の大森一族を追放しての小田原入城であるからこそ、この地での人心掌握が課題だったことは、言うまでもない。

企業合併が日常化している昨今、社長が考慮すべきは、社員との融和だろう。とりわけ新旧の交代が劇的であればあるほど、これが必要となる。

「此君ノ情ニハ命ノ用ニモタツベシ」とまで百姓たちに言わせた早雲の領国経営は、新天地で人心を把握したリーダーのお手本というべきものだった。

それでは早雲が百姓たちを心服させた方策とは、何であったのか。

当たり前のことだが、人は食わせてもらえる人物のもとに集まる。年貢《ねんぐ》の軽減がそれだった。

『北条五代記』によれば、韮山の攻略後、早雲は伊豆国内の侍たちの所領安堵《あんど》とともに、百姓たちに年貢減免の布告を出したという。

「年貢五ツ取所ヲバ一ツ許シ、四ツ地頭ニ納ムベシ、此外一銭ニアタル義ナリ共、公役カケベカラズ」と。

要は四公六民（四割を税に六割を百姓に）を命じた。これが「年貢過分ノ故、百姓疲ルル由聞及ビヌ」との理由からだったという。配下の百姓を育てることを心がけた早雲の心もちがうかがわれる逸話だろう。

こうした農民たちへの施策は、富の分配を広くさせる。早雲の取り分である「台所領」(直轄領《ちょっかつりょう》)をできる限り少なくする方針によっていた。

引き締めばかりでは、人はついてこない。時としてアメも必要だ。

領民が早雲の情《なさけ》に心を動かし、命までも投げだそうとするまでに育ったのは、経済的苦痛を一緒に共有した信頼感だった。ここに人心掌握のポイントが語られていよう。

経営にたとえれば、百姓は一般社員たるスタッフということになる。当然、部課長にあたるラインもいた。侍と呼ばれた人々がこれにあたる。社長たる早雲は、この幹部たち侍にも訓示を与えている。

幹部にも〝当たり前〟の実践をといた家訓

『早雲寺殿《そううんじどの》二十一箇条《にじゆういちかじよう》』とよばれる家訓には、その早雲の思いが詰まっている。口語になおし、いくつかを紹介しよう。

一、朝は早起きせよ。遅く起きるならば従者たちまで油断し、主君に見限られないように。

一、出仕の時は言うまでもなく、身だしなみを整えよ。だらしない格好は自分を油断させることにもなるし、召し使っている者たちもだらしなくなる。
一、出仕して、主君から命令されることがあったなら、自分の才をひけらかすな。
一、少しの隙《ひま》があれば物の本を見て、文字のある物を懐に入れて、常に人目を忍んで見ておくように。
一、心を正直にたもち、上を敬い、下を憐《あわ》れみ、ありのままの心もちで生活せよ。それが仏の意にもかなうことで、神明の加護もあるはずだ。かりに祈る心があったとしても、心が曲がっていれば天道も見放すことになろう。

日常生活のことについては、自ら早起きをし、家人の模範たらんとせよ、ということが指摘されている。今におきかえれば、社員より遅れて出社するのは望ましくないということだ。油断は大敵なのだとも、言いたげな内容だ。

二つ目も、管理職は「他人の嘲《あざけ》り」にならないように、そして「見苦しきこと」にならぬように、ということだ。

三つ目もわかりやすい。会議などで自分の知識をひけらかすことなく、命令には的確に応答せよということ。

四つ目は情報収集を心がけるよう、説いている。

さらに、神明の加護を語る場面には『有るをば有るとし、無きをば無きとし』と、平凡ではあるが達意の心境が指摘されているのは興味深い。

過分を望まなかった、その心情は、虚飾から解放された時代の先駆者にふさわしい意識だった。伝統的な時代気分にありながら、革新的であり続けることの難しさが語られている。

「有るもの」「無きもの」の峻別《しゅんべつ》という現実的対応が、早雲という人物を中世の枠組みから外させている理由でもあった。

現実を、そして運命を受け入れる力強さ、何事にも動じないしぶとさが見えていよう。早雲にとって、神仏の加護は己の行動の結果なのであろう。あくまで自己責任が優先する。

企業家たらんとする者にも、おそらくは共通する心情でもある。古い殻を脱し、自分を信じ、ことをなす人に神仏は味方する。

戦国大名の多くが、家訓を残している。己の意志を子々孫々に伝え、領国の支配を万全にするためのもので、戦国家法などとも呼ばれている。『早雲寺殿二十一箇条』もまたそれらに近いが、上に紹介したように、いささか細やかに過ぎる。

だがそこには、早雲ならではの心配りが見えている。そして、この細心の注意が彼の行動を律した原動力にもなっていたわけで、大胆な行動の裏にある細やかな性格が読みとれる。

行動学のABCDなるものがあるという。A（Action＝行動）、B（Before＝事前）、C（Circumstance＝状況）、D（Data＝情報）だという。

〝行動の前に状況と情報を調べよ〟ということなのだろうが、高齢にして行動に出た早雲の生涯にも、これが活《い》かされているようだ。

「統制」に腐心した決断の人——智将・毛利《もうり》元就《もとなり》

サッカーファンなら「サンフレッチェ広島」の名はご存じだろう。広島をホームとするJリーグのチームだ。〝三本の矢〟を意味するこのチーム名は団結力を象徴する。そして、それこそがここでの主人公、毛利元就の故事による。

臨終に際し、元就は息子たち三人を呼び寄せ、三本の矢になぞらえ、結束を促したという。江戸時代の『近古史談』で流布《るふ》したこの話は、いささか史実から遠いけれど、組織のリーダーとしての元就の思惑を十分に伝えてくれる。

あたかもこの元就の改革は、功成り、名を遂げた経営者が、己の人生を顧みて、会社と、継ぐべき息子たちに与えた訓戒ということになろうか。

戦国の世もまた現代と同じく、弱肉強食だった。その領国経営に失敗すれば、隣国のライバルに食われてしまう。内なる固めと外への攻め、これが両輪のごとく稼働しなければ、領国の維持はむずかしい。

元就はこのことを体験から学び取った。足元、腰のふらつきが危機をもたらす。組織は内部の結束が必要なのだ。そのためには外部の勢力が介入する隙《すき》を与えない一族・一門の団結と強い家臣団の統制が求められる。

経営者サイドが意思の疎《そ》通《つう》を欠けば、社員は動揺する。「君は船、臣は水に候《そうろう》。水よく船を浮かべ候ことにて候。船候も水なく候へば、相叶《かな》はず候か」

毛利家の重臣の志道広良《しじひろよし》の言葉には、家臣の思惑が代弁されている。『船』を会社に、そして『君』を経営者に、『水』を社員にたとえるならば、時代を超えた心理は不変であることが理解できる。

目的のため手段を選ばず

元就の時代に飛躍した毛利家は、はじめは小さな国人《こくじん》領主でしかなかった。安芸《あき》国（広島県）の山あいにあった高田郡吉田荘がこの毛利一族のスタートの地だった。とはいえ、裸一貫からの出発ではない。鎌倉時代以来の地頭職をテコにのし上がってきた一族でもある。

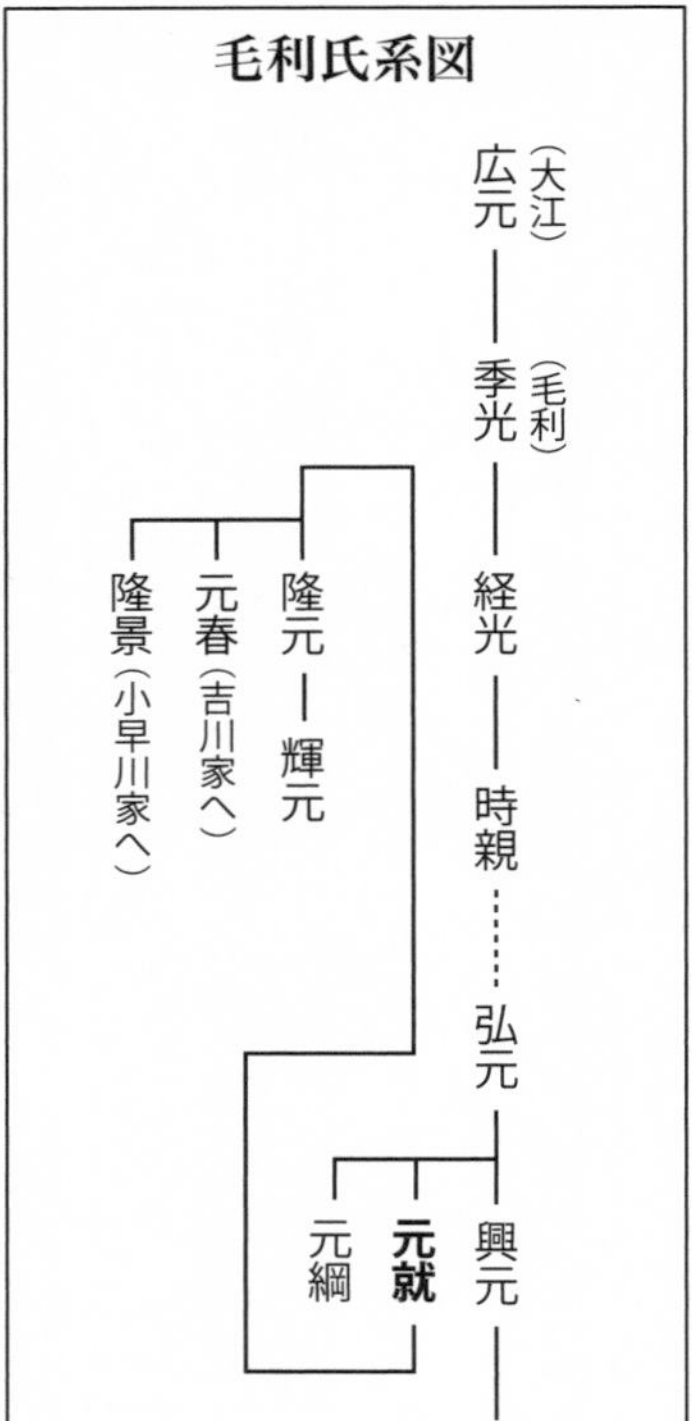

もとは相模《さがみ》（現・神奈川県）の毛利荘《もりのしょう》を領地としていたことから苗字《みょうじ》とした。大江広元《おおえのひろもと》の子孫である。広元の四男の季光《すえみつ》の時代、毛利を名乗り、その後南北朝時代に時親《ときちか》が吉田荘へ移り、土着したという。

元就が誕生したのは明応6（1497）年のことだ。応仁の乱後、下剋上《げこくじょう》のまっただなかの時代だった。次男であったことに加えて、父の弘元が早世したために、幼くして家臣の井上一族の扶持《ふち》で多治比《たじい》の地で過ごした。20年近くの労苦の歳月が、気配りと気遣いの人にさせたようだ。

ピンチをチャンスに変えてしまう俊敏な判断力は、どうやらこの雌伏の時代に養われた。大永3（1523）年、チャンスがおとずれた。父弘元の跡目を継いだ長子興元《おきもと》が24歳で死去、その子幸松丸《こうまつまる》もまた、その後9歳で夭折《ようせつ》してしまう。

毛利家は分裂の危機に直面した。次男の元就と異母弟の元綱《もとつな》両派の対立が生じたからだ。元就の決断は早かった。即座に対立者の元綱を殺害、禍根を絶つことになんらのためらいもなかった。井上一族をともない、本拠の吉田郡山城に入り、毛利の支柱が不動なることを家臣たちに示したのだった。

社長交代劇にともなう人事のきな臭い光景は、現在にも通じるものだろう。〝目的のために手段を選ばず〟のごとしだった。

この元就の行動を非情と呼ぶことはたやすい。ほかに選ぶべき手段もあるはずだった、と。だが、元綱が存在する限り、組織の結束は乱れる。元就には、目的と手段の速やかなる一致が必要だった。

為《な》さねばならぬことは何か？　こう問うたとき、毛利家それ自体が飲み込まれる危機を回避するための最良の方策。これが結束の強化だった。

「謀《はかりごと》多きは勝ち、少なきは負け候」

元就は「武略、計略、調略」の人だった。為すべきことを前にして、何もしない無為、無策は危機管理という点で無能なのだ。元就は自己と自己の率いる組織の進むべき方向を知り抜いていた。

安芸一国の統合が当面の課題だった。そしてその先にあるものが、尼子・大内という東西から迫り来る大勢力とどう対決するかだった。

元就が毛利家を継いだ16世紀初頭は、安芸には同じような国人領主が多数いた。これを統合するための算段が、同国の守護安芸武田《たけだ》氏の打倒だった。権威のみとはいえ、守護職の役割は大きい。

筋目の効用というものがある。椅子《いす》が人を作るの言葉の通り、守護の地位をわが物とした毛利勢は、安芸国の主導的立場を築くこととなる。家督を継いで10年の歳月が経過していた。

守護職への道が「武略」であったとすれば、安芸国内の雄である小早川《こばやかわ》、吉川《きつかわ》両家の勢力を取り込んだことは、「調略」「計略」の色合いが強かった。

瀬戸内に面した小早川と山陰の吉川の一族は、毛利の南と北に位置する脅威でもあった。もっとも古典的な手法だが、元就はこの両家にわが子息たちを婿《むこ》入りさせたことで、婚姻関係を介し、自己の手中に二大勢力を飲み込んでしまった。

強引とも思えるその手段で、安芸全域を傘下に収めた元就は、その組織を外部へと広げることになる。

「こんな世の中では謀が多い人間が勝ち、少ないのは負けるという兵書のとおり、すべからく武略、計略、調略に心をかたむけるべきだ」

元就がその晩年に息子たちに、自身の半生を振り返りつつ語った言葉であるが、元就の国内統治の経験に根ざしたものだったに相違あるまい。

よどみない決断に部下は従う

元就には次のような逸話もある。彼がまだ12歳のおりのこと、厳島《いつくしま》神社に参詣《さんけい》の帰途、元就は供の人々に何を祈ったかと問うたという。

その中の一人が、「この殿に中国を皆持たせまいらせたき」ことを願ったと告げたところ、少年元就は立腹し、日本を取ろうと思い定めて中国を従えられるので、中国を取ろうとした程度では何も取れない、と語り家臣を驚かせたという。

『甲陽軍鑑《こうようぐんかん》』に載せる類《たぐ》いのこの話は、もちろんエピソード以上のことではないが、元就の気質を想像する上で興味深い。

ここには一歩先を読むことの必要性が語られているからだ。次の次を想定する。元就の領国拡大にもそんな気質が表れていた。将来への布石という点では、こんな話も伝わっている。

元就は次男の元春に吉川氏の家督を継がせた。その元春が妻を選ぶにあたって、「醜《しこ》女《め》」だった熊谷信直《くまがいのぶなお》の娘をすすめた。信直が毛利家に恩義を感じ、忠節を尽くすはずとの理由からだった。はたしてそのとおりとなったという。

『常山紀談』（巻之（一）補遺）に見えるこの話も、元就の権謀からくる創作だろうが、そんな逸話がまことしやかに取りざたされるほどに、合目的タイプの人物だったのだろう。

士卒（部下の兵隊）はその長たる者にカリスマ性を求める。死と隣り合わせの戦場で、自己の行為に正当なる理由を求めようとするからだ。だからリーダーたる者には、よどみない決断が要求される。

先見性のある決定と、その先にある行動力が備わっていれば士卒は付き従う。

カリスマ性の演出

「隆準肉角《りゅうせつにくかく》（鼻が高く、額の骨が隆起する）、音吐《おんと》はなはだ洪《おおい》なり（声が大きい）」頼山陽『日本外史』（巻之十二）は、元就の風貌《ふうぼう》をこう伝える。まことに個性的な容姿であったようだ。

たしかに今日伝えられる元就像に通ずるものがある。

毛利一族の長として75歳で没するまで、その生涯は武略、調略の日々だった。安芸国内の統合後、長門《ながと》、周防《すおう》の覇者大内氏を倒し、さらに出雲《いずも》の尼子を滅亡させるまでの歳月は平坦《へいたん》ではなかった。中国統一までの道のりの中で、元就の最大の決断は、おそらく功臣井上元有とその一族の討滅だったろう。

幼少より元就を補佐した井上一族の強大化が、組織の分裂を招く。出る程度の杭《くい》ならば早めの処置も可能だが、出すぎた杭は手の施しようもなくなる。元就にとって井上一族はそんな存在だった。

天文19（1550）年、毛利家の安泰のためになした血の粛清は、元就にとって大きな賭《か》けでもあった。元就は強力な磁場を作り出し、一極に権力を集中することでのみ、外への進出が可能であることを知っていた。毛利家内部の憂《うれ》いを断ち切ることで、大内、尼子両雄との本格的対峙《たいじ》に臨んだのだった。カリスマ性の演出で元就は見事に中国全域の覇者となった。

常に組織の団結に心を砕いた元就にとって、団結を阻害する芽を摘むことが必要だった。「謀多きは勝つ」との彼の言葉の中には、組織のリーダーとして誇りさえ感じられる。

臨終での「三本の矢」の故事も、その団結を説く元就の生涯にふさわしい話なのだろう。

「人材」を見抜くための眼力――賢将・武田《たけだ》信玄《しんげん》

戦国の雄として知られた武田信玄の居城、躑躅《つつじ》ケ崎《さき》は、まことに小さかったという。江戸時代、荻生徂徠《おぎゅうそらい》が甲斐《かい》を訪れたときの感想だ。

信玄の偉業との隔たりが大きかったせいもあり、徂徠はそう感じたにちがいない。たしかに信長の安土《あづち》城などと比べればそうであったろう。だが、ライバルだった越後《えちご》の上杉謙信の春日山《かすがやま》城に比べても見劣りがしたようだ。

信玄らしいという点は、この居館の姿に、実用に徹したその生き方が語られている。

信玄の有名な言葉がある。

「人は石垣、人は城。情《なさけ》は味方、仇《あだ》は敵」

軍学書として知られる『甲陽軍鑑《こうようぐんかん》』に収める、徂徠の「峡中紀行」も引用する一節だ。

ご存じの読者も多いだろう。

たしかに信玄は領国の要を「人」においたことがうかがえる。領国の経営と安定のために、領内の武士と農民をしっかりつかまえておけばよい。城の構えは二の次だ、との思考が見える。

居城や館はシンボリックなものとして、当時の戦国大名たちが巨大さを競ったことも事実だが、一方ではこの信玄のように虚飾を棄《す》てた人物もいた。

堅固《けんご》な城は領内での反乱に対する防御のためのももちろんあった。だが、信玄は配下の武士、農民ともどもが自己の陣営のために命を張ることを疑わなかった。

とすれば、堅固な城もなんら必要はないし、まして石垣や堀で城を補強することもない。これが「人は石垣、人は城」の本質ということになる。ここには人間第一主義ともいうべき領国経営の方針が見事に表現されている。

これは経営者にもあてはまる。公私を混同し、社員の福利厚生と称して御殿のような屋敷を建てる輩《やから》もいる。だが、それでは社員に愛社精神は芽生えない。社員を城という会社に同化させ、アイデンティティを醸《かも》し出す算段こそが問われる。

では信玄は、この人間第一主義をどう展開したのか。

目先の利にとらわれない生き方

その前に簡単に、その生涯を振り返っておこう。

信玄は大永元（1521）年に甲斐守護武田信虎《のぶとら》の長男として誕生した。北条早雲《ほうじょうそううん》がこの2年前に死去している。また毛利元就《もとなり》が家督を継いだ時期に近い。信長の誕生はこの十数年後だった。

幼名勝千代、天文5（1536）年に元服して晴信《はるのぶ》と称した。天文10年に父を駿河《するが》の今川氏に追放し、家督を継ぐことに成功する。

以降、信濃各地に転戦、雄族村上義清《よしきよ》を越後へと走らせた。これを受けた上杉勢が南下、その後の信州川中島の戦いへとつながる。

さらに相模《さがみ》や駿河へも兵を進め、元亀《げんき》3（1572）年には大軍を西上させ、上洛をくわだてた。三河そして遠江《とおとうみ》へと進んだ信玄は、三方ケ原の戦いで家康軍を撃破、長篠城へと進撃するが、途中の信州伊那で天正元（1573）年死去する。53歳のことだった。

50年あまりの彼の生涯は、他の戦国武将と同じく東奔西走の日々だったが、注目すべきは、すぐれた人材活用術に加えて、〝富国〟のための政策だった。

言うまでもなく、大名たちが戦いに勝つためには、農民支配がいちばんの基礎である。安定した領国経営を前提にした総力戦だった。そのために、特色ある領国経営が問われた。

信玄に関して言えば、年貢（税金）を取るという目先の目的に終始しなかった。奪うことのみでは利益は生まれない。奪う前に、まずは与えること、この発想こそが信玄だった。与えることは回収を予測してのことだが、目先の利にとらわれすぎればその大局を忘れ、与えることの意味さえ定かでなくなる。

〝森〟を見すぎれば、〝木〟に注意がいかないこともある。〝木〟を農民にたとえるなら、一本一本の木々の力が〝森〟を活性化させる。このことを信玄は知り抜いていた。


堤防も人も、〝すぐに〟ではなく〝いずれ〟


信玄には〝信玄袋〟〝信玄餅《もち》〟など、その名にまつわるものが少なくない。新田開発のためにつくられた堤防、〝信玄堤《づつみ》〟もやはりそうだ。

かつて税は力、すなわち労働力だった。〝税〟の文字にはチカラという意味がある。

このチカラ（労働力地代）とカネ（貨幣地代）の間に位置するのがモノ（生産物地代）で税をあがなった時代だ。

人間の歴史を税の変化から言えば、チカラ→モノ→カネという形で移った。古代→中世→近代がこれに対応する。そして、このモノ（生産物、年貢《ねんぐ》）を税とした封建社会が、信玄の時代だった。要は農業がすべての基本となる社会だ。富国強兵の基盤だったのである。「水を治めるモノは天下を制す」とは中国のことわざだが、時は移り、所は変わっても同じことが言える。信玄の卓越さは、この「治水」を領国統治の基本にすえたことだった。

甲斐盆地には、釜無《かまなし》川、笛吹《ふえふき》川をはじめ大きな川が流れ、氾濫《はんらん》による被害が重なっていた。そのたびに対症療法がとられたものの、洪水には無策だった。農業経営の不安定さが、領国の経済基盤を弱いものにしていたわけで、これへの取り組みが課題となっていた。

目先のことへの対応はできても、100年先の大計は現実のものとはならない。膨大な費用と大量の民衆、金と力を使い続けなければ達成できない事業だった。信玄堤と呼ばれる堤防の実現は、それだけの難事業だった。「甲州流川除《かわよ》け」とされた技術で、竹・松・柳を植えて根固めをし、亀甲《きっこう》出しを設けるなどの築堤術が駆使されていた。

この苦心が実り、領国内での農業生産は安定する。信玄の西上への夢は、この治水の成果で現実のものとなった。

余った資金を使っての設備投資は誰もが考えつくことだ。現代のわれわれだって、会社の運転資金が厳しい状況では、その優先順位があるのが普通だ。だが、〝普通〟では生き残れないことを信玄は教えてくれる。

組織の飛躍のために先を読んだ施策が何であるかを考えた上での発想が、信玄堤だったことになる。

苦しいときに何を優先させるか。これは組織の長たる者の経営センスに属する。

信玄の場合、目的（農業経営の安定→信用）と手段（治水→築堤）との間に速効性を考えなかったことだった。〝すぐに〟ではなく〝いずれ〟という大輪の咲かせ方を用いたのだった。

一般には目的と手段に速効性のみを追求しがちだ。だが、時間をかけ、費用をかけねばならぬものに速効性を求めてはいけない。

これは何も信玄堤に限ったことではない。「人は石垣、人は城」のとおり、人をまさに〝材〟とみなす活用法にもあらわれている。

真の人材である、分別・遠慮・兵を求める

独断専行が多い戦国武将の中にあって、信玄は合議を重んじた。出陣に際しては徹底し

て議論をしたという。聴く耳を持っていたのだ。

「信玄家法」あるいは「甲州法度之次第《はっとのしだい》」とされた規律のさまざまには、公正を重んじたその性格が読みとれる。

自分が法律であるかのような誤解を、信玄は持たなかった。ワンマンにありがちな専横を自ら戒めたのだ。だから、もし信玄自らが法の趣旨に背くようなことがあれば、貴賤を問わず目安に申し出よ、と令達した。人の和を重視する姿勢のあらわれであり、同時に例外状況をつくらない公正さの表明だった。領民に信頼されるゆえんである。『甲陽軍鑑』には、信玄の人の見方を知る上でおもしろい内容が語られている。

一、信玄宣《のたま》ふ、世間に侍の事は中に及ばず、奉公人、下々迄《まで》も、具生付たる形義《かたぎ》有べし。……一つには分別《ふんべつ》有る者を佞人《ねいじん》と見る。二つには遠慮の深き者を臆病とみん。三つには、がさつ成る人を兵《つわもの》とみん。是大なるあやまり成るべし。分別の有る人は十を七分残して三分申す。遠慮深き者は後先をふみ、常に万事を大事にする。

いささか長い引用だが、人を見極める信玄の眼力がよく表現されている。そこには「分別」と「佞人（ねたみ、へつらう人物）」、「遠慮」と「臆病」、「がさつ」と「兵」のちがいが語られており、真の人材は「分別」「遠慮」「兵」の気風を備えていると指摘する。

表面的な判断で人物を評することの戒めともとれる信玄の人材登用法。人の活用を通じて、信玄は甲斐を一等の国へと育成した。

大局としての森を見ることの重要性もさることながら、足元の木、これを忘れたのでは意味がない。戦国武将武田信玄の教えの一つでもあった。

「ポスト」を追い求めた武将——義将・上杉謙信《うえすぎけんしん》

戦国時代は実力の時代。一般には肩書の価値が低下した時代だ。多くの武将は、朝廷の評価である官位や、崩壊寸前の室町幕府の与える役職などと関係なく、実力で覇を競った。

だが、そのなかにも、肩書を与えられることによって発奮し、形骸《けいがい》化した肩書に自ら命を吹き込むことで「肩書の力」を証明した武将がいる。ここで取り上げる上杉謙信だ。

武田信玄《たけだしんげん》との川中島合戦でお馴染《なじ》みの越後国の戦国大名。6尺近い偉丈夫だったらしく、もちろん戦《いくさ》に強かったが、一方で和歌をたしなみ、人情味もあった。いまでも多くのファンをもつ戦国のヒーローの一人だ。

しかし、謙信が、今日われわれが知る名将謙信になるまでには、いくつかの「人事」的なポイントを経なければならなかった。

たしかに上杉氏は、関東における「血統証つき」の名家であった。本姓は藤原《ふじわら》氏で、鎌

上杉氏系図

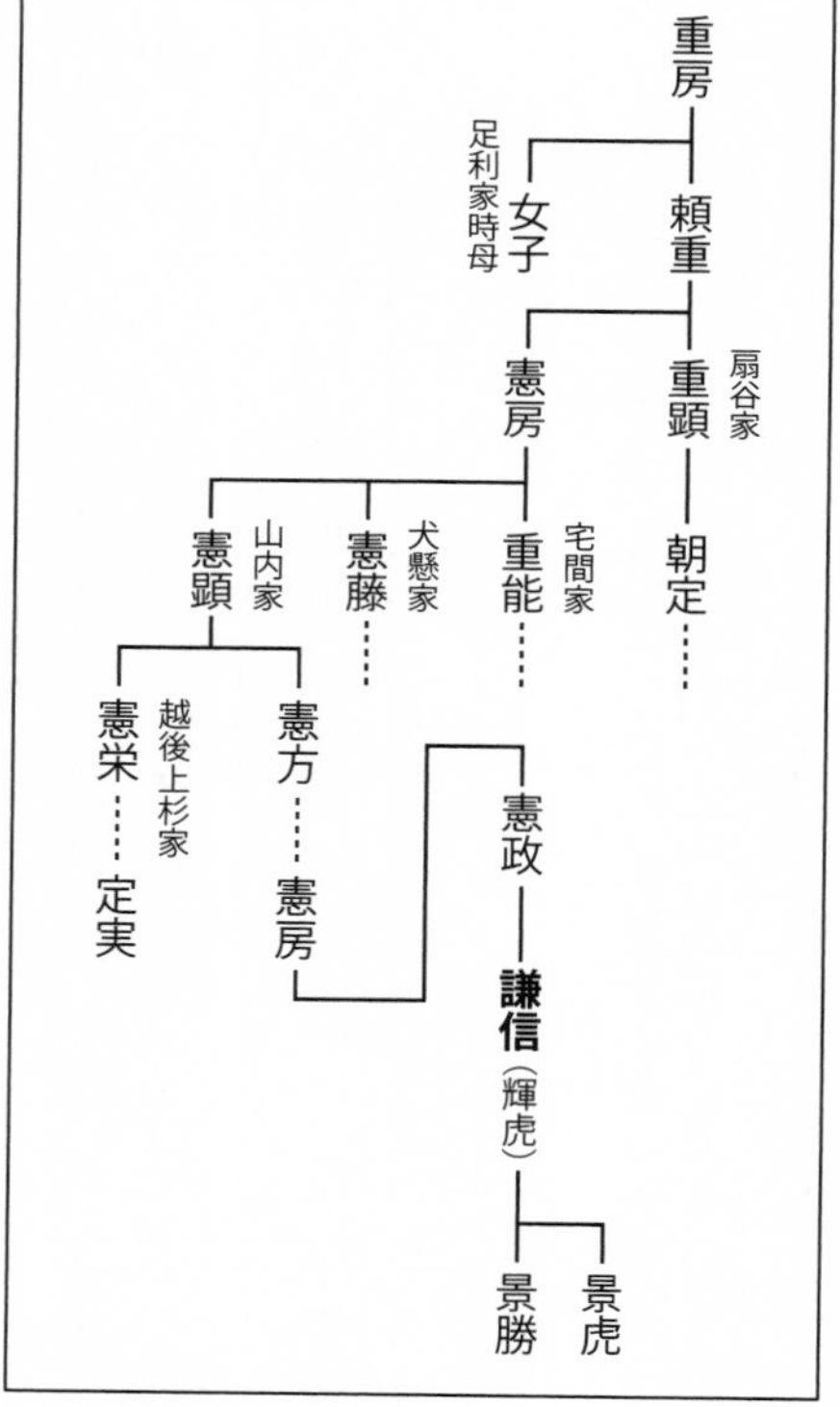

倉時代に6代将軍の宗尊親王《むねたかしんのう》と関東に下向してきた重房《しげふさ》に発する（系図参照）。足利《あしかが》氏と姻戚《いんせき》関係をもち、室町時代以降、関東管領《かんとうかんれい》の地位を世襲した。

この「関東管領」が本項で問題とする肩書だが、その説明の前に、上杉氏と謙信の関係をもう少し説明しなければならない。

謙信はもともと上杉氏の人ではない。上杉氏はいくつかの家に分かれ、関東各地に守護職をもっていた。そのなかの、越後守護上杉氏の代官（守護代）を務めていたのが長尾《ながお》氏で、謙信はこの越後長尾氏の出身だ。

しかし、まさに下剋上で、謙信の父・長尾為景《ためかげ》は主家である越後上杉氏を倒す。そして為景の死後、国人たちの信望を集めていた子の謙信が、兄の晴景《はるかげ》に代わって越後の支配者となった。天文《てんぶん》17（1548）年、謙信はまだ10代であった。

その翌年、越後守護の上杉定美《さだざね》が謙信を後継者に指名して死んだため、謙信はこの時点で上杉氏を名乗り、守護という肩書を正式に得る。この時代によくあったように、「実力」の後を「名」と「肩書」が追いかけた形だ。

「関東管領」という微妙な地位

ここで話が終われば、たんなる下剋上の一例で、いわば現地採用のノンキャリアが、実力で地方営業所長の地位を得た、ということである。たしかに謙信は一国一城の主《あるじ》だが、越後という限られた地域における国主《こくしゅ》にすぎない。謙信の自己認識においてもそうであったろう。

だが、天文21（1552）年、謙信23歳のときに転機が訪れる。北条氏《ほうじょう》に追われた関東管領の上杉憲政《のりまさ》が謙信のもとに亡命し、北条氏討伐を謙信に依頼したのだ。

ここで「関東管領」とは何か、説明しなければならない。管領とは将軍の補佐役の筆頭で、鎌倉時代における「執権」にあたる。京都の室町将軍にも管領がついたが、それとは別に、東国の統治機関である鎌倉府の長官「鎌倉公方《かまくらくぼう》」の補佐役が、関東管領である。

いわば京都の本社に対する鎌倉支社のお目付け役筆頭という役どころだ。一地方の長である守護から見れば、関東・上信越ブロックを統括する総局長という一段高い地位になる。

とはいえ、この時代には「関東管領」という肩書の力は微妙であった。権威として一目置かれていたのは確かである。しかし、そもそも室町将軍の地位が名ばかりとなった時代、その補佐役である管領という地位に実際上の威力はなかった。

とりわけ、謙信のライバルとなる、甲斐の武田信玄、相模《さがみ》の北条氏康《うじやす》といった実力派大名から見れば、それは旧秩序の象徴と映っていたはずだ。ただし、北条氏の場合、「関東管領」のポストを自認していたフシもあり、さほど単純ではないのだが……。

いずれにせよ、謙信にとってはこの肩書は大きな意味があったのである。この時点では、彼自身が関東管領になったわけではない。しかし、関東管領を懐《ふところ》に擁したことで、彼の行動が変わる。「越後の主」から、「関東の平定者」たらんと動き始めるのだ。

有名な川中島合戦の最初が、その翌年の天文22（1553）年のこと。同年、謙信は京に上る。表面的には官職（従五《じゅご》位下《いのげ》、弾正少弼《だんじょうしょうひつ》）授与に対する御礼言上が目的だが、朝廷に関東制圧の許可を願うのが真の目的だった。

そして、これ以後、謙信の関東進入が積極化していく。

肩書が生み出す情熱

なぜ謙信にとって、この「関東管領」という肩書がそれほど意味をもったのか。

客観的には中世的秩序が崩れ去りゆく時代だったが、謙信はなお中世的価値観に生きており、その秩序の回復が彼においては重要であったから、というのが一つの説明だろう。

しかし、それでは彼は、ただのアナクロな反動者ということになる。

私はむしろこう考えたい。

人間が行動するには、動機が必要だ。いや、積極的に行動しようとする者には、たんなる動機を超えた、何か情熱の源となるものが必要である。

ある者にとっては、それが出世欲であったり、権力欲であったりする。「人事の日本史」を彩《いろど》ってきたのも、おおむねそうした個人の「私欲」だ。それが地位や肩書への欲求ともなる。

しかし、「私欲」だけが積極的行動の源になるわけではない。地位や肩書を得たのちに、それまでになかった情熱を得る者もいる。それは、私欲だけでは動かない人、与えられた公的ポストに見合った行動をとることで、初めて積極的行動を自己正当化できるようなタイプである。謙信はそうしたタイプだったように思える。

信玄の風林火山に対し、謙信は毘沙門天《びしゃもんてん》を旗印とした。毘沙門天は北方の守護神である。領土拡張の野心でもなく、天下統一の野望でもない。関東管領という肩書が命じる「北方の守護」、すなわち関東の平定という一点に命を燃やしたのが謙信だ。「関東管領」は、自ら求めたわけではない、向こうから転がり込んできた肩書なのに、である。

それからの謙信の活躍ぶりは、まさに毘沙門天に自己同一化したかのようだ。関東の秩序回復をかけて、北条氏康や武田信玄と精力的な戦いを繰り広げる。永禄《えいろく》4（1561）年には小田原《おだわら》を攻撃し、北条氏と1カ月にわたり対陣。同年、鎌倉において、上杉憲政《のりまさ》から正式に関東管領のポストを譲り受けた。

そして、天正《てんしょう》6（1578）年、49歳で病死するまで、織田信長などと争い、あるいは手を結びながら、関東の覇を競った。しかし、謙信の実力と努力をもってしても、関東管領という肩書の威光、ひいては旧秩序の栄光を蘇《よみがえ》らせることはできなかった。歴史の大きな流れのなかでは、彼は「負け組」となる運命を選び取っていたのだ。

だが、野望渦巻く戦国群像のなかで、旧体制の「肩書」に殉じた彼の姿が、一種ストイックで清々《すがすが》しい印象を残すのも事実である。

実権をともなう肩書が「人をつくる」のはよくあることだろう。しかし、実権のない肩書にも、ときに情熱を生み出す力があることを、謙信の例は教えている。「人事」はこのように、思わぬ人間ドラマを生み、歴史を動かしていくのである。

（※本項まで筆者は、関幸彦。次項より筆者は、山本博文）

「肩書」は実力の後についてくる――覇王・織田《おだ》信長《のぶなが》

織田信長は、永禄《えいろく》11(1568)年、室町幕府の将軍足利義昭《あしかがよしあき》を奉じて上洛《じょうらく》した。京都に近い美濃と尾張を領する戦国大名であった信長の軍事的実力は、有名無実となっていた室町幕府のそれとは比べものにならなかった。

しかし、義昭が望んでいたのは室町幕府の再興であり、将軍としての実権であった。上洛当初は、信長を「御父」と呼び、副将軍に任命しようとした義昭にも、信長への不満がたまっていった。

そのため義昭は、秘密裡《り》に方々の戦国大名に手紙を送って信長を排除する計画を立て、天正《てんしょう》元(1573)年、挙兵したが、逆に信長に撃退され、京都から追放された。義昭はなお将軍の地位にはあったが、室町幕府は実質的に滅亡した。

戦国時代には朝廷の官位制度がほとんど有名無実化しており、官職は称号程度のでしかなかった。つまり、ある官職に任命されたからといって、それによってその職務に関する権限が手に入るわけではない。あくまで実力があって、その官職を生かすことができる。

こうした場合、朝廷は、実力のある者にしかるべき官職を与え、その官職に内実を伴わせようとしてきた。室町幕府の将軍が追放され、実力で京都を支配する信長という存在がある以上、その信長に何らかの官職を与え、朝廷のために働かせる必要が生じてきた。

信長にとっての「出世」の意味

一方、信長としても、これまで室町幕府の権威を借りることによって支配力を発揮してきたわけだから、自分の名前だけで全国に号令することはいまだ時期尚早であり、何らかの権威が必要になっていた。

信長の朝廷での位置づけは、それまで「従五位下《じゅごいのげ》弾正忠《だんじょうのちゅう》」である。従五位下は当時は庶民でさえ金銭で買える位階であり、弾正忠は京都を守備する弾正台の三等官であるから、京都での信長の行動を最低限根拠づけるものになっていたかもしれないが、いかんせん従二位征夷大将軍《せいいたいしょうぐん》である義昭との差は明らかであった。

こうして、朝廷と信長の双方が、お互いの存在を必要とするようになったことから、信長の官位は急上昇していく。

義昭を追放した翌年の天正2年3月、信長は、従三位参議に任官することによって公卿《くぎょう》に列し、同3年11月、権大納言《ごんだいなごん》に昇進し、次いで天皇の身辺を警備する右近衛府《うこのえふ》の責任者である右大将を兼任、同4年11月には正三位《しょうさんみ》内大臣となり、同5年11月従二位右大臣に昇進、同6年正月には正二位となった。

これはとんとん拍子の出世であって、公家ならば大喜びしたことであろう。しかし、信長にとって、官位の昇進にそれほどの意味はなかった。いまだ四方を敵に取り囲まれている以上、官位が昇進したところで戦いに勝てるわけではない。

軍事的な実力がものを言うこの時代において、朝廷の持つ官位という人事制度は、朝廷が実力者に高位高官を与えることによって、自らの保護者とさせるという役割を果たすようになっていた。官位を与える朝廷に、生殺与奪の権があったわけではないのである。

そのため、素直に官位を受け入れないという状況が生じることは、朝廷にとってあまり好ましいこととは言いがたい。

天正6年4月9日、信長は、右大臣と右大将の両官を辞した。このことは、朝廷を不安に陥れることになった。伝統的権威を認めない信長が朝廷の官位制度の外に飛び出すことは、この実力者を統制する手段を失ったことを意味する。

信長は、別に朝廷の支配から逃れて自由に振る舞おうとしたのではない。右大臣であった時にも、その地位に拘束されていたわけではないからである。むしろ、自分が官位を辞することによって、後継者である長男信忠《のぶただ》に官位を与えてもらい、その地位を保障したというのが実際のところだった。

官位を辞した時、信長は、「万国安寧、四海平均の時」には再び登用の勅命に応じたいと答えている。まさに実力で天下統一を実現した時、天下人にふさわしい官位を得ようとしたのだろう。

そして天正10年、信長は、宿敵である甲斐の武田《たけだ》勝頼《かつより》を滅ぼして、夢であった全国統一を現実の側に引き寄せることになった。

ただこの時点でも、おそらく信長は、いまだ具体的な官位を望んではいなかったと思われる。関東には後北条《ごほうじょう》氏が健在だったし、中国地方には亡命した将軍義昭を擁する毛利氏がいた。すぐにでも自ら中国地方に出陣し、毛利家を屈服させたかった。

しかし、朝廷側の思惑は、信長とは違っていた。朝廷は、信長が朝廷のしかるべき官位に落ち着いてくれることを心底望んでいたと思われる。武田家滅亡は、そのための絶好の機会であった。

最高のポストを差し出されて

天正9年、京都での馬揃《うまぞろ》えの時、太政官制の常置の最高位である左大臣任命を持ちかけていた朝廷は、今度は、「太政大臣《だいじょうだいじん》か関白か将軍か」を望みのままに与えると提示してきた。この「三職推任《すいにん》（太政大臣・関白・将軍の三職のどれかに任命するとの打診）」が、信長側からの要求であったとする説もあるが、必ずしも史料的な根拠はない。もしそのような要求をするのであれば、それ以前になぜ信長が左大臣推任を拒否したかがわからなくなる。この三職どれかへの任命は、やはり朝廷の望みであったと考えるほうが、信長の行動を整合的に説明できる。

朝廷の打診に対し、信長は、上洛した時に返答すると答えた。そして、上洛後、その返答がなされるはずであったのだが、天正10年6月2日、家臣明智光秀のクーデターによって、信長は本能寺で横死することになる。

このため、信長の脳裏にあった返答は何だったかという謎《なぞ》について、学界でさまざまに議論されることになるのだが、後に太政大臣を追贈されることから、おそらくは太政大臣こそが信長の回答だという説が妥当なのではないかと思う。

しかし、信長の回答の内容は、それほど重要なことではない。ここで重要なのは、朝廷の人事政策である。朝廷は、自らを保護してくれる実力者には、いかなる高位高官であっても与える準備があったということである。

関白は、最上級の公家の家柄である五摂家《ごせつけ》が持ち回りで任命される最高の官職であり、将軍の官職はいまだ足利義昭が持ち続けていた。太政大臣のみは空席となっていたが、これは特別な場合にのみ任命される官職である。そのような至高の官職を、朝廷は惜しげもなく信長に提供しようとしたのである。

人事は、いつも上の者に全権があるわけではない。役職も、配下の者に恩恵として与える場合だけではない。社会の秩序が安定的でなく、実力がかなりの重要性をもつ時代には、上にある者は、複数の実力者の実力を見定めて、どの実力者に命運を預けるかを考え、その実力者にしかるべき役職を与えなければならない。それが、自己の安全を図る最善の方策であった。信長をめぐる朝廷の動きは、そのような時代を象徴するものであったのである。

「権威」を利用して天下を掌握──関白・豊臣秀吉《とよとみひでよし》

天正《てんしょう》10（1582）年6月2日、本能寺で織田信長が明智光秀に討たれた時、秀吉は、織田軍団の前線司令官の一人にすぎなかった。当時の秀吉の名字は「羽柴《はしば》」であるが、それは上司にあたる織田家宿老《しゅくろう》の柴田と丹羽の名字の一字ずつをもらってつけたものであったことが、秀吉の地位をよく示している。

しかし秀吉は、信長横死の知らせを聞くや、毛利《もうり》氏と講和して畿内に戻り、天王山の戦いで光秀を討ち、有力な後継者の一人となる。そして、翌11年には、信長の葬儀を執り行い、信長の後継者であることを天下に示した。秀吉は、世論の動向をよくつかんでおり、情報戦略に勝利することによって、対抗者を追い詰めていったのである。

そして、織田家宿老の柴田勝家を賤《しず》ヶ岳《たけ》に破り、さらに本拠の北荘《きたのしょう》（現・福井市）を攻めて自害させ、信長の同盟者であった三河を本拠とする徳川家康と小牧《こまき》・長久手《ながくて》で戦った。

この戦いで池田恒興《つねおき》や森長可《ながよし》といった有力武将を失った秀吉だったが、信長次男の信雄《のぶかつ》と和睦《わぼく》して家康を孤立させ、講和に持ち込んだ。

信長の後継者の地位をめぐる一連の戦いで重要なことは、すべて信長の子供や孫を表に立ててのものであったということである。勝家は信長三男の信孝の後見であったし、家康は信雄の同盟者であった。そして秀吉自身も、信長の長男信忠の遺児三法師《さんぼうし》を擁していた。

秀吉は、主君の子供や孫の権威をどのようにして超えることができたのであろうか。

秀吉にとっての「官位」の価値

その秘密は、朝廷の存在にある。

信長との主従関係だけで見れば、秀吉はいかに軍事的な勝利を収めても、主君の嫡孫《ちゃくそん》の権威を超えることはできない。しかし、朝廷の官位は別である。

官位は、公家の場合は摂関家をはじめとする家柄の序列があり、その枠内で年齢や在職年数、能力や天皇との関係で決まってくる。しかし、武家の場合は、信長の場合がそうであったように、朝廷が実力者に至高の官位を与えることで自らの保護者にしようとする。

信長は、天下統一を成し遂げるだけの軍事力を有していたし、室町幕府の将軍を追放したことで、武家の中には自らの行動を制約する上位者はいなくなった。

しかし秀吉は、同じような実力を有しながら、その上には信孝・信雄の兄弟と、嫡孫三法師がおり、周囲にはそれまで上司や同僚であった武将が何人もいるという、天下人になるには不利な条件があった。そのような者たちを超えるためには、実力だけではなく、何らかの権威が必要だった。それが関白職だったのである。

秀吉が関白になるのは、簡単ではなかった。朝廷は信長に関白の地位さえも提供するつもりだったが、そもそも関白は近衛・鷹司《たかつかさ》・九条・一条・二条の五摂家《ごせっけ》以外には任じられない最高の官職である。しかも、当時、左大臣二条昭実《あきざね》が関白の地位にあった。

ところが、その関白の地位をめぐって五摂家に内紛が生じた。

この内紛は、玉突きの人事異動がもたらしたものだった。天正12年11月22日、筑前守にすぎなかった秀吉が権大納言《ごんだいなごん》になり、翌13年3月10日には内大臣にまで昇った。そのため、内大臣だった近衛信輔《のぶすけ》（のち信尹《のぶただ》）が右大臣に、右大臣だった関白二条昭実が左大臣に転じた。

その後、昭実が太政大臣《だいじょうだいじん》に、信輔が左大臣になった。そして秀吉は右大臣になるはずだったが、右大臣は凶例があるからと左大臣を望んだ。凶例とは、右大臣だった信長が家臣

豊臣秀吉像（京都・高台寺蔵）

明智光秀に殺害されたことを指す。

公家社会において官位の昇進は本人の希望によってなされる慣行だから、朝廷は、実力随一の秀吉が望みを出した以上、かなえないわけにはいかない。しかし、そうなると信輔は左大臣を辞さなければならない。そして辞官した信輔は、近い将来、前左大臣の立場で関白職を望むことになる。それでもよさそうなものだが、信輔にとっては心外なことで、現任の左大臣のうちに関白職を譲ってくれるよう昭実に懇願する。

しかし、2月に関白になったばかりの昭実は、二条家には関白職になったその年に職を辞した先例はないとしてこの依頼を断固拒否した。

この頃の関白や大臣は、朝廷内に極限された儀礼的諸行事をこなす、いわば名誉職的なものである。しかしそうであっても、公家たちにとって、家の先例に応じた官職に任命されることが何にも増して重要な関心事であった。

こうして信輔と昭実は、関白職をめぐって激しく争うことになった。

隙《すき》につけ込む巧みな戦略

ここにつけ込んだのが秀吉である。京都奉行を任せていた前田玄以《げんい》に事実関係を調査させ、「この件が非に落着したら、摂関家は破滅するような問題であり、朝廷のため宜《よろ》しくないことなので、この秀吉が関白職を受けよう」と伝えさせた。

これを聞いた信輔は、「関白職は、初代藤原基経《ふじわらのもとつね》以来、凡下《ぼんげ》の望む職ではない」と不快感を示し、玄以に、関白職は五摂家以外の者には任じられないと伝えさせた。

しかし、秀吉はしぶとかった。

「自分が信輔の父近衛龍山《りゅうざん》の猶子《ゆうし》となり、信輔と兄弟の契約をし、将来は関白職を信輔に与える」という条件まで出してきた。

これを聞いた龍山は、秀吉の要求がとうてい拒否できないものであることを悟り、信輔を諭した。

「関白職というものは、一天下を預かるものである。今、秀吉は、天下をほぼ掌握し、五摂家をことごとく殺したとしても誰も文句を言えないほどの力をもっているのに、再三許可を求め、あまつさえ当家の養子となり、将来は信輔に関白職を譲ろうというのだから、拒否のしようがない。そもそも五摂家で関白職を争ったことが原因である」

昭実もやむなく離職を了承し、こうして秀吉は関白となる。翌年には豊臣の姓を得て、関白職を世襲する体制をつくりあげた。

確かに、大局を見ず、つまらない内紛を起こした信輔たちの短慮が原因であったが、こうしたことがなくても秀吉は、関白職かそれに準ずる官職を望んだに違いない。なぜなら秀吉には、織田家の跡取りの上に立つという課題があったからである。

織田家との主従関係はどうやっても断つことができないが、官職の上では信長すら超えることができる。関白となれば、天皇の代理として、日本の第一人者の地位につけるのである。秀吉のような立場の者には、信長とは比較にならないほど官職の利用価値があった。

秀吉の関白任官をめぐる動きは、現代人にも示唆《しさ》的である。たとえば、他に有力者がいる時に直接のライバルと地位を争うことは危険が大きく、共倒れになる可能性があることを示している。しかしそれにも増して興味深いのは、誰が見ても出自が低く、織田家の家臣にすぎない秀吉が、関白に任官したことによって一挙に諸大名の主君となったことである。五摂家が任じられればそれだけの意味しかない関白職も、実力者秀吉にとっては万能のカードだったのである。

「組織存続」に不可避な内部対立——勇将・島津《しまづ》義弘《よしひろ》

豊臣政権の中央組織は、五大老・五奉行制が有名である。これは文禄4（1595）年の関白秀次自害にともなって形作られたもので、秀吉が死ぬまでほとんど実体はなかった。

それでは、それまではどのような人事配置となっていたのだろうか。

豊臣政権は、関白秀吉を頂点とするものであるが、全国統一途上においては、同盟関係にあった有力大名が大名統制にあたることになっていた。

これは、当時の史料で「取次《とりつぎ》」と称されており、対象となる地方の大名と連絡を取った。たとえば、関東に対しては三河・遠江《とおとうみ》の徳川家康が、九州方面に対しては中国地方8カ国を領する毛利輝元《てるもと》がそれぞれ「取次」とされている。

しかし、同時に秀吉子飼いの浅野長政、石田三成、増田《ました》長盛《ながもり》、黒田孝高《よしたか》（官兵衛）らも諸大名と連絡を取り、秀吉への取りなしを約束することで服属させようとした。

そして秀吉の全国統一が実現すると、有力大名による「取次」は背景に退き、石田三成らが前面に出て諸大名へ指示を与えるようになった。

こうして、諸大名への「取次」にあたった浅野、石田、増田に財政担当の長束正家《なつかまさいえ》、京都所司代の前田玄以《げんい》を加えた5人が「五奉行」として豊臣政権の中枢《ちゅうすう》部を担《にな》ったのである。

秀吉と諸大名を結ぶ「取次」がなぜ政権の中枢部となったかと言えば、当時の慣行では、取り次ぐ者が情報を取捨選択して秀吉に伝え、さらに秀吉に意見を具申することによって「秀吉の指示」が決定されたことから、彼らに実質的な権限が集中したからである。

さらに秀吉は、有力大名の家臣を取り立て、独立の大名並みに扱い、その大名を統制しようとした。徳川家康に対しては成功しなかったが、毛利家にあっては小早川隆景《こばやかわたかかげ》を、越後の上杉景勝《かげかつ》に対しては直江兼続《かねつぐ》を取り立て、「取次」の奉行と連携させてその有力大名を自由に動かそうとしたのである。

三成の「外科的」組織改革

このような秀吉の政策が最も顕著に見られるのが、九州統一を目前にして秀吉に攻められ服属した島津家のケースである。

島津家は、鹿児島を本拠とし、薩摩《さつま》・大隅《おおすみ》二国と日向《ひゅうが》一郡を領する大大名である。当主は島津義久《よしひさ》であるが、弟の義弘が兄の代わりに朝鮮へ出陣するなど義久に匹敵する地位にあった。島津家に対する取次は石田三成が行い、島津家の有力家臣伊集院幸侃《こうかん》という者が三成と結んで、豊臣政権の路線を島津家へ注入していった。

島津家は、鎌倉時代以来の名家で、伝統の力で家臣の上に君臨していた。しかし、島津家自身の経済的基盤は脆弱《ぜいじゃく》で、軍事面においても、戦いとなると無類の強さを発揮するが、迅速な動員という面では弱点をもっていた。

それが露呈するのは、朝鮮への出陣の時である。兄義久に代わって総司令官として渡海しようとした義弘は、国元からまったく軍勢が来ないことから、手回りの軍勢のみを率いて、賃船で釜山《プサン》に渡るという醜態を演じた。

このため三成は、島津家の領国に検地を行い、大名権力の強化を図ろうとした。三成の意を受けて働いたのは、御家存続の危機感をもった義弘と伊集院幸侃であった。彼らは、義久を説得し、文禄3年には三成による島津家領国の検地を行った。そして、検地に伴って家臣団の領地の移動を実現し、それぞれの領地との強い結びつきを断ち切った。

検地の結果、島津家の財政基盤は飛躍的に強化された。伊集院幸侃は、島津家の領地36

万石ほどの内、秀吉の指示で庄内《しょうない》地方（現・都城市）に8万石の領地を与えられ、義弘には当主の地位が与えられ、伝統的本拠地鹿児島に移ることになった。

島津家内部を分断する三成の路線に対しては、家臣の多くが不満を持ち、複雑に対立するようになっていった。豊臣政権への反発に困惑した義弘は、妥協策として自分は鹿児島へ移ることをせず、義久の女婿《じょせい》となっていた子供の忠恒《ただつね》（後の家久）を鹿児島の主《あるじ》とした。

旧来の慣行を破った島津家領国の外科的大手術によって島津家の財政基盤は飛躍的に強化されたが、家臣団は義久、義弘、忠恒の三方に分かれて対立を深めていった。

新しく当主の地位に立った忠恒は、父義弘とともに朝鮮に出陣していた。彼は、外地で苦楽をともにした家臣に恩賞を与えようとするが思うようにいかなかった。領地の充行《あてがい》には三成の許可が必要になっており、それを代行したのが伊集院幸侃であったことから、忠恒は幸侃への反発を強めることになる。

秀吉の死で「改革派」滅ぶ

こうした状況のなか、秀吉が没する。

慶長4（1599）年、朝鮮から帰国して伏見にあった忠恒は、幸侃を自邸に呼び、その場で手討ちにする。当然のことながら石田三成は激怒したが、五大老筆頭の家康の取りなしによって謹慎処分ですむ。

国元では、幸侃の遺児伊集院忠真《ただざね》が領地に籠《こ》もり、抗議の意を表明する。家康は、忠恒に帰国を許し、忠真討伐を命じる。忠恒は庄内地方に出陣し、1年に及ぶ庄内の乱と呼ばれる島津家の内戦が行われる。忠恒は、忠真を追い詰めるが、同5年3月、家康の取りなしで領地削減と移封を条件として和睦《わぼく》し、のち忠真を含めた伊集院兄弟を殺害する。

この年は、中央でも石田三成・毛利輝元らと徳川家康の対立が表面化し、9月15日、ほぼ全国の大名が西軍と東軍に分かれて激突した関ヶ原の合戦があり、家康が勝利する。伏見にあった義弘は、それまでの関係もあって三成に協力し、西軍に所属する。しかし、国元の義久は動かず、再三の要請にもかかわらず軍勢は上って来なかった。義弘が、関ヶ原の合戦において目立った働きができず、敗戦濃厚となった後に敵の中央を突破して国元へ逃げ帰ったのも、島津家内部の対立があったからである。

この島津家の事例は、大きな勢力に飲み込まれたある組織の内部がいかなる運動をするかを示す好例である。

まず、大勢力に協力することが旧来の組織を守る唯一《ゆいいつ》の道だと考える者が組織中枢に出現するであろう。それが島津家では義弘である。このような者がいなければ、おそらくその組織の存続は困難になる。さらに大きな勢力のために積極的に動き、大きな力を得る者が現れる。これが幸侃である。こうした存在は、組織からは浮くことになるが、大勢力が健在である限りは力をもつ。

しかし、協力を拒んだり、非協力的な姿勢をとる者も当然現れる。島津家の場合には、その中心に当主義久がいた。協力を拒否すれば排除されるであろうが、サボタージュなどの消極的抵抗の場合はしぶとく生き残ることもある。

島津家の場合は、秀吉の死と豊臣政権の崩壊という大変化によって、三成に協力した義弘や幸侃は敗者となる。

ただしそれは結果論であって、そういう存在がなかったとしたら、豊臣政権下で失態を続けることによって、豊後の大友氏のように改易の憂《う》き目に遭うことも可能性としてはあった。どちらを選んでも危険な道であり、賭《か》けのようなものである。

近世編

山本博文

「地位」を呼び込む謙譲の美徳――征夷大将軍・徳川家康《とくがわいえやす》

日本人好みの言葉に「謙譲の美徳」というものがある。高い地位を望んで積極的に獲得しようと動くより、一歩引いた態度をとったほうが望みが叶《かな》えられがちであるのも、こうした日本人の気質と無関係ではない。

慶長5（1600）年9月15日、関ヶ原の合戦に勝利して、ほぼ天下人の地位を手中にした徳川家康の態度にも、そのような日本人気質への配慮が窺《うかが》える。

加藤清正や福島正則《まさのり》など秀吉子飼いの武将の力を借りて石田三成らの西軍に勝利した家康だったが、合戦後はほぼ独裁的な権力を握り、諸大名の配置は思いのままになった。協力してくれた武将には多くの領地を与えたが、たとえば尾張清洲《おわりきよす》城主であった福島を安芸《あき》広島に移し、遠江《とおとうみ》掛川城主であった山内一豊を土佐高知に移すなど、功労者を体よく要地から引き離し、関東から畿内近国まで、ほぼ徳川勢力で固めたのであった。

それにもかかわらず、なかなか自身の地位の上昇については積極的に動かず、朝廷での官職は内大臣のままにとどまった。もっとも内大臣も高い官職ではあるが、当時の常識では、源氏や足利《あしかが》家のように征夷《せいい》大将軍に任命されるか、秀吉のように関白にならないと、政権を樹立したと理解されなかった。

慶長7年、西軍についた常陸《ひたち》の佐竹氏が秋田へ移り、薩摩《さつま》の島津氏が服属した後、家康は、ようやく征夷大将軍に任官した。これによって家康は、豊臣政権の五大老の地位を脱して、徳川政権をうち立てることができた。慶長8年2月12日のことである。

謙譲のポーズの裏で

家康が将軍になるにあたって具体的にどのような工作をしたかは、一次史料ではほとんどわからない。しかし、家康の行動を推測させる史料はある。江戸時代中期に成立した軍学者大道寺《だいどうじ》友山《ゆうざん》の『落穂集追加《おちぼしゅう》』三である。

これによると、家康がほぼ独裁的な権力を握ったにもかかわらず、何も行動を起こさないので、外様《とざま》大名の中には将軍宣下《せんげ》をお受けになるべきだというような意見を上げる者もおり、朝廷からも将軍になるようにと催促がましい「内勅《ないちょく》（内々の命令）」もあったという。

そうした折、側近的な地位にあった伊勢津城主の藤堂高虎《たかとら》と外交・宗教政策を担当していた金地院《こんち いん》崇伝《すうでん》が、「もはや将軍宣下のことも仰《おお》せ出《いだ》されるべきではないでしょうか。大名の間でもその噂《うわさ》をしています」と、家康に考えを具申した。

すると、家康は次のように答えた。

「自分の将軍成りは、急ぐ必要はないことで、天下の万民が安堵《あんど》するような政治制度を作りあげるほうが大切なことだ。その上、諸大名もそこかしこと国替えや所替えをして忙しい時に、自分が将軍になろうというのもどうかと思う」

自分の出世のことよりも、天下万民の安心や諸大名の苦労のほうが気になり、遠慮しているというのである。

家康と高虎らとの間に、本当にこのような会話があったかどうかはわからない。そもそも崇伝は、この時期、まだ家康の側近の地位にはない。しかし、ありそうな話ではある。家康は、このような謙譲の美徳を備えた真に天下人にふさわしい為政者であるというポーズをとっていたに違いないからである。

家康は、つい最近までは秀吉の臣下の地位にあった。主君の遺児の秀頼《ひでより》も健在である。そうした中で政権獲《と》りに邁進《まいしん》したのでは、せっかく味方してくれた外様大名が反感をもつ恐れがある。それよりも、当然就くべき地位になかなか昇らないことによって、周囲から推され、衆望を担《にな》って将軍になるほうがよい。この話が伝説にすぎないとしても、家康は、そのような伝説が作られるように行動したのである。

もちろん、家康は、そのような態度をとりながら、周到に行動していた。まず朝廷に対しては、早くから自分の周囲に公家たちを近づけ、自分の意向を忖度《そんたく》して行動するようにさせていた。

天皇の「内勅」があったというが、これは天皇自身の意思というよりも、家康の側近勢力となった公家たちが天皇に働きかけてなされたものに違いない。これは、家康が関東から上洛《じょうらく》するたびに、大納《だいな》言《ごん》・中納言クラスの公卿《くぎょう》（上級公家）たちが出迎えに来ていることからも推測できる。

さらに外様大名に対しては、高虎や家康側近の本多正純《まさずみ》などがたえず働きかけをしている。そんな中で、外様大名も、家康の歓心を買うため、家康が喜びそうな意見を具申することはよくあることであった。「そろそろ将軍にお成りになっては」などという言葉は、大名が家康に迎合しようとしたものにほかならない。

このように家康は、周囲の勧めに重い腰をあげるという理想的な形をとって将軍宣下を受けたのである。

ライバル豊臣家を決然と排除

そして、こうして地位を固めた上で、孫娘の千姫を秀吉の遺児秀頼に嫁入りさせ、秀吉子飼いの大名たちを安心させた。自分は、もとの主君である秀吉に対して二心は懐《いだ》いていないというポーズをとったのである。

もちろん、家康が謙譲の美徳を備えていたというのは、あくまで世間に向けたポーズにすぎない。もし本当にそうならば、秀頼成人の後には政権を豊臣家に返さなければならない。しかし史実はまったく逆である。家康には最初からそうした気持ちはまったくなかったと思われる。

世間には、秀頼待望論も根強く存在した。家康が将軍になる以前にも、秀頼が関白宣下を受けるのではという観測があったし、家康が将軍に就任した2カ月後には、秀頼がそれまで家康が就いていた内大臣の地位に昇っている。

家康にしてみれば、このような動きは何としても止めなければならない。

慶長10年4月16日、家康は、将軍職を辞し、息子の秀忠に譲った。これは、将軍職を徳川家で世襲していくとの宣言にほかならない。しかし、秀頼も依然として内大臣の地位にあり、諸大名は、家康に対してと同様、秀頼に対しても臣下の礼をとった。いっぽう秀頼は、家康に対して臣下の礼をとらない。もし将来秀頼が関白になったとしたら、徳川家の将軍政権に対して、秀頼による関白政権が競争者として出現する可能性があった。

徳川家の将軍政権の基盤は、関東である。いやむしろ、関東にしかなかったと言うべきかもしれない。家康に味方した福島正則や加藤清正も、徳川政権に服したというよりも、石田三成の敵に味方したということにすぎない。畿内を基盤として秀頼関白政権が成立すれば、中国・四国・九州が秀頼の勢力下に入る可能性が強い。

慶長19年から翌年にかけて大坂の陣が2度にわたって戦われ、ついに豊臣家が滅亡したのは、家康がこうした状況に危機感を抱いていたからにほかならない。自分の孫娘の婿《むこ》をしゃにむに攻め滅ぼした家康が謙譲の美徳を備えた天下人のはずはないが、政権をうち立てるためにはそのようなポーズが必要だったのである。

「トップ人事」は誰が決めるのか——傍流将軍・徳川綱吉《とくがわつなよし》

家康は、将軍就任2年にして将軍職を辞し、三男の秀忠に譲った。将軍職を秀忠に譲ることによって、将軍職を徳川家で世襲し、政権を豊臣家には返さないことを天下に示したのである。

将軍の座は、3代将軍家光以降、長子相続が原則となった。4代家綱、7代家継、9代家重、10代家治、12代家慶《いえよし》、13代家定らは、いずれも長子である。しかし、子のなかった家綱や、嫡流《ちゃくりゅう》が絶えた家継の跡目選定の場合は、誰が将軍を決めたのだろうか。

5代将軍綱吉の将軍選定にあたっては混乱があった。家綱に子供がなかったため、大老酒井忠清《ただきよ》が親王《しんのう》を将軍に擁立しようと画策したというのである。また、綱吉には兄綱重の子綱豊（後の6代将軍家宣《いえのぶ》）という競争者もあった。綱吉が家綱の養子になるにあたって幕閣内に異論があったのも当然である。

徳川将軍家系図

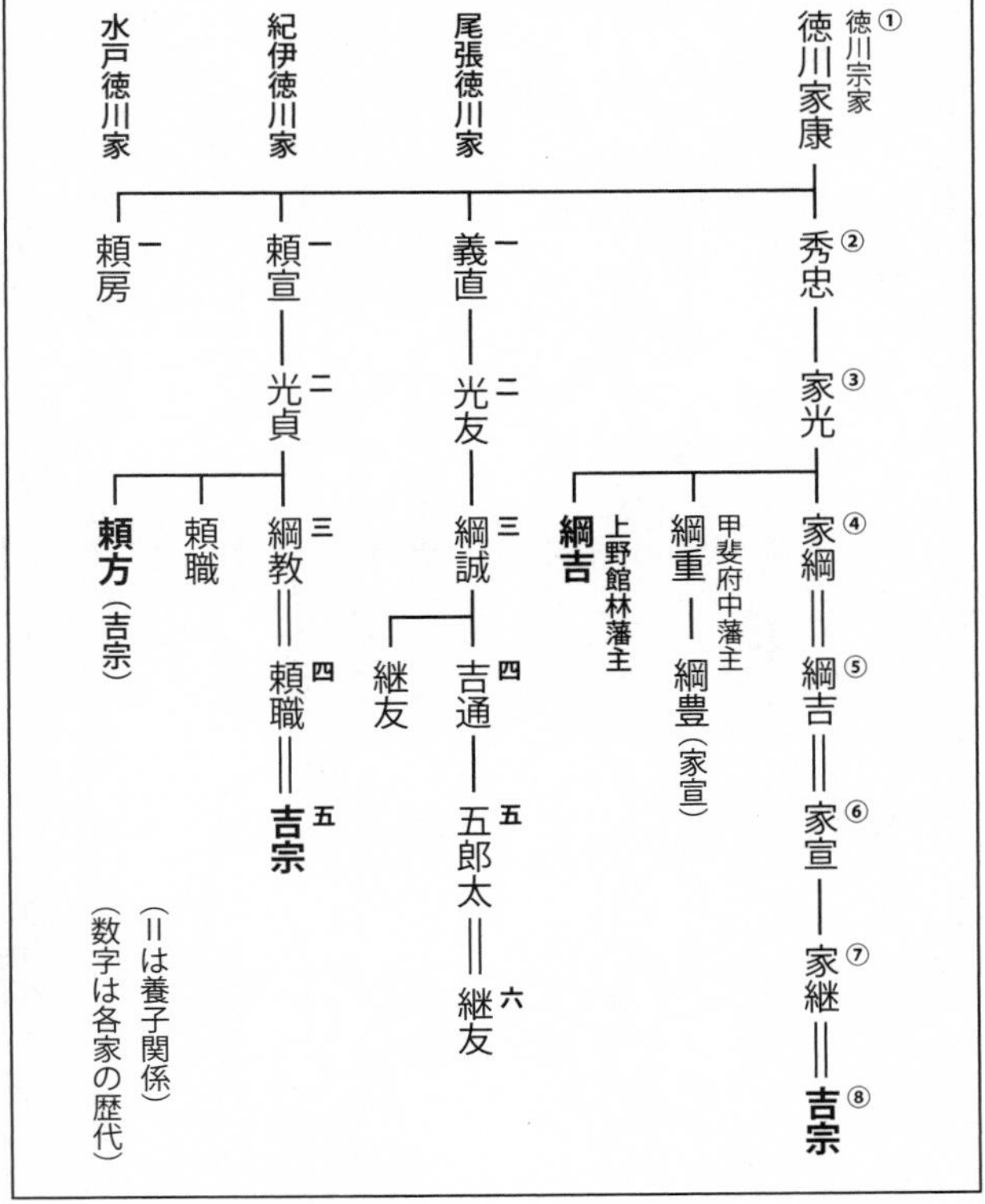
徳川宗家
①徳川家康
②秀忠
③家光
④家綱
⑤綱吉
⑥家宣
⑦家継
⑧吉宗
甲斐府中藩主
綱重
綱豊（家宣）
上野館林藩主
綱吉
尾張徳川家
一 義直
二 光友
三 綱誠
四 吉通
五 五郎太
六 継友
継友
紀伊徳川家
一 頼宣
二 光貞
三 綱教
四 頼職
五 吉宗
頼職
頼方（吉宗）
水戸徳川家
一 頼房
（‖は養子関係）
（数字は各家の歴代）

綱吉が公式に家綱の養子になることが決まったのは、延宝《えんぽう》8（1680）年5月6日である。この日家綱の病状が悪化したため、綱吉が登城を命じられ、寝所《しんじょ》にて直接命じられたという。

翌7日、綱吉は、家臣を連れて登城し、家康の陣刀であった本城正宗《ほんじょうまさむね》の刀などを拝領し、大納言に任じられる。これを受けて、酒井忠清と稲葉正則が、この決定を甲府家および御三家に告げた。家綱は、いったんは快方に向かったかに見えたが、翌8日午後、再び悪化し、同日夜死去した。こうして綱吉が将軍になったのである。

やはり強かった「宗家」の意思

この綱吉の将軍就任事情は、将軍選定について、非常に興味深い事例を提供してくれる。『徳川実紀』には、老中堀田正俊が単独で登城召《とじょうめし》の奉書を発給し、綱吉を江戸城中に召したと記録している。綱吉の養子決定に、尋常ならざる事態があったことを推測させる。

堀田家には、この時、将軍家綱が指示を伝えたという一通の文書が秘蔵されている。これには、「此書付《このかきつけ》の段、一たんもつともにて候、かやうにいたし候様可申事《そうろうようもうすべきこと》」と記してある。正俊が家綱に提出した書付の内容が認められ、家綱がそのようにするよう指示したものである。

この書付は、正俊が記した奥書によれば、5月5日、大久保忠直によって堀田正俊に渡された自筆の書付であることがわかる。翌日に綱吉の養子が決定されているので、この書付の威力はたいへんなものだったと言える。『徳川実紀』にある、正俊が単独の奉書を発給して秘密裏に綱吉を城に呼び出したという説は疑問だが、綱吉擁立の方針が家綱の支持を得ていたことは認めてよい。

おそらく5月5日かそれ以前に、酒井忠清や稲葉正則にも伝えないまま正俊が綱吉を推す意見書を家綱に提出し、それに家綱が書付で裁可を与えたのだろう。

重要なのは、このように家綱のはっきりした意思が示されてしまうと、いかに権力を持っていても、大老の酒井忠清や老中の稲葉正則らですら反対できないということである。つまり、次期将軍選定をめぐって幕閣内で意見の対立があったにせよ、それを最終的に決定する権限を持つのは現将軍である家綱だけであり、その意思に反対しうる者はいなかったと言えよう。

これは、当然のことながら幕閣がすべて等しく将軍の家臣であったということによる。将軍家の跡取りなどという問題は、臣下たる幕閣が口を出すべき性格のものではなく、将軍大権に属するものだったのである。

それでは、当の将軍が幼少であったり、急死したりした場合は、どうなるのであろうか。そこでもまた、前将軍の意思が重要な意味をもってくる。

正徳《しょうとく》2（1712）年10月、4歳で将軍宣下を受けた7代将軍家継は、正徳6年4月に8歳で没し、徳川宗家の血統が絶えるという重大事件になった。

2代秀忠以降、5代にわたって秀忠の血統の者が将軍家を継いできたが、それが絶えたとなると、御三家の当主が、その候補となる。

御三家には、尾張《おわり》・紀伊・水戸という序列があったが、特定の時点においては、それぞれの当主の年齢や性癖などが当然加味される。簡単に序列通りというわけにはいかない。

特にこの時期、将軍候補の一番手である御三家筆頭の尾張徳川家では不幸が続いていた。当主吉通《よしみち》が正徳3年7月に、その子五郎太《ごろうた》も同年10月に死去した。そのため、吉通の次弟、22歳の継友《つぐとも》が尾張家当主の座についていた。

このため、御三家第2位の紀州徳川家の当主吉宗が将軍候補として浮上してきた。家継が危篤《きとく》になったとき、吉宗は33歳、すでに紀州藩主として12年間の経験を積んでいた。

『徳川実紀』によると、家継が危篤に陥った正徳6年4月30日、吉宗は幕閣からの将軍後見役就任の要請を固辞したが、家宣御台所《みだいどころ》（正室）天英院《てんえいいん》が前代の遺命であると強く勧めたので、「宗室、老臣の公議に従う」と告げてその場を退き、のち群臣一致を告げられ、後見の役を受け二の丸に入ったという。

そして4月30日、家継は死に、吉宗が8代将軍の座に就くことになった。

現将軍が意思を表明できない場合、老中ら老臣の意見が大きな意味をもつのは当然であるが、「宗室」＝徳川宗家の意見も無視できない。この時、「宗室」を代表する立場にあったのは、6代将軍家宣の御台所であった天英院である。

家継の生母月光院や側用人《そばようにん》の間部詮房《まなべあきふさ》、儒者の新井白石らは尾張家の継友を推そうとしていたが、老中らの譜代門閥層は、これまで幕政の実権を握っていた彼らに反発しており、天英院を味方につけて巻き返しをはかったのだった。

老中たちの思惑

このように、後継将軍に有力な者がおらず、しかも現将軍が幼少ではっきりとした意思を表明する能力がない時には、幕閣や前将軍の御台所の意見に重きが置かれることになる。当然、政治的な思惑に左右されるものではあるが、ここでも最終的に決着をつけたのは、前将軍で現将軍の父である家宣の「遺命」であった。

綱吉の養子就任時と違い、この時にははっきりとした書付すらない。しかし、実際に家宣の側にあった御台所天英院が健在であれば、証拠がなくてもかまわない。天英院は、間部詮房らにとっても主君であり、彼女の意志が強い場合はおそらくいかんともしがたかっただろう。次期将軍の選定には、現将軍はもちろんのこと、前将軍の遺志やその御台所の意向が重要な意味をもったのである。

幕府政治は、老中の合議によって進められるが、最終的な決定は将軍が行っていた。たとえそれが老中の結論を追認するだけであったとしても、命令は将軍の名において出された。

江戸時代日本の政府である幕府は、実は将軍の家だったのである。老中は、公的な役職であるようでいながら、実は徳川家の家臣にすぎず、その権力の根拠は将軍の信任にしかなかった。誰が次の主君になるかというような問題は、家臣のほうから口を出すべきものではない。こうした制約の中で、老中たちはそれぞれに自分の思惑を実現しようとし、将軍の意思を決定させた者が最終的な勝利者になったのである。

「信頼」が側近の力の源泉——年寄《としより》・土井《どい》利勝《としかつ》

江戸幕府の内閣にあたる機関は老中制である。

老中は、3万石以上12万石以下の譜代大名から任命され、おおむね3人から5人で構成される（美和信夫『江戸幕府職制の基礎的研究』広池学園出版部）。

しかし、幕府初期には、老中という役職はなく、年寄と呼ばれる将軍側近がその役を務めた。徳川家康の年寄は本多正信という者だった。家康は、将軍職を秀忠に譲った後、正信の子正純《まさずみ》（家康の死後、秀忠の年寄に）を年寄として使った。2代将軍秀忠の時代には、土井利勝という年寄が、諸大名に大きな影響力をもった。

利勝は、幼少の頃から家康の側《そば》に仕え、秀忠誕生とともに秀忠付きとなった側近中の側近である。秀忠は、正純のほかに利勝を年寄として使い、駿府《すんぷ》にあった家康との連絡役などを務めさせた。

幕府成立直後は、このように将軍の側近が年寄に抜擢《ばってき》された。当時の言葉では、年寄のことを「出頭人《しゅつとうにん》」ともいう。主君の御前に常に出頭する者という意味であろう。

しかし、秀忠は、家康の死後、正純と利勝のほかに二人の譜代大名を加えて年寄とした。幕府中枢《ちゅうすう》機構を複数の譜代大名によって担当させ、その合議によって幕府政治を軌道に乗せようとしたものだと思われるが、このなかで次第に利勝の影響力が大きくなっていった。

将軍代替わりは「年寄」の危機

その動きは、元和《げんな》8(1622)年、本多正純が、秀忠の不興を買い改易(領地の没収)されたことで決定的になった。

正純失脚の理由は、「将軍の御意《ぎょい》に入らない行動が目立つ」というものである(『細川家史料』)。

具体的には、元和5年の広島藩主福島正則《まさのり》の改易の際、正純が、「正則を改易すると、頭を剃《そ》って引き籠《こも》る大名が数人出るでしょう」と言って、秀忠に正則の改易を思いとどまらせたことがあげられている。

正純の意見によって、いったんは正則を許した秀忠だったが、重ねて不届きがあったとして改易を断行した。諸大名から引き籠る者は出ず、秀忠は正純が自分を脅したのだと思い、怒りを覚えた。さらに、秀忠が正純に宇都宮24万石を与えようとした時、「宇都宮は私には分不相応です」と辞退したことまでが改易の理由にあげられている。

正純の改易は、反逆や不正行為のためではなく、秀忠が正純に不信感をもったというだけのことだった。いかに権勢を握っていても、将軍の信頼がなくなれば、その権力基盤はあっさりと失われたのである。

正純の失脚後は、秀忠の信頼厚い利勝一人の天下となった。

そのような利勝の権勢を、細川忠興《ただおき》は、

「弥《いよいよ》大炊《おおい》殿《どの》（土井利勝）一人にてござ候《そうろう》」

と評している。幕府政治は、利勝一人の意向で動いていたのである。実際、大名家史料を見ると、多くの外様《とざま》大名が、何をするにも利勝に打診してから行っている。

将軍への献上品は利勝の意見を聞いて決められたし、佐賀藩鍋島《なべしま》家などは、藩主勝茂の嫡子《ちゃくし》忠直が23歳の若さで没した時、江戸藩邸に招かれた利勝の一言でまだ4歳だった忠直の長男翁介《おうすけ》の跡目相続が決定した。

しかし、利勝も、秀忠が死んで家光の時代になると、微妙な立場に陥った。

肥後熊本藩主加藤忠広の嫡子光広が、将軍家光殺害計画をたてたとされ、加藤家は改易された。その計画を告げる手紙に、

「上様が日光社参を利用して土井利勝誅伐《ちゅうばつ》を計画しているから、先手を取って、日頃申し合わせている通り上様を殺害しよう」

と書かれていたのである。

事件そのものは、単なる光広のいたずらだったが、この文面からは、後ろ盾だった秀忠を失った利勝の不安定な立場が読みとれる。情報通の細川忠興も、まさかとは思いながら、あるいはこの事件は、家光が利勝を失脚させるために仕組んだのではないかという可能性を否定することができなかった。

家光時代にも破格の待遇を得る

幸い、利勝はこの事件への関与を否定され、年寄として家光時代を生き延びることができた。ただし利勝の地位は、秀忠時代とはかなり変化した。

まず、秀忠が存命だった頃から家光付きの年寄だった酒井忠勝が利勝に並ぶ力を持った。

また、家光は、年寄のうち特定の人物が権勢をもつことを嫌い、自分に何か言上《ごんじょう》する時には年寄全員の合意を得たうえで行うように命じ、寛永11年には年寄の半月番制を定め、翌年月番制とした。1カ月ごとに幕府の窓口となる年寄を決め、受け付けた案件は年寄全員で審議する体制にしたのである。

さらに寛永15（1638）年11月、家光は人事の大幅な刷新を命じた。松平信綱、阿部忠秋、阿部重次という3人の若手だけで年寄役を務めることにさせ、利勝と忠勝は、重大な案件のみに関わる体制としたのである。この時、利勝は66歳、忠勝は52歳だった。利勝と忠勝は依然として年寄と呼ばれたが、3人の若手年寄は、彼ら2人と区別する意味もあって「老中」と呼ばれるようになる。

家光は、側近として幼い頃から仕えている若い3人に権限を与え、政治をより自由に行おうとしたのであろう。

翌16年正月元日、土井利勝は、江戸城内でにわかに中風の発作を起こし退出した。同年6月、利勝は、病気養生のため領地古河《こが》（現・茨城県古河市）に赴いた。年寄時代は、政務のためほとんど行くことのなかった領地である。

この年8月には江戸城本丸火災のため江戸に上り、同19年4月に挙行された家光の日光社参では、古河で家光を饗応《きょうおう》した。また、同年5月、寛永大飢饉《だいききん》の対策を議した時には、老中らが利勝の屋敷に集まった。中風発症以後も、利勝の意見が尊重されていたことがわかる。

しかし、寛永21年7月6日、利勝は、登城中に再び中風の発作を起こした。翌日、家光は、自ら利勝の屋敷に見舞いに赴くことを伝えたが、利勝はこれを固く辞退した。臣下として畏《おそ》れ多いという理由である。外様大名の危篤《きとく》の際には将軍が見舞った例もあるが、これは破格の待遇であった。このようなことから、利勝が家康の落胤《らくいん》であったというような説も提出されている。

利勝が死去したのは、発作後4日たった7月10日である。享年72であった。

利勝の生涯でわかるように、成立した頃の老中は、将軍との関係が非常に密接だった。したがって、将軍の代替わりを生き延びるのは、非常に困難なことだった。新しい将軍は、自らの側近を登用したがるからである。しかし、利勝は、諸大名からの人望が厚く、幕府政治安定には不可欠の人材であった。そのことが家光時代になっても利勝が年寄であり続けることができた要因であろう。

「出世コース」もある大名人事――昇進制度①・譜代大名《ふだいだいみょう》

江戸時代初期の老中は、将軍の側近が務めていたが、5代将軍綱吉の頃、次第に老中になる昇進コースが決まるようになった。安定した政治が続くにつれて、譜代大名の家に序列ができ、役職を務める家柄が成立してきたのである。現在の政治家に2世、3世が多いのと似たような事情である。

老中になる家は、3万石以上の城主というのが一つの基準だった。しかし、この基準を満たしていても、先祖に老中を出したことがないとなかなか老中になれない。また、いきなり老中になるのではなく、老中になるまでにいくつかの役職を経験するような慣行ができていった。

譜代大名の役職は、多くは奏者番《そうじゃばん》から始まる。江戸城に登城した諸大名を将軍に披露する職務である。譜代大名から20~30名ぐらいが任命される。この役職は、3万石以下の大名でもなれた。

しかし、老中までのぼるような家格の大名であっても、必ず奏者番を務めるべきだとされていた。大名は、幼少の頃からみな家臣にかしずかれて育っているので、奏者番の仕事を通して勤務の厳しさを先輩から教えられる必要があったのである。奏者番勤務で「殿様《とのさま》御前風《ごぜんふう》」を直された大名は、老中になってもあまり失敗しなかったという（柴田宵曲編『幕末の武家』青蛙房）。

働き盛りの40代で就任が一般的

さて、奏者番を務めるうちに優秀だと認められると、寺社奉行《じしゃぶぎょう》兼任を命じられる。

寺社奉行は、全国の寺社行政と寺社領に関する訴訟を受け持つ役で、定員4名だから、狭き門だった。また、幕府の最高審議機関である評定所のメンバーでもあるから、かなりの政治経験を積むことになる。

寺社奉行の勤務に励み、人物がすぐれ、家格が良ければ、若年寄、大坂城代《おおさかじょうだい》、京都所司代《きょうとしょしだい》などに出世していく。このうち、若年寄は、老中の補佐役で、老中になる者もいるが、若年寄止まりという場合もある。

むしろ老中へは、大坂城代を経て京都所司代になるのがメインルートだった。大坂城代は、西国の軍事的な責任者で、軍事的な役職に重きを置く幕府にあっては晴れがましい役職である。京都所司代は、朝廷の警護および統制と西国の政治的な責任者である。いわば西の幕府の老中とも言える。老中には、この京都所司代から抜擢《ばってき》されることが一般的だっ

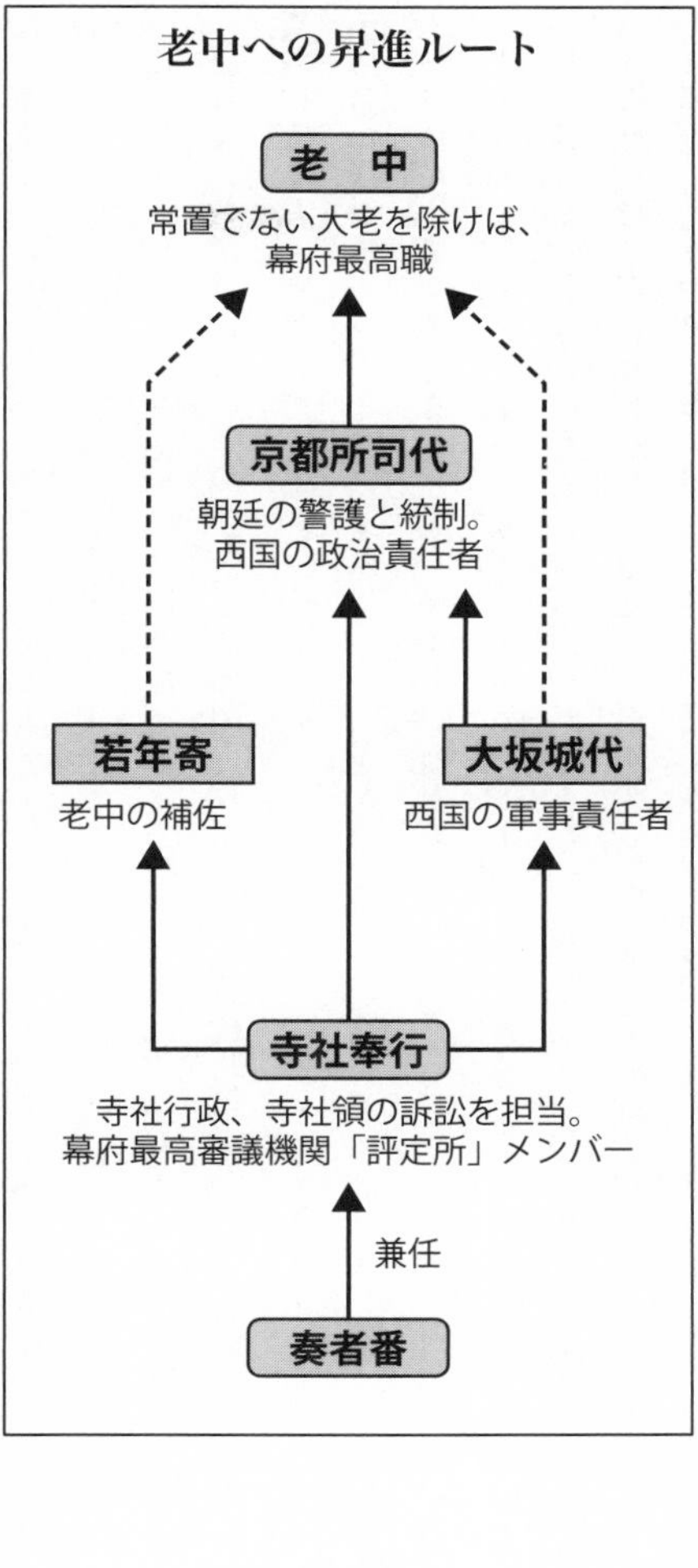

た。京都所司代から西の丸老中をへて本丸老中になることもある。西の丸老中は、将軍世子、あるいは大御所（前将軍）付きの老中である。

ただし、寛政の改革を主導した白河藩主松平定信のように、最初から老中首座になるような者もいた。これは、定信が御三卿《ごさんきょう》の田安家の出で、8代将軍吉宗の孫という血筋の高貴さによるという例外である。

筆者作成のデータベースによれば、奏者番を経て寺社奉行になる譜代大名の平均年齢は38・4歳である。最年少は21歳、最高齢は68歳だった。

若年寄は、平均年齢41・4歳で、最年少者は17歳、最高齢者は73歳である。ただし、10代や20代前半で若年寄になるのは、江戸時代初期の例外的な事例で、普通は30代であった。

大坂城代は、平均年齢が44・0歳で、最年少者が28歳、最高齢者が68歳である。

京都所司代は、平均年齢が42・8歳、最年少者が19歳、最高齢者は61歳になる。

大坂城代のほうが平均年齢が高いのは、高齢で大坂城代となって、そのまま城代で終わる例が多いからである。役職の序列としては京都所司代のほうが上で、大坂城代から京都所司代へ上っていく大名も数多くいる。

さて、老中就任時の平均年齢は45・3歳で、最年少者は23歳、最高齢者は73歳であった。

23歳で老中に就任したのは、伊予松山藩主松平定昭《さだあき》だが、これは慶応3（1867）年9月23日という大政奉還直前の時期なので、あまり参考にならない。

次に若いのが、ペリー来航時の老中阿部正弘で、25歳である。備後《びんご》福山藩主の阿部家は老中の常連で、江戸時代を通して6人の老中を出している。正弘は、22歳で寺社奉行になり、わずか3年で老中の座に就いた。

20代で老中（年寄）になったのは、3代将軍家光の寵臣《ちょうしん》堀田正盛や幕末の何人かで、それぞれに特殊な事情があった。通常であれば、30代後半から40代で老中になる。寺社奉行から大坂城代や京都所司代を経て行政経験を積み、働き盛りの年齢の者がなった。

最高齢での老中は、大和高取藩主植村家長である。47歳で若年寄になり、ずっと若年寄を務め続け、72歳で老中格になり、73歳の時、ようやく老中になった。本来は、老中になるべき家格ではなかったが、長生きによって幸運を射止めることができたのである。

カネのかかる出世

役職に登用された譜代大名は、その役職に伴う経費をすべて自分の藩でまかなわなければならない。役職に就いて働くということは、本人にとっては出世だが、本来は将軍に対する奉公だったからである。

たとえば、新しく寺社奉行に任じられると、役を務めるために5000両もの経費が必要だったと言われている。財政が苦しい大名では、とても務められない。そのため、なかには病気などを理由に辞退する大名もいた。

しかし、奉公である以上、任命されれば務めざるをえない。寺社奉行は、事務を自己の家臣で行うが、応援のため勘定所などの役人が出向し、奉行の役宅で仕事をした。彼らへの手当や事務経費もばかにならない。家臣一丸となって、給与の遅配・欠配を耐え忍びながら寺社奉行を7、8年務めると、今度は大坂城代を拝命する。大名は大喜びだが家臣はたまらない。大坂城代は、国替えに匹敵する費用が必要だったのである。京都所司代も同様である。

こうして老中になるまでの十数年で、藩財政は火の車になっていくのである。

ただ、だからといって大名が出世を望まなかったわけではない。むしろ、人一倍出世には熱心であった。

たとえば、天保の改革を主導した水野忠邦《ただくに》である。肥前唐津《からつ》藩主だった彼は、長崎警備の役を負っており、老中にはなれない位置にいた。そこで、当時の有力者水野忠成《ただあきら》に取り入り、裕福な唐津を捨て遠江《とおとうみ》浜松に転封させてもらい、寺社奉行、大坂城代、京都所司代、西の丸老中を経て、ついに老中の座を射止める。その過程では、財政難に苦しみ、大坂の豪商との関係を深め不正な工作資金づくりにも手を染めたという。

大名は、生まれた時から家臣にかしずかれ、家督を継げば大名として領地を治める仕事がある。一般の武士にはうらやむような境遇である。それで十分だと思うのだが、譜代大名に生まれれば老中にまでのぼり、幕府の政治を担当して諸大名を思うままに動かしたいという欲望があった。人間は、与えられた地位だけでは満足できない存在のようである。

「不遇」を恨む武功の臣――旗本・大久保彦左衛門《おおくぼひこざえもん》

3代将軍徳川家光の時代、大久保彦左衛門という旗本は、将軍の信頼篤《あつ》く、「天下の御意見番」として幕府政治に関して自由に意見を言うよう命じられていたとされる。

彦左衛門が子分にしていた一心太助という魚屋は架空の人物であるが、彦左衛門は実在の人物で、『三河物語』という著書を残している。

彦左衛門は、この著書の中で、幕府の人事について次のように述べている。

今の世の中で多くの知行《ちぎょう》(領地から年貢《ねんぐ》を徴収する権利)を取るのは、どういう人物か。

第一に、主君に弓を引いたり、内心主君を裏切っているような人物が知行を取って栄達し、子孫も栄えるようだ。

第二に、卑怯《ひきょう》な振る舞いをして人に笑われたような人物が知行を取るようだ。

第三に、礼儀作法に精通し、御座敷の中で立ち回りのよい人物が知行を取るようだ。

第四に、計算ができ、代官役が板についている人物が知行を取るようだ。

第五に、素性もわからないような他国人が知行を取るようだ。

それでは、知行を取らない者は、どのような者か。

それは第一に、譜代の主人に本心から忠誠を尽くし、主君に弓を引かず、忠節・忠功をなした者は、絶対に知行が取れないし、子孫も栄えることがない。

第二に、武辺《ぶへん》（勇敢な戦い）をした者は知行を取れない。

第三に、礼儀作法を知らない不作法な者は知行を取れない。

第四に、計算のできない年の寄った者は知行を取れない。

第五に、先祖代々譜代で仕えた者は知行を取れない。


主人を裏切った者が多い知行を取り、主君に忠節を尽くした者が知行を取れないという言い方でわかるように、これは彦左衛門の当時の幕府の人事に対する痛烈な皮肉である。

傑出した武功とプライド

それでは、彦左衛門は、なぜこのような不満をもつことになったのだろうか。彼の経歴を見てみよう。

彦左衛門は、諱《いみな》（実名）を忠教《ただたか》といい、三河以来の徳川家譜代の家臣大久保一族の家に生まれた。父は大久保平右衛門忠員《ただかず》で、彦左衛門はその八男である。

彦左衛門は、天正《てんしよう》3（1575）年、16歳の時に召し出されて家康に仕えた。翌年、遠江《とおとうみ》乾《いぬい》の戦いが初陣《ういじん》で、兄忠世《ただよ》に従って敵の首一つを取った。その後も多くの戦いに従軍し、数多くの首を取っている。この「武辺」が、彦左衛門の誇りであった。

兄忠世も武辺者として有名で、数々の武功を上げ、天正18年、家康が関東に入った時には、小田原《おだわら》城を与えられ、4万5000石の知行となった。

文禄3（1594）年、兄忠世が没し、その子忠隣《ただちか》が後を継いだ。忠隣は、秀忠に付属して老臣となり、幕府成立後は年寄として重きをなした。ところが慶長19（1614）年、キリシタン追放のために京都に赴いている時、謀反《むほん》の嫌疑を受けて改易（領地没収）され、わずか5000石の捨て扶持《ぶち》を与えられることになる。

それまで彦左衛門は、忠隣の領地の中から2000石を与えられていたが、この時、幕府から改めて1000石を与えられている。

この年から翌年にかけ、一時講和をはさんで大坂の陣が戦われ、豊臣家が滅亡した。彦左衛門は、槍《やり》奉行として出陣した。夏の陣の時、家康は、大坂方の真田《さなだ》幸村《ゆきむら》の決死の攻撃を受けた。家康の周囲にあった旗本も、うろたえて逃げ、家康も一時は自害を覚悟したと言われる。戦後、家康の旗が退いたという噂《うわさ》がある中で、槍奉行だった彦左衛門は、

「自分は槍奉行として御旗とともにいた。しかし、その旗が退いたのは見なかった。どうしてそのような噂が真実であろうか」

と言い張り、事なきを得た。総大将の旗が退くというようなことは、数々の輝かしい戦歴を持つ家康にとっては恥であり、決してあってはならないことだったからである。

時代の変化に取り残されて

戦いがなくなると、彦左衛門の活躍の場もなくなり、その後、加増なども長くなされなかった。大坂の陣の頃、彦左衛門が馬鹿《ばか》にしていた同僚の旗本の中には、顕職に抜擢《ばってき》されて多くの加増がなされる者が続出した。

彦左衛門の胸には、不満が積もっていく。

誰よりも武功を上げているのは自分である。現在出世している者は、何の武功もない、臆病《おくびょう》な奴《やつ》ばかりではないかと。確かに、彦左衛門の武功は、傑出していた。それがわずか1000石の知行のままではやりきれなかっただろう。

家光は、こうした彦左衛門の不遇に気づいたのか、寛永9（1632）年には旗奉行に異動させ、翌年には1000石加増して2000石とした。だが、それでも彦左衛門の鬱憤《うっぷん》は収まらなかった。その結果が、冒頭に見たような幕府人事に対する皮肉となって表れたのである。

彦左衛門の気持ちがわからないでもない。しかし、もう「武辺」がものを言う世の中ではなくなっていた。平和な時代となり、江戸に諸大名が屋敷を持ち、江戸城で多くの儀式が行われるようになってくると、礼儀作法に精通した旗本が役に立つようになる。そういう旗本は、諸大名ともうまくつきあい、幕府内でも出世していく。

また、中小の外様《とざま》大名の次男、三男は、5000石、3000石といった知行を兄の領地の中に与えられ、幕府に直接仕えるようになる。この場合、出身は外様でありながら身分は旗本になる。

こうした旗本は、知行も多く、大名分家ということで格式も高いことから、幕府内で高い地位に就いていく。彦左衛門が「主君に弓を引いた者」と言うのは、関ヶ原の戦い以後に徳川家に従った外様の大名や旗本のことである。彦左衛門は、譜代の者が冷遇されていることに我慢ならなかったのである。

新しい時代になると、時流に乗れない者は冷遇されることになる。

過去の武功だけを誇りにし、頑固一徹で人に合わせようとしない彦左衛門が、昇進も加増もなく放って置かれたのも理由のないことではない。知行を取らない者として挙げている条件は、当然ながら自分のことを言っているわけである。その記述に嘘《うそ》はないが、世をすねて、陰々滅々と机に向かってこのようなことを書き連ねるだけでは道は開けない。

今の時代でも、ワープロソフトはおろかパソコンも使えず、新しい仕事のやり方を学ぼうともせず、過去の実績だけを自慢にしている彦左衛門のような中高年のサラリーマンがいるかもしれない。しかし、新しい時代についていけないと、組織内では使えない人物という評価になってしまうのである。

「キャリア組」にも登龍門あり――昇進制度②・上級旗本《じょうきゅうはたもと》

江戸時代、将軍に拝謁《はいえつ》できる資格のある武士で1万石未満の者を旗本といい、拝謁できない者を御家人《ごけにん》といった。

両者は、身分的に大きな格差があり、御家人の場合は一生親と同じ職務につき、ほとんど昇進はない。しかし、旗本は、能力や努力によって昇進の道が開かれていた。

旗本でも、家禄《かろく》(先祖から受け継いだ知行)300石未満の者の昇進は稀《まれ》であったが、それ以上の家禄の者で、しかも将軍の身辺を警護する軍事組織である書院番か小姓組《こしょうぐみ》に入る家格の者(これを「両番家筋《りょうばんいえすじ》」という)は、旗本中のキャリアともいうべき存在だった。

幕府には、時期によって変化があるが、それぞれ10組あり、定員が1組50人であったから、両番家筋の者は1000人ほどいることになる。旗本は、総計5000人であるから、両番の番士から勤務を始める者は、その20%程度の割合である。

そのほかの旗本は、大番、新番、小十人《こじゅうにん》組の番士から勤務を始めるが、そういう番士にすら登用されない無役の旗本もいる。これを「小普請《こぶしん》」と称する。小普請の旗本は、勤務をしていない代わりに、知行100石につき1両の「小普請金」を上納する。勤務に就けないと、役高などの諸手当も出ないので、生活は苦しいものであった。

垂涎《すいぜん》の的「目付役」

両番の番士に登用された者のなかから、布衣《ほい》以上の役職に昇進する者が出る。布衣役とは、朝廷の位階で言えば六位相当の格式で、儀式の時に布衣という衣服の着用を許される。幕府の中では、中間管理職的な役職である。

布衣役では、書院番や小姓組の組頭（司令官である番頭の補佐）になる者もいれば、先手《さきて》頭《がしら》になる旗本もいる。先手組は、先手弓組8組、先手鉄砲組20組があり（西の丸を合わせて都合34組）、御家人である先手同心の管理職である。このようにいくつかある役職のうちで、最も望ましい役職は、徒頭《かちがしら》、小十人組頭、使番《つかいばん》の3職であった。

徒頭は、歩兵である御徒《おかち》組（当初10組、のち本丸15組・西の丸8組）の頭である。御徒組は、将軍の外出の警護をすることが多く、指揮官である徒頭も晴れがましい役だった。小十人組頭は、下層の旗本である小十人組（7組）の指揮官である。この2職は、大勢の部下を持つ現場の管理職であるが、使番は幕府中枢部《ちゅうすうぶ》勤務で、諸大名などへの使者を務める。そして、それら3職の者から、布衣の役職のうちで最も垂涎の的であった目付《めつけ》が抜擢されることになる。

目付は、幕臣の監察にあたる役職で、定員はわずか10人である。しかも、その人事は、欠員があった時、現任の目付が選考して任用するという方式をとっていた。また、小納戸《こなんど》や小姓という奥向き（将軍側近）の役職から推薦されることもあった。小納戸は将軍の衣服や諸道具を扱う役、小姓は将軍の身の回りの世話をする役である。

このようななかから少数が選抜されるのだから、家格がよく、能力があり、人物も評判がよくなければなかなかなれるものではなかったのである。

目付を務めた旗本は、遠国《おんごく》奉行に欠員があれば任命される。

遠国奉行は、全国各地にある幕府直轄《ちょっかつ》都市の行政官で、諸大夫《しょだいぶ》（位階は従五位下）となった。これは、大名と同等の格式である。

遠国奉行には、長崎奉行を筆頭に、京都町奉行、大坂町奉行、奈良奉行、堺奉行、駿府《すんぷ》町奉行、日光奉行、佐渡奉行などがある。とくに長崎奉行などは、オランダや中国との貿

大岡越前守忠相の出世

年齢	役職	名前	役職の段階
60歳	寺社奉行		大名役
41歳	町奉行	越前守	
40歳	普請奉行		
36歳	山田奉行	能登守	諸大夫役
32歳	目付		
31歳	使番		
		忠右衛門	
28歳	徒頭		布衣役
26歳	書院番士	市十郎	
	寄合		
24歳	遺跡相続		
11歳	元服・目見得		
		求馬	

易の監督も行うので役得が多く、2年ほど務めれば一財産作れるとされていた。ここまでくれば、旗本のキャリアとすれば大成功である。

しかし、まだ後がある。遠国奉行を務めて行政経験を積むと、出世の到達点である町奉行か勘定奉行に登用される。

町奉行は、江戸の行政、司法、警察を担当する役、勘定奉行は、幕府財政を担当する。また、この2職は、譜代大名が任命される寺社奉行とともに「三奉行」と称され、幕府の最高審議機関である評定所のメンバーになる。

筆者の作成したデータベースによれば、勘定奉行就任者の平均年齢は、54・1歳、最年少は34歳、最高齢は75歳である。一方、町奉行就任者は、平均年齢が51歳、最年少35歳、最高齢64歳である。旗本は、これら中央の奉行職に到達するまでに、いくつかの役職を歴任しなければならないので、ここまで上り詰めた頃には、50歳を超えることになるのである。

町奉行、勘定奉行とも任期は定められていないが、おおむね1年から5年ぐらい役を務める。ばらつきがあるのは、重要な役職だけに、仕事ぶりの評判が悪いとすぐに更迭《こうてつ》されたからであろう。大岡忠相《ただすけ》のように20年近くも在職した名奉行もいるが、まったくの例外である。

町奉行や勘定奉行を大過なく勤め上げると、大目付に昇進する。大目付は、大名の監察にあたる役職で、旗本の役職のなかでは最も格式が高い。大目付を務めた後は、西の丸留守居《るすい》を務めることもある。これは名誉職的なもので、あまり仕事はない。

昇進の秘訣《ひけつ》

旗本にとって、布衣以下から布衣以上になるのが一番の難関だった。それにふさわしい人物かどうかが吟味されるからである。

布衣以上の者の人事権を持つ若年寄は、目付に候補者の人物調査を命じる。目付は、配下の小人目付も使いながら、学問ができるか、身持ちはどうか、家は治まっているかなどを逐一調査して報告する。このため、両番家筋であっても、布衣以上になれず、番士のままで一生を送る者もいた。旗本の出世も、なかなか厳しいものだったのである。

それでは、布衣以上の役職のなかで、目付が遠国奉行などに栄達する一番の近道になった理由は何だったのだろうか。幕末に、目付から町奉行などを務めた山口泉処《せんしょ》という元旗本は、明治になってインタビューに答え、次のように回想している。

「目付になりますと、(引用者注・老中に)始終使われますから、人物がよく分かります。目付で使ってみて、存外この者は役に立つから、どこの奉行が空いたから、転じさせようとか、何にしようといって上(注・将軍)へ伺うて転役させたりするのであります」(『旧事諮問録《しもん》』岩波書店)

老中は、目付に政治的課題について調査させたり、諮問したりした。目付は、若年寄のほか、老中にも始終使われた。遠国奉行の人事は老中の権限だから、もともと学問ができ、人物も勝《すぐ》れた者が登用される目付が認められ、引き立てを得やすかったのは当然のことだった。

それでも遠国奉行は、使番などから栄転する者もいた。しかし、町奉行だけは、必ず目付経験者が任じられる慣行となっていた。それほどに目付の役職経験は重視されたのである。

目付は、現代の会社で言えば社長室長のような存在であろうか。今も昔も、人事権を握る権力者の側にいる者が、一番昇進しやすかったのである。

「ノンキャリ組」も出世はできる——勘定奉行・荻原重秀《おぎわらしげひで》

キャリア官僚のように昇進していく旗本もいるが、旗本の中には専門職的な集団もいる。その中で特に重要な役として、奥右筆《おくゆうひつ》、勘定所《かんじょうしょ》の役人、町奉行所の与力などがあった。

奥右筆は、老中の公設秘書として幕政の先例調査、裁判の判例調査などを行う専門職、勘定所役人は幕府財政の専門職、町奉行所の与力は江戸の市政と裁判の専門職である。

奥右筆は、奥右筆組頭までしか昇進できず、町奉行所の与力も、与力の管理職である年番与力までしか昇進できない。しかし、これらの役職では、その家ごとに経験が蓄積され、世襲によって職務が受け継がれた。もともと諸大名などからの贈答も多く、実入りの多い役職なので、あえて異動を申し出る者もなかったのである。

ただ、勘定所の役人だけは事情が違った。

勘定所は、幕府財政を担当する役所であり、現在の財務省に相当する。大臣に相当するのは勘定奉行で、おおむね両番を振り出しに目付、遠国《おんごく》奉行などを務めたキャリアの旗本が任命される。これは町奉行と同じであるが、この役所で注目されるのは、事務次官に相当する勘定吟味役が置かれたことである。

勘定所は、勘定奉行、勘定吟味役の下に、局長にあたる勘定組頭、課長にあたる勘定がおり、ここまでが旗本である。勘定吟味役は、キャリアの旗本ではなく、勘定、勘定組頭と、勘定所内で昇進してきた旗本が就任することになっていた。支配勘定は、御家人であるにもかかわらず、働き次第で旗本役である勘定に昇進した。これは、武官系の役職と違い、財政という計算能力などが必要な専門職であったためである。

武士の中の経済エリート

江戸時代二百六十余年で勘定奉行に就任した者は213人おり、うち再任している者が11人いた。馬場憲一氏は、この者たちの昇進コースを調査し、両番から目付、遠国奉行などをへて勘定奉行になる者が85人で39・9%、目付から直接勘定奉行になる者、目付をへずに遠国奉行などになり、勘定奉行になる者などを入れて154人いたことを明らかにしている（「勘定奉行・勘定吟味役の昇進過程に関する一考察」『法政史学』27号）。つまり、72・

勘定奉行に出世した人の内訳

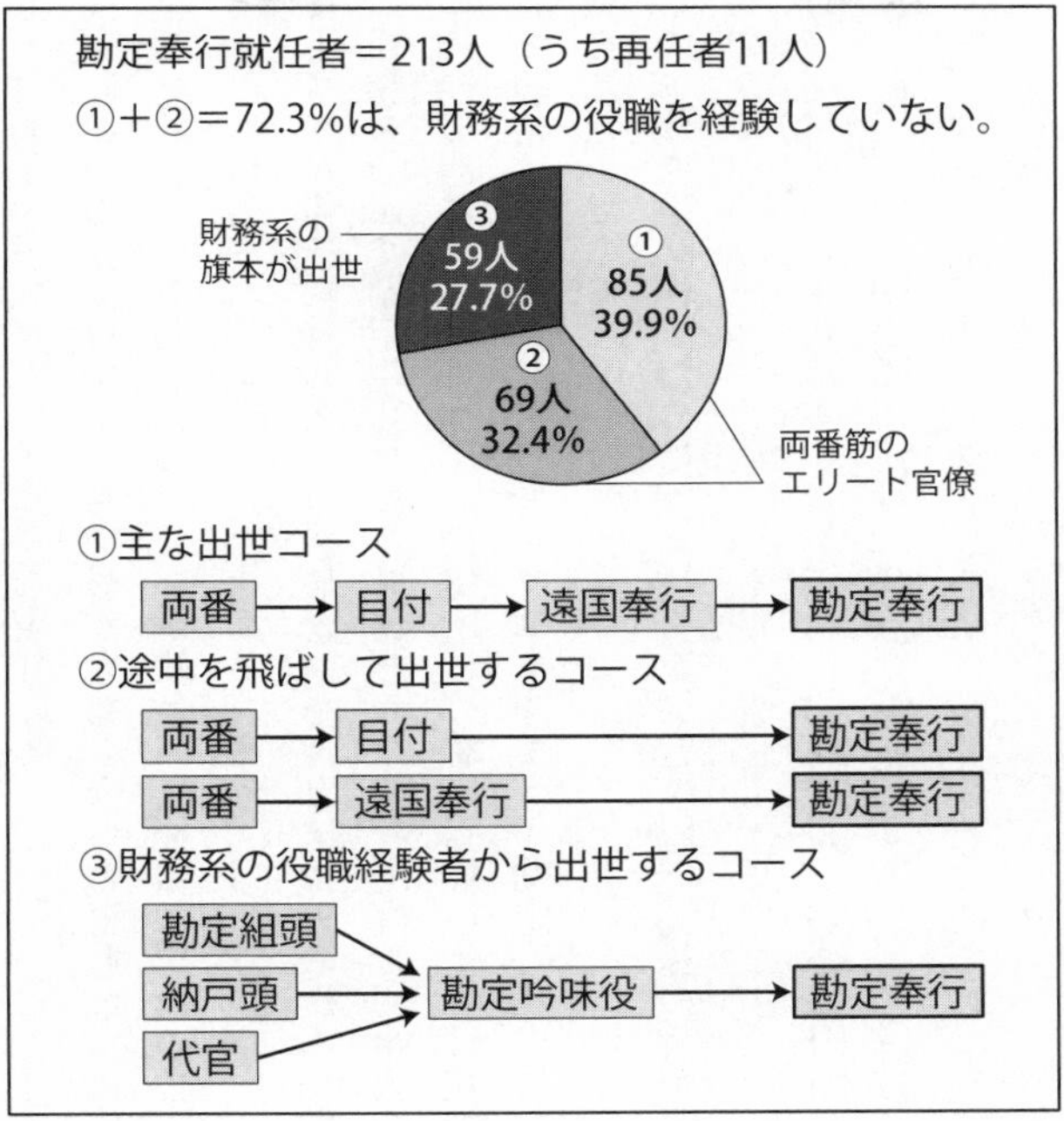

3%までが、勘定所系の役職を経験せずに勘定奉行になるキャリアの旗本だったのである(図参照)。

しかし、勘定奉行が特殊なのは、残りの59人、つまり27・7%が、そういうキャリアの旗本以外から任用されていることだ。

さらに、実質的には勘定奉行に等しい権限をもつ勘定吟味役には、勘定組頭、納戸頭《なんどがしら》、代官など財務系の役人が87%の比率で就任する。

勘定吟味役の権限は強く、吟味役が合意しないと財政政策は実行できなかった。これは、家格制を基礎にする幕府において、財政という経験と能力の必要な役務を遂行させるためにとられた例外的な体制だったと言えるだろう。

そしてこの勘定吟味役という役職が、キャリア以外の旗本が勘定奉行になる踏み台となる。経験を積んだ勘定吟味役は、財務畑のたたき上げで、余人をもって代え難い存在になりえたのである。このように、勘定所は、幕府組織の中では比較的健全な出世ルートが開かれていた。ノンキャリアの勘定ではあっても、勘定吟味役になり、さらに勘定奉行までもねらえたのである。

このような道を作ったのは、5代将軍綱吉の時、元禄の貨幣改鋳の責任者であった荻原《おぎわら》重秀《しげひで》である。

勘定所に勤める下級旗本の次男であった重秀は、蔵米200俵で勘定に召し出された。以後、勘定組頭、勘定頭差添役《さしそえやく》(後の勘定吟味役)をへて、元禄9(1696)年、勘定奉行に昇進する。石高も加増を重ねられ、勘定奉行になった時に1800石、宝永7(1710)年には3700石の堂々たる旗本になっている。

重秀は、小判や丁銀《ちょうぎん》などの金銀貨から、金銀の含有量を減らし、その出目《でめ》（差額）を幕府の収入とした。このため、江戸城の備蓄金を食いつぶした幕府も、一息つくことができたのである。

重秀が勘定頭差添役になったのは、幕府財政を立て直すために貨幣の改鋳を行うといった武士らしからぬ経済的才能が大きかったのだろう。

権力者を味方につける

そして勘定奉行になった後は、幕府の最高審議機関である評定所においてもリーダーシップを発揮する。

6代将軍家宣《いえのぶ》が、目明かしを禁止するようにと命じた時、評定所では寺社奉行や町奉行たちが、「ごもっとも」と目明かしを廃止しようとした。しかし、重秀だけは、「もし目明かしを廃止するとしたら、今後は審理を拷問《ごうもん》でやるおつもりですか」とただ一人疑問を呈したという。

たとえ将軍の指示だとしても、政治を行う上で不都合だと思ったことにはあくまで自説を展開するという意志の強さをもっていたのである。

また、奥州二本松藩（現・福島県二本松市）と幕領の百姓の紛争では、審議を主導し、異論を述べる人の意見も聞かずに、その場で筆をとって伺書の草案を書き上げている。複雑な訴訟の問題点を的確につかみ、即座に文章にできるという能力は、他の追随を許さなかった。

重秀が、格上の寺社奉行や町奉行に対してここまで専権をふるえた秘密は、綱吉・家宣と2代の将軍や老中の実力者間部《まなべ》詮房《あきふさ》の信任を得ていたことによる。

重秀は、会議の席でも奥坊主を呼び、間部詮房への面会を取りはからうよう命じたりしている。このため、評定所のメンバーは、自分のことをどのように報告されているかが気になり、重秀に対して思うことの半分も言えなかったという。つまり、重秀の権力は、自分の能力を認め、任せてくれる上司に恵まれていたことによっていたのである。

昇進を重ね、権力を持つためには、能力だけではだめである。なまじ有能だと、周囲の評判ほどには昇進できない。同僚や先輩の嫉妬《しっと》を呼び、足を引っ張られてしまうからである。

それを回避するためには、時の権力者の信任を得、その者の権力を背景に自分の身を守る必要がある。重秀は、そういう駆け引きをうまくやるだけの政治的センスをもっていた。

ただ、その権力者が自分を見捨てた場合には、その地位にとどまるのは難しい。重秀も、最後には家宣の侍講《じこう》（儒学の師匠）新井白石の3度にわたる弾劾《だんがい》を受け、失脚することになる。自分の実力を過信し、周囲の反感を買いすぎていた。

重秀以降、勘定所の役人から選ばれた勘定吟味役が、キャリアの旗本を押しのけて勘定奉行になる道が開かれる。特に勘定奉行の能力が必要な政治改革の時期には、そういう抜《ばっ》擢《てき》人事がなされた。逆に言えば、普段の勘定奉行は、部下の勘定吟味役にすべて任せていれば大過なく役をやりおおすことができたと言えよう。

「就職浪人」だった将軍様の側近――儒者・新井白石《あらいはくせき》

6代将軍徳川家宣《いえのぶ》の侍講を務めた新井白石（君美《きんみ》）は、自叙伝『折《おり》たく柴《しば》の記』をはじめとする数々の著作で知られ、家宣、家継《いえつぐ》の2代の将軍に仕えて「正徳の治《しょうとくのち》」を推進した。こう書くと、生まれながらのエリートのようだが、若い頃は浪人生活も経験したずいぶんな苦労人だった。

白石の父は、上総国久留里藩《かずさのくにくるりはん》（現・千葉県）2万石の土屋《つちや》家に仕えていた。ところが主家に代替わりがあり、内紛に巻き込まれた。延宝《えんぽう》5（1677）年、父は禄《ろく》を奪われ、白石も仕官することを禁じられた。21歳だった白石は、江戸に出て学問に打ち込む。

ある時、白石と親しくしていた富商が、白石の父に問い合わせてきた。

「一人娘に、しかるべき侍の子を婿《むこ》に取らせ、家を譲ろうと思うのですが、お宅の息子さんはその気があるでしょうか」

多分に武士的な気質をもった白石の父は、息子を町人にすることは嫌だったが、成人した白石の気持ちに任せることにした。白石は、丁重に断った。それを聞いた父は嬉《うれ》しげであったという。後に幕府政治を牛耳る白石にも、町人になるという「危機」があったのである。

潔癖さゆえの苦労と幸運

延宝7（1679）年には土屋家が滅び、白石の仕官の禁止も解けた。勧めてくれる者があり、天和《てんな》2（1682）年、下総《しもうさ》佐倉藩の堀田《ほった》家に仕えることになった。

ところが、2年後の秋、大老を務めていた主君堀田正俊《まさとし》が江戸城中で斬《き》り殺され、堀田家の家運が傾いていく。白石は、こういう時に主家を見捨てるべきではないと考え、わずかな扶持《ふち》で仕え続けた。しかし、勤務を続けていると、それなりに忙しく、学問を続けることが困難になる。そこで35歳の時、ついに暇を願うことにした。妻子を抱え、財産もないのに勤めを辞めるのは無謀だと助言してくれる人もいたが、白石は、初志を貫いた。

白石に長男明卿《あきのり》が生まれ、一男一女の父となってしばらくした頃、白石の暇が許された。その時、家の財産を計算してみると、わずかに青銅３００疋《ぴき》、白米3斗にすぎなかったという。

白石は、有名な儒学者木下順庵《きのしたじゅんあん》のもとで修業していた。たいへんな秀才だったため、順庵も白石に一目置き、弟子の筆頭として扱い、友人のようなつきあいをしていたという。

順庵は、加賀藩からの仕官の口があった時、白石を推薦しようとした。加賀藩は、好学の大名前田綱紀《つなのり》の時代で、「天下の書府《しょふ》」と称《たた》えられ、学問をする者のあこがれの藩だった。

ところが、岡島という同門の者が、加賀には老いた母がいるので、ぜひ推薦してほしいと頼んだ。白石は、師の順庵に、岡島を推薦してやってほしいと身を引いた。順庵は、「今の時代に、このようなことをいう人がいるだろうか。古人を今に見るとは、こういうことだ」と感激して涙を流したという。

37歳の時、甲府徳川家からの仕官の口があった。白石は、順庵の推薦で500石で藩主綱豊《つなとよ》の侍講として召し抱えられた。綱豊は、4代将軍家綱の次弟綱重の子である。5代将軍綱吉に子がなかったため養子となり、6代将軍家宣となった。こうして白石は、将軍の侍講の地位に就くことになった。白石は、貧乏にも負けず、学問に精進して志を捨てなかった。そういう意志の強さが、この幸運を呼んだのである。

「政策の鬼」となって

家宣が将軍になると、白石は寄合に列せられ、500石を加増された。さらには、初めて拝謁《はいえつ》を願い出ていた長男明卿について、ただ拝謁だけでなく召し出しのことも願ってはどうかと打診された。

この厚意に対しては、旗本の子供の召し出しは、顕職にある人か両番士などの長男に限られているので、寄合である自分の子供の召し出しを願うのは前例にもとるとして謝絶した。ここにも、白石らしい潔癖さを見ることができる。

白石は、家宣が将軍になった直後に、即座に解決しなければならない政治的課題について三カ条の封事《ふうじ》（意見書）を側用人間部詮房《まなべあきふさ》を介して提出したのを皮切りに、さまざまな政治的事項について封事を提出した。勘定奉行荻原重秀がついに罷免《ひめん》されたのも、白石が重秀と刺し違える覚悟で3度にわたって提出した封事による。

白石は、貨幣の品質を元禄以前に戻した正徳金銀の鋳造、朝鮮通信使への応接の簡素化、国書への日本国王号の採用、長崎貿易の制限などの政策を実現した。これらは、白石が間部を介して提出した封事によっていた。

正徳2（1712）年、家宣が没し、後を継いだ家継も正徳6（1716）年に没したため、白石は政治から遠ざけられる。その頃、白石は、「おもふさまに天下の事中《ことも》おこなひし（政治を専断した）」と非難された（『折たく柴の記』）。

しかし、白石によると、正徳期の政治はそういうものではなかった。

政治の責任者であるはずの老中は、「世の諺《ことわざ》にいふなる大名の子（殿様育ち）」で、政治の根幹になるはずの儒学の古典も知らなければ、今の政治も知らない。ただ、将軍の仰《おお》せを伝えるだけで、国家財政の有無すら知らないほどのものだったので、重要な政策判断もできない。そのため、将軍の仰せも、間部が老中と話し合って衆議一決した後で仰せ下し、下から上がることも老中が間部と相談して衆議一決の上で将軍に言上する体制となっていた。

自分の意見が政治に反映されたのも、間部がそれを配慮したからで、自分が政治を専断したわけではない、自分が提出した意見で行われなかったことはいくつもある、という。白石から見ると、その通りであろう。

しかし、自信家の白石だっただけに、妥協を許さず、反対意見が出れば封事を提出して徹底的にたたいたので、老中たちからも「鬼」と呼ばれ忌《い》み嫌われた。

彼が、儒者という幕府政治において取るに足らない役職でありながら「正徳の治」を推進できたのは、家宣の侍講であり、間部が彼のために動いてくれたからであった。

老中は、家格だけでなるのではなく、奏者番から寺社奉行、若年寄、大坂城代、京都所司代などを経て到達する役職だった。その限りで見れば、それなりの人事システムができていたと評価できる。しかし、白石のように苦労を積んだ者の目から見ると、「世の諺にいふなる大名の子」でしかなく、政治を行うには能力不足と映ったのである。

しかし、万事和を大切にする殿様育ちの幕閣の中にあって、ことさらに理想主義的な政策を主張する間部や白石は異分子だった。二人は次第に孤立し、吉宗が8代将軍を継いだ後は諮問《しもん》に与《あずか》ることもなく、失意のうちに晩年を送ることになる。

白石の政治は、幕府権力を名実ともに王権にふさわしいものにしようとする「原理主義」だったが、事なかれ主義の幕閣には理解できないものだったのである。

「手当支給」で人事の活性化――改革将軍・徳川吉宗《とくがわよしむね》

7代将軍徳川家継《いえつぐ》は、後継者のないまま8歳で没し、8代将軍には御三家の紀州藩から徳川吉宗が迎えられた。傍流から宗家を継いだ将軍であったが、強い姿勢で政治に臨み、享保《きょうほう》の改革を推進した。

この改革政治のなかで、大きな位置を占めたのが、財政再建と人材登用であった。

吉宗が登用した人材とは、老中では水野和泉守忠之《みずのいずみのかみただゆき》、松平左近将監乗邑《まつだいらさこんのしょうげんのりさと》、町奉行では大岡越前守忠相《おおおかえちぜんのかみただすけ》が挙げられる。ほかに地方巧者《じかたこうしゃ》（民政の専門家）の田中丘隅《きゅうぐ》、蓑笠之助《みのかさのすけ》、小宮山昌世《まさよ》、井沢為永《いざわためなが》らが、代官に登用された。

しかし、代官に登用された人々は別として、政府のトップである老中や町奉行は、必ずしも抜擢《ばってき》人事ではなかった。

吉宗が最初に老中に登用し、勝手掛老中《かってがかり》（財政担当の老中）として活躍した水野忠之の経歴は、次のようなものである。

元禄12（1699）年、兄の遺領岡崎5万石を継ぎ、宝永2（1705）年奏者番となり、若年寄、京都所司代を経て、享保2（1717）年老中となった。

これは、中堅譜代大名の典型的な出世コースである。水野家は家康の生母伝通院《でんづういん》の出た家で、忠之はその嫡流《ちゃくりゅう》であるから家格も高く、十分に老中になれる家であった。

また、忠之が京都所司代だった時、吉宗の将軍就任時に5人いた老中は、死去や引退のためこの時2人になっていた。忠之が老中に補充されたのは、当然であった。

ただ一言付け加えるとすれば、吉宗は傍流から宗家を継いだため、政治基盤を安定させるためにも譜代大名を尊重する必要があった。そのため、家格の高かった忠之が優遇された面もある。

意外に順当だった吉宗の人事

もう一人の老中松平乗邑であるが、彼は徳川家の祖松平氏のもっとも古い一族大給《おぎゅう》松平氏の嫡流である。

大給松平家は、浜松城主であった乗寿《のりなが》の時代に老中となっている。これは、将軍家光の時代に、世子家綱付きの老中に任じられていたため、家綱が将軍となると、自動的に昇格したものである。その後、異国船警備の任のある肥前唐津藩主（7万石）となったため、幕府の役職には任じられなかった。乗邑は、唐津から、志摩鳥羽藩主、伊勢亀山藩主を経て、享保2年に山城淀藩主になっている。

この経歴からすれば、幕府の重要な城地の管理が主な任務であった。これは名誉なもので、譜代大名のなかでも家格が高い大給松平家の処遇としてふさわしかった。

しかし、それでは老中になれない。武家として名誉である軍事的な役割よりも、老中になって幕政を運営する方が次第に望まれるようになってきた。乗邑は、そういう風潮のなかで、家格の高さにふさわしい老中の座を射止めたのである。

また旗本の大岡忠相であるが、彼は、2700石の旗本大岡忠高《ただたか》の第4子として生まれ、一族の大岡忠真《ただざね》の養子となった。養家も、1920石という大身《たいしん》の旗本だった。

忠相は、書院番士から徒頭《かちがしら》、使番《つかいばん》、目付を経て遠国《おんごく》奉行の一つである山田奉行（伊勢神宮領の経営や門前町宇治山田の市政を行う）となり、中央の普請《ふしん》奉行を経て町奉行になる。

忠相の昇進は確かに順調であるが、彼と同等の家格の旗本なら似たようなコースをたどる者が珍しくない。

ただ、幕府の正史である『徳川実紀』に、忠相が吉宗と出会ったのが山田奉行在任中であり、吉宗は忠相の公正明大な態度に感銘を受け、のちに将軍になったとき彼を町奉行に抜擢したという話がある。

これが本当だとすると、吉宗の人事は、そのような偶然によるもので動かされていたことになる。しかし、この話は伝説に近いもので、忠相がその後吉宗に信頼され、20年にわたって町奉行を務めたことから作られたものではないかと思われる。むしろ、忠相のような昇進ルートはそれまでの幕府制度のなかで形成されており、有能な者が昇進する慣行ができていたと考えてよいだろう。

こうして見ると、吉宗の「人材登用」は、幕府政治においてそれほど目新しいものではなかったということになる。なぜ、そのような神話が生まれたのだろうか。

任期限りの「役職手当」

それは、享保8年に始められた「足高《たしだか》の制」の評価によると思われる。

「足高の制」は、旗本を本人の家禄《かろく》以上の格の役職に任命した時、不足分を在任期間中に限り支給するというものである。たとえば1000石の旗本が役高2000石の長崎奉行に就任すれば、1000石の足高が付く。その旗本が長崎奉行をやめれば、もとの1000石に戻る。

つまり、家禄の低い旗本を格の高い役職につけても加増の必要がなくなり、幕府財政に影響なく自由に人材登用ができたのである。

この制度は、後の幕府政治において大きな意味をもつ政策だった。泉井朝子氏の研究によると、享保8年以前とそれ以降寛政年間までの役職就任者を検討すると、勘定奉行、町奉行、大目付などの役職に、500石程度の家禄の者の就任が目立ってくるという(「足高制に関する一考察」『学習院史学』第2号)。

しかし、吉宗の意図がそこにあったかというと疑問である。この時期の重要課題は、旗本・御家人の扶持米《ふちまい》支給にも苦労したといわれる幕府財政の悪化である。このような政治状況を背景にして、幕府財政の負担を軽くするために足高の制が考案されたと解釈したほうが実態に近い。

幕府成立期以来、幕府の人事は抜擢主義であった。そうでなければ、新しく成立した政府を運営していくことは困難だった。大目付や町奉行などの顕職は、いずれも将軍の側近的位置にいた旗本が抜擢され、大幅な加増を受けている。

江戸幕府の「役職手当」の変遷

時代	役職への対応	
江戸時代初期	**加増**	役職を辞めたり、子供が相続しても持高は減らない
寛文5(1665)	**役料制**	任期限り役料を支給。小身で役務についた旗本への救済策
天和2(1682)	**役料を廃止**	
元禄2(1689)〜同5(1692)	**第二の役料制**	(順次、形を変えて復活)役職ごとに基準を定め、それ以下の場合、定額の役料を支給
享保8(1723)	**足高制**	役職ごとに基準を定め、家禄が達しない場合、任期中のみ差額を支給

このように、もともと幕府の人事は家禄にかかわりなく昇進させる慣行だった。したがって、人材登用のために足高の制を作ったのではなく、実際に行われている人材登用の動きを止めることなく、しかも幕府財政に負担をかけないようにしたということなのである。

幕府政治も100年を超えると、家格の高い旗本の家から多くの分家ができる。分家の家禄は、本家の家禄から分け与えられたため、500石前後の旗本が増える。これらの旗本は、先祖をたどれば三河以来の徳川譜代の家臣である。したがって、家格も「両番家筋」の者が多かった。母数が多いだけに、分家旗本の中に能力のある者が出る可能性は高い。

幕府は、500石程度の分家旗本であっても有能な者は登用した。家禄の低い旗本にも昇進の道を確保し、彼らのやる気と忠誠心を担保しておく必要があったからである。その結果、足高制成立以後、５００石程度の旗本が顕職に任用されることになったのである。

なお、冒頭に述べた地方巧者の人材登用は、この時期に特徴的な事実である。これは特筆されるべきであるが、代官は小禄の幕臣だったから足高の制の必要はなかった。吉宗に代官人事にまで目を配る余裕はなかったはずで、それを推進したのは大岡忠相だったとされている。

「慣例」になっていた出世の礼金――小普請組頭・森山孝盛《もりやまたかもり》

安永元（1772）年、側用人《そばようにん》から老中に昇進した田沼意次《おきつぐ》の時代は、旗本が役職に登用されるのにも金銭が必要な時代だった。

明和8（1771）年、34歳で家督を相続した森山孝盛は、知行《ちぎょう》300石に蔵米《くらまい》100俵という家禄《かろく》だった。知行は知行地（領地）から年貢《ねんぐ》を徴収する権利で、蔵米100俵は知行100石の年貢に相当するから、森山家の家禄は知行400石とほぼ同じである。

旗本としてはそこそこの家禄であるが、森山家は、エリート旗本である両番ではなく大番の家格であった。曽祖父《そうそふ》は大番組頭《くみがしら》を務めている。

孝盛は、膨大な日記『自家年譜』のほか、『賤《しず》のをだ巻』『蜑《あま》の焼藻《たくも》の記』などの随筆を残していて、彼の心理と行動がわかる。能力に自負があった彼は、大番士として一生を終えるのはいかにも無念だった。

「愚かな者でさえ、金やコネの力で大役を命じられ、馬や駕籠《かご》に乗っていかめしく世を渡る時代である。真の賢人に大役が命じられる正しい世の中ならば、自分のような者が世に出ることは憚《はばか》りもあるが、こんな御時勢ならば自分も希望を持ってよいのではないか」

こう考えた孝盛は、大番士の職務である大坂城や二条城在番の年に支給される家禄分の手当を倹約して貯《たくわ》え、それを元手に昇進しようと決心した。役に就かないと、いかに自分に能力があっても、埋もれたままになるからである。

天明元（1781）年8月23日、孝盛の組の頭《かしら》が病死した。孝盛は、その後任の候補者となったが、同僚に先を越された。

この経験が、孝盛の昇進願望に火をつけた。天明2年から同3年4月までは二条城在番にあたったので人事には関係なかったが、江戸に帰ってからは本格的な猟官運動を始めた。御広敷番《おひろしきばん》（大奥の事務を扱う役所）の頭が空席となった時は、遠縁の菰野《こもの》藩土方雄年《ひじかたかつなが》の屋敷へ金20両を持参し、世話を頼んだ。土方家は、孝盛の婿《むこ》の実家の本家で、田沼の縁戚《えんせき》にあたる。

この20両のうち15両は、蔵宿《くらやど》（札差《ふださし》）からの借金だった。蔵宿は、旗本の蔵米を手数料を取って換金する業者だが、旗本への金融も行っていた。倹約家で親類に金を貸したりもしていた孝盛だったが、5両、10両と金が出ていく猟官運動のため、ついに借金をすることになったのである。しかし昇進はかなわなかった。

格下の者に追い越されて

天明4年閏《うるう》正月6日、小普請《こぶしん》組頭のポストが空いた。孝盛は、上司の大番頭杉浦正勝の用人から候補者になったと告げられた。

役高300石の小普請組支配の下にある組頭職は、役高200俵に手当20人扶持がつく中間管理職である。大番士の孝盛としては、願ってもない役職だった。

孝盛は、このチャンスをどうしてもものにしたいと思い、田沼意次の中老（家老の補佐）潮田内膳《うしおだないぜん》に渡してもらうため土方雄年に金15両を届けた。しかし、再び昇進は見送られた。

同年8月朔日《さくじつ》には、また御広敷番の頭が空席となった。今回の候補者は、大番から孝盛のほか二人、そのほか御広敷番用達の田村金左衛門が候補になった。

今度こそはと思った孝盛は、土方雄年に潮田を招いて振る舞ってもらった。その席で、雄年は直接孝盛のことを頼んでくれ、孝盛からも袴地《はかまじ》2反を贈った。

翌日は、潮田の仲介で若年寄の酒井石見守忠休《いわみのかみただよし》に引き合わせてもらうことになった。孝盛は、鮮鯛1折を持参し、酒井の用人、加藤曽兵衛に金200疋《ぴき》（金二分）を贈った。

しかし、格下の田村金左衛門が御広敷番の頭に昇進する。金左衛門は、書院番の与力という低い身分から立身してきた者で当時は現米80石取りにすぎなかったが、安永5年8月21日から御広敷番用達を務めており、実務には精通していた。あるいは実入りのよい御広敷番用人時代に、かなり蓄財していたのかもしれない。

この直後の同年8月29日、今度は小普請組頭の石丸内膳が退役することになった。度重なる失敗に弱気になっていた孝盛だったが、土方雄年からしきりに勧められ、上司の杉浦の用人へ頼み、候補者となった。

9月10日、小普請組頭の面接があった。孝盛と西丸御小納戸《にしのまるおこなんど》の越智小十郎が出頭した。このように、昇進にあたっては先任の者の面接が行われていたのである。土方雄年は、「今回は奥右筆《おくゆうひつ》の丸毛金次郎にも頼んでいるから大丈夫だ」と告げてきた。奥右筆は老中の秘書官で、人事に隠然たる権限を持っている。

同月12日、孝盛は、高輪千歳屋という丸毛がよく行く茶屋で彼に振る舞いをした。途中から雄年も来てにぎやかに騒いだ。孝盛は、蔵宿から借りた8両で支払いをした。

この効果があったのか、翌日、孝盛は明日登城するようにと命じられた。

昇進後の大借金

14日、期待に胸をふくらませ、朝六つ半時（午前7時頃）に登城した孝盛は、しばらく控えていた後、右筆部屋縁頬《えんがわ》に呼ばれた。

そこには老中が列座しており、月番老中牧野越中守から、

「小普請組支配組頭石丸内膳跡を仰せ付けられ、並の通り役料300俵を下し置かる」

と仰せ渡された。待ちに待った昇進である。

孝盛は大喜びだった。しかし、大変なのはこの後である。世話になった人に多額の礼金を支払わなければならない。親類の土方雄年へ150両、上司の杉浦へは70両である。丸毛からは、最初の約束の20両に5両の上乗せを要求された。土方も杉浦も、好意ばかりで推薦してくれたのではなかったのである。

田沼意次の時代には、出世をするためには多額の礼金が必要だった。それを支払う余裕のある者だけが、空席の際に提出される書上《かきあげ》に名前を載せてもらえた。

孝盛は裕福だったわけではない。彼にとって、計245両もの礼金は年収を超える大金

である。孝盛は、いつも使っていた蔵宿の伊勢屋幾次郎に借金を申し入れた。しかし伊勢屋は、限度額いっぱいだとして融資を断ってきた。

途方にくれた孝盛だったが、別の蔵宿和泉屋喜平次の手代儀兵衛が来て、「うちがすべて引き受け、間に合わせます」と申し出てくれた。小普請組支配組頭になった孝盛なら、返済能力があると踏んだのであろう。そこで、孝盛は借り換えをすることにし、伊勢屋への借金を完済し、残金を礼金にあてた。

孝盛は、小普請組頭になることによって役料の米100俵分収入が増えた。これを飯米や家臣への扶持米にあて、持高の蔵米100俵を和泉屋への返済にあてることにした。これなら3年ほどで元利ともに完済できるはずだった。

賄賂《わいろ》政治で有名な田沼時代でも、お金で役職を買うことはできなかった。家格からかけ離れた役職を望むことはできないし、人事の手続きも従来通りの慣行が守られていた。そのため、礼金を支払うほうも、もらうほうも、賄賂という意識はなかった。しかし、昇進のルートに乗るためには、世話してくれる者に多額の礼金が必要だったのである。

「名誉欲」が治まらない殿様たち——外様大名・伊達家《だてけ》十島津家《しまづけ》

江戸時代、武家の棟梁《とうりょう》である徳川宗家の当主は征夷《せいい》大将軍に任じられ、正二位《しょうにい》内大臣にも任官する。将軍の世子《せし》は従二位大納言《じゅにいだいなごん》に任じられる。

尾張《おわり》・紀伊の徳川家も大納言、水戸の徳川家は中納言である。水戸光圀《みつくに》が「黄門」と呼ばれるのは、黄門が中納言の唐名（中国式の呼び名）だからである。

以下武家の官職は、加賀100万石の前田家が参議、仙台伊達家と薩摩《さつま》の島津家が中将というのが通例である（次頁表参照）。中将は朝廷の有名無実化した軍事組織「近衛府《このえふ》」の次官で、位階は「従四位上《じゅしいのじょう》」以上である。

それ以外の国持大名は少将あるいは侍従で、位階は従四位下、一般の大名の位階は従五位下で、それに相当する官職をもらった。老中や京都所司代は従四位下侍従となり、一般の大名でも30年を超えて藩主の座にあると従四位下に昇った。これを「四品《しほん》」という。

大名の官位

官位名（唐名）	位階	該当例
右大臣・内大臣（右府・内府）	従二位から従一位	徳川宗家の当主
征夷大将軍		徳川宗家の当主
大納言（亜相）	従二位	将軍世子、尾張徳川家 紀伊徳川家
中納言（黄門）	従三位	水戸徳川家
参　議（宰相）	正四位下から従三位	前田家（加賀藩）
中　将	従四位上から正四位上	**伊達家（仙台藩）** **島津家（薩摩藩）**
少　将	従四位下から従四位上	中位の国持大名
侍　従	従四位下	下位の国持大名、老中、京都所司代、準国持大名
四　品	従四位下	準国持大名、 30年以上在任の大名
諸大夫	従五位下	一般大名

従五位下相当の官位は、越前守、豊後守《ぶんごのかみ》などの国司クラスの官職や中央の寮の長官職である。赤穂《あこう》事件で有名な浅野内匠頭《たくみのかみ》は、内匠寮の長官だから内匠頭を名乗る。実名は長矩《ながのり》である。同様に吉良上野《こうずけの》介《すけ》は上野国（現・群馬県）の次官である。上野国は親王が長官である「守」になる親王任国《にんごく》なので、吉良は次官である「介」に任じられた。次官であっても序列は他の国の長官と同格である。

ただし、吉良は、足利《あしかが》家の

血筋を引く高家《こうけ》筆頭の家柄だったため、位階は従四位上と優遇され、従五位下の浅野よりはるかに序列は上だった。

「同格」同士の対抗心

これらの官位（官職と位階）は、本来、朝廷から与えられるものだが、実質的には幕府が与えていた。武家の官位は、慶長16（1611）年以降、公家の官位とは別立てとなっていたから、公家の事情を気にせず、自由に任じてよかったのである。朝廷は、幕府から連絡を受けて任命書類を交付した。大名は、この書類の作成に多額の礼金（中将で250両ほど）を支払ったから、朝廷の大きな収入源となっていた。

単なる称号にすぎない官位を、なぜ大名が重視したかと言えば、この官位によって幕府内の序列が決まってしまうからである。年頭御礼の挨拶《あいさつ》の順番も、官位によって決まり、同じ官位の場合は先任の者が先となった。

譜代大名は役職に就かなければ官位も上がらないので、官位よりも役職に関心をもった。外様大名では、10万石未満では長く藩主を務める以外に官位上昇はない。しかし、外様の国持大名クラスになると、嫡子《ちゃくし》の時に従四位下侍従に任官し、その後昇進していくから、官位の上昇には神経質なほど気を使った。特に似たような家格の大名との対抗意識は大変なもので、しばしば幕府への嘆願合戦が行われた。

なかでも仙台の伊達家と薩摩の島津家は、北と南の雄藩としてほぼ同格の家格だったから、互いに対抗心をもっていた（松平秀治「仙台伊達氏の官位昇進運動について」『史料』15〜17号）。本来は、伊達家の方が昇進が早かったのだが、島津家の場合、将軍の代替わりに琉球使節を参府させる役があり、その功をもって中将に昇進する慣行ができていたから、伊達家としては心穏やかではなかった。

宝暦10（1760）年、9代将軍徳川家重は、病気のため将軍職を家治に譲った。当時の薩摩藩主は島津重豪《しげひで》で16歳。官位は従四位下少将。仙台藩主は伊達重村《しげむら》で19歳、官位は同じく従四位下少将ながら2年先任であった。

代替わりとなると、島津家が琉球使節を参府させ、中将になる可能性がある。焦《あせ》った重村は、老中堀田正亮《まさすけ》へ中将昇進のことを願い、所望に応じて東北産の良馬を贈った。また家重付きの老中松平輝高《てるたか》へも馬2匹を贈り、なんとか重豪より先に昇進しようとした。

ところが、正亮が没するという不幸もあり、希望がかなわないうちに、明和元（1764）年、琉球使節を引率してきた重豪が、その功をもってあっさり従四位上中将に昇進した。重村としては痛恨事であった。しかし、このまま重豪の後塵《こうじん》を拝しているわけにはいかない。せめて同じ中将に昇進しないことには、差が大きすぎる。

伊達家、必死の巻き返し

翌明和2年、江戸に参府した重村は、家臣に次のような手紙を書いて運動するよう命じた（『伊達家文書』）。

「近年は天下一統の覚悟が悪くなり、幕閣要路の方へ手入れ（工作）しない者はなく、たまに手入れしない者があれば、いかに前例先格があっても幕府では吟味もせず、延び延びになり、悪くすると成就しないこともあるという。（中略）松平右近将監《うこんのしょうげん》（武元《たけもと》）殿と田沼主殿頭《とのものかみ》（意次）殿の用人どもへ古田良智（重村の腹臣）を遣わし、格別に懇意にさせ、秋冬までに右の希望を申し入れるようにしたい。手入れが不十分で昇進が遅れては不本意であるが、できるだけのことをしたうえで延びるのは、残念ではあるが仕方がない」

文中、松平武元と田沼意次は、ともに老中である。特に田沼意次は将軍の覚えがめでたく、彼にどれだけ「手入れ」したかによって、昇進の成否が決まるほどの影響力をもっていた。

この手紙の中で重村は、「自分の昇進が遅いわけではないが、これからどれくらい延びるか見当もつかない。もし官位昇進のためになるなら、御手伝い普請《ぶしん》すら厭《いと》わず希望するように」と命じている。

御手伝い普請は、江戸時代初期には江戸城の普請などだったが、この頃は大きな河川の護岸工事などが命じられた。これには莫大《ばくだい》な費用がかかる。しかし、藩財政の悪化や家臣の苦労よりも、自分の昇進のほうが大切だったのである。

しかし、この年の昇進は実現しなかった。相談を持ちかけていた一橋家家老の田沼意誠《おきのぶ》（意次の弟）からは、年が若いという理由だと内々に教えられ、明後年の参府時に再び手入れすれば実現の可能性が大であると告げられた。

明和4年、伊達家は、広島藩浅野家とともに関東諸国河川の浚渫《しゅんせつ》を命じられた。これも昇進のため、積極的に希望したものであろう。参府してきた重村は、田沼意次に自筆の手紙を送って「大望を是非とも成就させたい」と懇願し、自分は中将任官には年若だけれども、家督相続後12年たっており、30歳で任官した父や32歳で任官した祖父よりも長く少将のままであることを訴えた。

重村の父宗村は、家督相続後5年、30歳で昇進、祖父吉村は家督相続後9年、32歳での昇進である。それにくらべて重村は、すでに家督相続後12年たっている。

おそらくこの手紙とともに、伊達家から意次へ多額の前礼（前渡しの礼金）が渡されたであろうことは想像に難くない。意次は、重村への返事で、「心願のことはよく承知している」と述べ、重村を安心させている。

そしてこの年12月18日、重村は、

「格別の思《おぼ》し召《め》しで年若ではあるが従四位上中将に任ずる」

と仰《おお》せ出《いだ》された。ただし、年若での中将任官は、今後の先例にはしないことも同時に申し渡されている。伊達家では、30歳未満の中将任官は異例ということなのだろう。

中将任官とは言っても、ただ肩書と江戸城の席次だけのことである。しかし、大名にとっては、領内政治よりも藩財政よりも、その名誉が大切だった。現代の人事とて似たところがあるから、重村の焦りを笑えない。

「能力主義」で破った人事の停滞——老中・松平定信《まつだいらさだのぶ》

10代将軍家治《いえはる》の信任篤《あつ》かった田沼意次であるが、天明の大飢饉《だいききん》の影響もあり、江戸・大坂などで打ちこわしが頻発したため、天明6（1786）年8月、老中を退くことになった。9月には家治も没し、14歳の家斉《いえなり》が後を継いだ。

この幕府政治の危機的状況のなか、御三家一門などの支持で老中に推されたのが、白河藩主松平定信である。定信は、田安徳川家の出で、8代将軍吉宗の孫という血統だったから、それまで何の役職にも就いていなかったにもかかわらず、天明7年6月、老中首座《しゅざ》（筆頭）の地位に就いた。学問もあり、田沼の賄賂《わいろ》政治には批判的だったから、定信が権力の座に就くと能力重視の抜擢《ばってき》人事が行われた。

定信は、政治の参考にするため、家臣水野為長《ためなが》を使って江戸城内や江戸町中の噂《うわさ》を集めさせた。その書物が『よしの冊子』と題されて今に残っている（『随筆百花苑』中央公論社）。

これを読むと、当時の人がいかに幕府内の人事に関心をもっていたかがよくわかる。

定信が老中首座となった年の暮れには、次のようなことがささやかれていた。

「近頃、見出《みいだ》し（抜擢人事）見出しといって、たとえば小普請《こぶしん》から御勘定《おかんじょう》になったり、与力から御勘定になったりという人事があり、そのほか色々な役職でそういう抜擢人事があるが、勘定所や普請方などはそれぞれの役所に流儀があり、他から突然命じられてもなかなか務まらず、大きな失敗をすることもある」

理想に燃えて改革政治を行おうとする定信だったが、それまでの慣行をやぶり、能力と人柄で役替え（異動）をすると、務まらない者もあった。それは、役所ごとに特有の慣行があって、それを呑《の》み込まないことには仕事にならなかったからである。

定信の人事の特徴は、賄賂やコネでなく、人柄や能力を重視したことである。天明8年暮れには、次のようなことが言われている。

「田沼時分の立身は、賄賂を権門残らず取り候《そうろう》て賄賂の能《よ》き方へ仰せ付けらるに付き、よほど取り溜《た》まる迄《まで》は仰せ付けられこれなき故《ゆえ》、それ迄は手間が懸かり申し候由《よし》、当時（現在）は賄賂は一向ないが、人の善悪を御吟味で仰せ付けらる迄は手間がかかる。きつい違いじゃ」

賄賂が溜まるまで昇進がなかった田沼時代と、慎重に人物を吟味して昇進させる定信時代と、役に命じられるまでにかかる時間は同じでも「きつい違い」があったのである。

人事発表の風景

役に命じられる時は、前日に老中から奉書（将軍の意を伝える文書）で登城が命じられる。昇進を期待する者は、気もそぞろに奉書が来るのを待っていた。

天明8年12月24日、役替えの第一次リストが公表されたので、「そりゃ、26日には次の御役替えがあるだろう」と江戸城中はさざめき、「何役は誰であろう」「誰々は何役だ」と噂が飛び交った。

駿府《すんぷ》町奉行依田五郎左衛門（守寿《もりかず》）は、「よくても悪くても明日は召されるだろう」と、25日は自宅で終日立ち通しで奉書を待っていた（留守居番に昇進）。すでに目付から京都町奉行に昇進していた井上美濃守（利恭《としやす》）などは、「おれは何の構いもないが、明日召される人の評判を聞いていこう」と城に居残っていたという。

定期異動を前にした現代サラリーマンとほとんど変わらない様子である。

第一次の役替えに入った松平但馬守《たじまのかみ》（乗季《のりすえ》）は、居間に臥《ふ》せっていたところへ用人（秘書）がやってきて、「御奉書が参りました」と告げた。

但馬守は、不承不承に起きながら言った。

「何だ、奉書が来たと？　四つ時（午前10時頃）だろう」

「いいえ、五つ半時（午前9時頃）でございます」

「おれが五つ半時とは合点がいかぬ」と言いながら但馬守は奉書を見た。

「なるほど五つ半時だが、おれのような者が何の御役に立つというのだ。宅番支配（小普《こぶ》請組支配《しんぐみ》）でも仰《おお》せ付けられるのか。それでは1000俵の足高《たしだか》か。恐れ入ったことだ」

役の格によって、城に召される時間は違った。五つ半時に召されるのは格の高い役で、病気がちだった但馬守は不審に思ったのである。

こういうやりとりをしている側《そば》に但馬守の娘がいて、「早くおかか様に知らせよう」と言って奥に入っていった。それから松平家では、何の役に仰せ付けられるのか、いろいろと推測し合った。夜中には、人を差配する町人が、「こなた様を明日召させられるとのことで、浦賀奉行だと噂されています。日雇いは何人ほど必要でございましょうや」と意向を聞きにきた。家内では、浦賀奉行の目もあるのかとまた話し合ったという。

昇進を前にした家庭の様子、いち早く情報を聞きつけて旗本邸を訪問する町人など、当時の雰囲気がよく示されている。

但馬守は、大名家の分家で家禄《かろく》1500石。先祖には大目付に昇った者もあり、本人も小納戸《こなんど》を振り出しに小姓、小十人頭《こじゅうにんがしら》、新番頭などを務めたエリートであるが、すでに56歳だった。結局、この時は小普請組支配を命じられるが、翌年8月には没している。

人事権者の器量を示す

定信の人事の特徴は、人物さえよければ低い家禄の旗本でも高い役高の役職に任じたことである。この時、小十人組に39人もの者が番入りしたが、なかには15俵5人扶持《ぶち》の者も入っていた。小十人組は100俵10人扶持の役高だから、85俵5人扶持の「賃上げ」となる。これまでは、あまり足高が多くなる役職には任じられなかったから、その者は「越中様（定信）はありがたい」と拝んでいたという。

この時の人事では、小普請組頭の中川勘三郎（忠英《ただてる》）が目付へ抜擢されたことが評判となった。中川は1000石の旗本で両番の家筋だったから、家格としては問題ないが、小普請組頭はせいぜい徒頭《かちがしら》に進むぐらいで、目付に昇進するのは異例のことである。人を飛び越しての昇進だったため誹《そし》る者もあったが、「随分よい御見出しだ」と評価する声が高かった。

「小普請組頭では森山源五郎（孝盛）と中川ばかりだが、森山より中川がよい。すべて今までのように先例先例で人事を決めるのは考えが狭い。それではいくら才能のある人がいても埋もれてしまう。今の時期は先例にとらわれずに人事を行うので、抜擢された者が大いに仕事に励む。これも西下《せいか》（定信）の御器量だ。なかなか他の者ではできぬ」

学問のある森山孝盛の能力も評価されていたが、中川の評判は孝盛以上によかった。

中川の後妻は、陸奥《むつ》国磐城平《いわきたいら》藩主5万石安藤信成の一度結婚に失敗した妹だった。老中を務めていた信成は、中川が度々訪問してもろくに会ってもやらなかったのに、目付になって挨拶のため訪問した時には、親子で出てきて、懇《ねんご》ろにお祝いの言葉をかけたという。目付は、大名ですら一目置く役職だったのである。

中川は、この後、定信の片腕として能力を発揮し、長崎奉行を経て勘定奉行まで進む。

一方の孝盛も寛政2（1790）年には徒頭に進み、その翌年には目付に抜擢される。大番筋の家柄だった孝盛が目付になれたのは、ひとえに定信の人事政策のおかげだった。

定信は、家格と賄賂で決まる停滞した幕府人事に「能力主義」という原理を持ち込んだのである。

「昇格」を阻まれた鬼平の無念──火付盗賊改・長谷川平蔵《はせがわへいぞう》

テレビ時代劇で中村吉右衛門氏が演じていた鬼平《おにへい》こと長谷川平蔵宣以《のぶため》は、実在の人物である。池波正太郎氏の小説で有名になったのだが、それに先だって、法制史学者瀧川政次郎氏の研究があり、石川島人足寄場の設立などの事跡が明らかにされている。

平蔵が就いていたのは火付盗賊改《ひつけとうぞくあらため》という役で、弓8組、鉄砲20組あった先手組《さきてぐみ》の頭《かしら》（長官）の中から一人が任命され、冬季のみ一人増員となる。先手頭との兼任であることから「加役《かやく》」と呼ばれ、通年任じられている者を「加役本役」、冬季のみの者を「当分加役」という。

この役は、江戸の放火犯や盗賊を捕縛する権限を持っており、町奉行所を補完するものだった。先手頭は与力6〜10騎、同心30〜50人を指揮する役だから、10名ほどで警察業務にあたる町奉行所の同心よりははるかに機動的な警察組織である。

平蔵が火付盗賊改を拝命したのは、天明7（1787）年9月19日のことで、翌8年4月28日にいったん任を解かれているから、最初は当分加役であった。10月2日、再び加役に復帰し、以後は加役本役としてずっとこの職にあった。

平蔵の先祖は、今川氏の家臣で、家康の時代から徳川家に仕えている。本家は1450石、平蔵の家は400石の家禄《かろく》である。父宣雄《のぶお》は、書院番士から小十人頭、先手弓頭をへて京都町奉行にまで栄達している。

平蔵自身も、書院番士となり、進物役などを務め、西の丸の徒頭《かちがしら》に進み、先手弓頭になっている。ここまでは父とほぼ同様である。先手弓頭でなく目付であれば完全な出世コースなのだが、加役を首尾よく務めれば遠国《おんごく》奉行への栄転の可能性もあった。

有能すぎて嫌われる

町方での平蔵の評判は、非常によかった。加役の仕事については、定信も「平蔵ならば」と言うようになったという。江戸の庶民も、「平蔵様、平蔵様」と平蔵が加役でいることを嬉《うれ》しがっていた。

こうした評判を知ってか、平蔵は誰よりも町奉行にふさわしいと自負するようになった。

寛政元（1789）年6月頃、平蔵が次のように「高慢」していることが定信の側近水野為長《ためなが》の『よしの冊子』に書き留められている。

「おれは書物も読めず、何にもしらぬ男だが、町奉行の事と加役の事は、生まれ付き身についているほうだ。今の町奉行は何の役にも立たぬ。町奉行はああしたものではない。いか様な悪党があっても、町奉行や他の加役を勤めた者は、その悪党一人しか捕まえないが、おれは根から葉から吟味して捕まえる。それだとてぶったり押したりしてせめはせぬ。自然と出す仕方がある。町奉行のように石を抱かせ、色々の拷問《ごうもん》にかけて白状させることはせぬ」

平蔵は、確かに町奉行への栄転をねらっていた。あるいは父同様、遠国奉行などに昇進し、その後にと思っていたかもしれない。しかし、寛政元年9月、評判のよくない町奉行山村良旺《たかあきら》が御三卿《ごさんきょう》清水家の家老に異動した後は、京都町奉行池田長恵《ながしげ》が昇進し、平蔵には何の沙汰《さた》もなかった。

寛政3年12月、もう一人の町奉行初鹿野《はじかの》信興《のぶおき》が死んで町奉行が空席となった時には、平蔵が下馬評にあがった。平蔵も、今度こそと思ったかもしれない。

しかし、今度も昇進は見送られ、町奉行には大坂町奉行の小田切直年《なおとし》が昇進してきた。

平蔵が町奉行になれなかったことについて、

「江戸町奉行は御目付を勤めぬものハならぬ。長谷川ハ決してならぬ」

と幕閣で評議されたらしい。これについては、「不自由なことを言うものだ。その任にかなう人物なら、何からでも仰《おお》せ付けてよさそうなものじゃ」という正当な批判もあった。それに小田切も、知行3000石の大身旗本とはいえ目付は務めていない。

実は、平蔵はスタンドプレーが多いことなどから幕閣のウケが悪く、目付を務めてないことを口実に町奉行への道を閉ざされたという側面もあると思われる。『よしの冊子』にも、

「総体御役人ハ平蔵をバにくミ候よし（総じて役人は平蔵を憎んでいる）」

と報告されている。あまりに有能すぎると周囲の反感を買ってしまうのは、理不尽な話ではあるが今も昔も同じである。

しかし、400石ほどの平蔵が、長く加役を務めるのは経済的にもたいへんだった。せめて小田切の後の大坂町奉行にでも行かなければ「腰が抜ける」だろうともっぱらの評判だった。

死の床に届いた「ご褒美《ほうび》」

寛政4年2月頃、平蔵は、いくら職務に出精しても昇進しないことに大いに歎息《たんそく》し、次のように同役などにぼやいたという（『よしの冊子』）。

「まうおれも力がぬけ果てた。しかし越中殿（定信）の御詞《おことば》が涙のこぼれるほど忝《かたじけ》ないから、夫計《そればかり》を力に勤める外には何の目当もない。是《これ》ではまう酒計《ばかり》を呑み死ぬであらふ」

（もうおれも力がぬけ果てた。しかし越中殿の御ことばが涙のこぼれるほどありがたいから、それだけを力に勤務に励む以外には何の目的もない。これではもう、酒ばかりを呑んで死ぬことになるだろう）

自信も能力もあり、さらに精魂こめて役務に勤めても、上司が認めてくれないのはつらいものである。

ただし、平蔵の耳には、定信が「平蔵ならば」といった言葉が届いていた。軽い気持ちでいった言葉かもしれないが、定信の評価は、平蔵の心の支えになっていたのである。

上司に頼りにされ、無理をして頑張る部下の奮闘には報いなければならない。その一番の褒賞《ほうしょう》は昇進だったはずである。

しかし、平蔵を妬《ねた》む役人たちは、平蔵のことをあれこれと悪く言っていた。むしろ江戸の庶民のほうが平蔵を素直に評価し、

「あれ程の御人に御褒美御加増も下されぬのはあまりな事だ。公儀（幕府）も能《よく》ない。何ぞ御ほうびが有りそふなものだ」

と噂《うわさ》していた。

平蔵にようやく褒美が与えられたのは、定信が老中首座の地位を追われた翌年の寛政6年10月29日である。幕府は、平蔵の長年の加役務めの功労を認め、時服《じふく》（季節ごとに将軍から下賜《かし》される服）を賜うた。

定信は、加役としての平蔵は評価していたが、人物としての平蔵は評価していなかった。銭相場に手を出すなどして「山師」との評判があったからである。

その定信が引退して、平蔵の運もようやく開けてきたように思えた。ところが、翌寛政7年4月、平蔵は突然病に倒れた。これまで無理を重ねすぎていたのかもしれない。平蔵の病は日に日に重くなり、平蔵危篤《きとく》の報が将軍家斉《いえなり》の耳にも届いた。

家斉は、平蔵の危篤を聞き、病状を心配する懇《ねんご》ろな言葉をかけ、家斉自身の常備薬である瓊玉膏《けいぎょくこう》を平蔵に分け与えた。将軍のこの破格の扱いに、病床にあった平蔵は、ありがた

さのあまりに涙したことであろう。その4日後の5月19日、平蔵は世を去った。享年《きょうねん》51であった。

「上司」のヒキが大事な女の世界——昇進制度③・大奥女中《おおおくじょちゅう》

江戸時代にも、女性の職場があった。江戸城大奥や、大名、大身旗本の奥である。大奥の場合、将軍付きの女中のほか、御台所《みだいどころ》(正室)や将軍生母などに、多くの女性が仕えていた。

幕末の例を挙げれば、14代将軍家茂《いえもち》付き185人のほか、13代将軍家定《いえさだ》の正室天璋院《てんしょういん》付き、家定生母本寿院付き、家茂の正室和宮《かずのみや》付き、家茂生母の実成院付きなど、合わせて400人ほどが奉公していた。

これらの奥女中の多くは、旗本や御家人の娘である。公募の求人があるわけではなく、大奥に勤める知人を通して奉公に出た。三田村鳶魚《えんぎょ》氏が聞き取りをした大岡ませ子の場合は、伯母である御年寄《おとしより》の滝山の部屋子(私的使用人)となり、そこから「お次《つぎ》」に出仕し、天璋院付きの「御中臈《おちゅうろう》」に昇進した。

重い役職の者以外は勤務を辞めて結婚することも許されたが、しきたりも厳しく、宿下りも何年かに一度だったから、それなりの覚悟がなくてはやっていけない。三田村鳶魚氏は、旗本の子女が大奥奉公に出るのは、家が貧しかったからで、我が身を犠牲にして親や兄弟を助けようとしたのだと推測している（『御殿女中』）。そういうケースも多かっただろう。

大奥内の「適材適所」

大奥で将軍の寵愛《ちょうあい》を受けているのは、ごく一部の者である。その他の者は、それぞれに与えられた役職を務めることになる。

最上位の役職は、御台所付きの「上﨟御年寄」で、京都の公家の娘が務めた。宮家や五摂家から嫁《か》してくる御台所のお相手役で、実権はない（次頁表参照）。

一番権力を持つのは「御年寄（老女）」で、大奥の最高責任者である。小姓や小納戸《こなんど》など奥向きの重職を務める旗本の子女の場合が多い。格式は老中に匹敵し、将軍の子を産んだだけでは「御中﨟」にすぎないから、それよりも地位は高い。将軍の愛《あい》妾《しょう》に権力を持たせないためだったと言われる。

大奥の主な役職

上臈御年寄	御台所の側近く仕える
御年寄	大奥の最高責任者
御客応接	家門の女使の応接（老女等の隠居役）
中年寄	御台所付き御年寄の代理
御中臈	将軍や御台所の身辺の世話
御錠口	御錠口の管理と中奥との取次
表使	大名家との交際、大奥の買い物
御右筆	日記や書状の執筆
お次	道具や献上品の点検、持ち運び
御切手書	大奥に出入りする者の改め
呉服の間	将軍や御台所の呉服の裁縫
御広座敷	表使の補助、女使の膳部の世話
お三の間	居間の掃除、御年寄等の雑用
御仲居	献立一切の煮炊き
火の番	大奥を巡回して火の元を取り締まる
御使番	表使の下働き、広敷役人との取次
お末	掃除、風呂、膳所用の水汲みなど

〔出典：深井雅海『図解・江戸城を読む』（原書房）〕

旗本の子女が大奥に奉公する場合、最初は御目見得《おめみえ》以下の「お三《さん》の間」に召し出されることが多い。

お三の間は、居間の掃除や毎朝の湯水の準備や、御年寄・御客応接《あしらい》・御中臈詰所の雑用などが仕事である。また、大奥内で将軍の楽しみのための音曲・狂言などの催しがあれば、「お次」の女中とともに選ばれて演じる。

このため、大奥奉公にあたっては、遊芸一通りの心得がなければならなかった。こうした催しの際に、将軍の目に留まることもあり、そうなれば一挙に御中﨟に昇進する。

もっとも、時には将軍の側室になるのを嫌がる者もいる。そういう場合は、御年寄が「親がどうなってもよいのか」などと脅したと言われるが、実際は拒否してもよかった。ただし、勤めは辞める必要がある。

御中﨟にならない女中は、達筆であれば「御右筆《ゆうひつ》」に昇進し、日記や諸大名に出す手紙を書く。手先が器用なら御台所の服装の裁縫を司《つかさど》る「呉服の間」に昇進する。さらに技術が上達すれば、それぞれの組頭に昇進する。

給金を見ると、お三の間が5石2人扶持、合力金《こうりよくきん》15両、呉服の間以上だと、8石3人扶持、合力金が20両から25両である。御中﨟になると、20石4人扶持、合力金40両だから、御中﨟になることがいかに出世かがわかる。

大奥女中は、御右筆から御右筆組頭となり、「表使《おもてづかい》」に昇進するというのが好まれたコースだった。表使は、12石3人扶持、合力金30両で、諸大名の奥との交際を担当する大奥女中の花形である。また、大奥の買い物も担当し、御年寄の代参にも供する。諸大名家に残る大奥女中の書状は、この表使の名前で出されている。

ちなみに、お三の間や御中﨟は「おみき」「おすわ」などの女性名であるが、表使や御年寄は「滝山」「浦尾」などの、名字名を名乗る。実家の名前ではなく、役に就いた名前で、昇進すれば名前が変わる。

選ばれた女性の「働きがい」

大奥女中の出世は表使止まりが一般的だが、それ以上の昇進には覚悟もいった。御中﨟以上の重い役職者は、宿下りが許されなくなり、一生奉公となるのである。

御中﨟は、将軍の寵愛を受ける者と、ただ格式として位置付けられる者の両者がある。一生奉公を決意すれば、御中﨟、「中年寄《ちゅうどしより》」などを経て御年寄に昇進する道も開ける。御年寄になれば、給与は50石10人扶持、合力金60両となり、300坪ほどの江戸の町屋敷も支給される。ここから上がる家賃は、実家の貴重な収入になった。

大奥では、「一ヒキ、二運、三女」という。昇進のためには御年寄など権力者のヒキが最も力があり、昇進する役職が空席になるなどの運がその次である。女（容姿）は、将軍の目に留まらない場合は、女の世界だけにそれほどの重要性はなかった。こういう言葉が残っていること自体に、その出世競争の厳しさが窺《うかが》える。

大奥に勤めるということは、直接将軍やその正室である御台所に仕え、働くということである。この時代にあっては誇らしいことで、仕事に充実感もあった。仕事か結婚かで悩む現代女性以上に働きがいのある仕事ではあっただろう。

旗本の多くは経済的に困窮している。だからこそ、娘を大奥奉公に出すのである。窮乏生活の実家を思い起こした時、似たような分限の旗本と結婚して同様の境遇になるより、このまま大奥で昇進し、老中と同格の御年寄をめざそうという気持ちもわかる気がする。

一方、「御仲居」など御目見得以下の役は、町人や百姓身分の者の子女が務める。「お末《すえ》」は、風呂や膳所の水汲《く》み、姫君の乗り物を担《かつ》ぐ力仕事に従事する。このような仕事は町方出身の者では役に立たず、農民の子女が重宝された。特に幕領や御三卿《ごさんきょう》の領地があった江戸近郊の多摩地方からは、大奥や御三卿の奥に奉公に出る者が多かった。

やはり大奥に奉公する親類などの紹介で召し出されるもので、名主など有力百姓の子女だった。若い頃の給金などは知れたものだったから、これはお金のためではなく、奥女中になることによって身分に箔《はく》が付き、良縁を望むことができたことによる。町人や農民にとって、子女を奥奉公させるのは、現在なら女子大に通わすようなものだった。そのため、幼い頃から琴や手習いなどの習い事をさせ伝手《つて》を頼って奉公に出したのである。

ただし、奥奉公は、そういう役割だけではない。30歳過ぎまで奉公すればそれなりに昇進し、このまま結婚しないで一生奉公を続けようかと迷っている農民出身の娘がいる。また、一度結婚して失敗し、再び奥奉公に戻ることで自分の生活を支えようとする者もいた（畑尚子『江戸奥女中物語』講談社）。興味本位で語られがちな御殿女中であるが、彼女らは、みな親の生活や自分の人生をよく見据えて真剣に生きていたのである。

「試験」で拓けた出世への道——登用制度・学問吟味《がくもんぎんみ》

江戸時代中期までの武士にとって、学問はなくても困らないものだった。5代将軍綱吉のように、自ら儒学の講義をする好学の将軍もいたが、一般の武士たちはあまり熱心ではなかった。

田沼意次の時代、大番入りした旗本森山孝盛は、同僚に学問のある者がなく、上司に提出する親類書すら大勢の同僚に頼まれたと述懐している。旗本ですら、多くの人は素読を通して文字を覚えるぐらいのものだったのである。

しかし、学問好きな松平定信が老中首座となり、学問のある者が幕府の重要な役職に抜《ばっ》擢《てき》されるようになる。これによって、大番家筋だった森山孝盛も、目付に抜擢された。さらに定信は、幕府の学問を司《つかさど》る林家の私塾を、官学である昌平坂学問所に改組し、この学問所で、幕臣に対する学問吟味を行うことにした。

目付として学問所担当となった森山孝盛は、重職にある役人にも学問吟味が必要であると上申した。しかし、定信は却下した。

「布衣《ほい》以上の役人には当然学問があるはずで、今さら試す必要はない」

という理由だったが、これは口実で、混乱を生じさせないためだった。

たとえば、会社で部課長級の人まで日本史の試験をするといえば、抵抗が大きいだろう。教養としては必要であるが、実務には関係ない。

朱子学の知識も、直接実務には関係ないが、役人の教養としては必要である。そもそも学問に励むという姿勢自体が、役人への適性を示している。現在の役人の人事考課のためではなく、埋もれている人材を学問吟味によって見いだし、将来の布石にしようというのが定信の意図だったのである。

出世のパスポート

寛政4(1792)年9月、第1回学問吟味が行われた。四書五経(論語、孟子など儒学の基礎文献)の知識を問う問題が出題されたが、受験者に対する判定者の評価がまちまちで及第者が出ず、失敗に終わった。

しかし、寛政6年の第2回学問吟味では、甲科で遠山金四郎（景晋《かげみち》）などの及第者が出、以後、第6回学問吟味まで、3年に1度の頻度で学問吟味が実施された。

学問吟味の受験者総数は、毎回200〜300人、甲科・乙科・丙科3段階の及第があった。甲科は2人から7人、乙科は6人から49人と狭き門で、褒美《ほうび》の言葉と金品が下賜《かし》された。丙科及第は10人から55人に与えられ、乙科以上に及第するまで吟味を受けることが奨励された。

もと薩摩《さつま》藩の漢学者で帝国大学文科大学教授となった重野安繹《やすつぐ》は、「出世に関係する。あそこを及第すると履歴になりますからな」と言っている（『旧事諮問《しもん》録』岩波書店）。乙科以上の及第者は、出世のパスポートを手に入れたようなものだった。

第2回学問吟味の甲科及第者遠山景晋は、「遠山の金さん」こと町奉行遠山景元の父である。小姓組の番士だった景晋は、6年後、布衣以上の役職である徒頭《かちがしら》に昇進し、目付を経て諸大夫《しょだいぶ》役の長崎奉行に昇進、以後、作事奉行、勘定奉行《かんじょう》を歴任した（次頁表参照）。

同じく甲科及第者大田直次郎（南畝《なんぽ》）は、御徒《おかち》から支配勘定に登用された。これは御目見得以下の役職にすぎないが、それまで世をすねて戯作《げさく》に励んでいた大田が、以後は勘定所の職務に励んだという。

役職表 ※城中の席次順。格が高い方から低い方へ（一部省略）

諸大夫役（従五位下）

側衆、駿府城代、伏見奉行、留守居、大番頭、書院番頭、小姓組番頭、大目付、町奉行、勘定奉行、作事奉行、普請奉行、小普請奉行、甲府勤番支配、長崎奉行、京都町奉行、大坂町奉行、禁裏附、山田奉行、奈良奉行、駿府町奉行、佐渡奉行

布衣役（六位相当）

小普請組支配、新番頭、持弓頭、持筒頭、御広敷用人、大坂舟手頭、目付、使番、書院番組頭、小姓組組頭、駿府勤番組頭、西丸御裏門番頭、徒頭、小十人頭、御小納戸頭取、御舟手頭、御納戸頭、御腰物奉行、御鷹匠頭、勘定吟味役

〔出典：柴田宵曲編『幕末の武家』（青蛙房）〕

大田の事例でわかるように、学問吟味に甲科で及第しても、登用される役職は自分の家格相当のものにすぎない。しかし、学問吟味がなければ一生御徒にとどまった可能性が高いことを考えれば、大きな意味があった。少し時代が下れば、支配勘定から勘定奉行にまで出世する川路聖謨《かわじとしあきら》のようなケースも出てくるのである。

学問吟味は、財政難のため一時中断されたが、文政元（1818）年に第7回が実施され、以後は5年に1度の頻度で実施された。

学問所は、学問吟味の権威を高めるため、及第者の召し出しを幕府に願った。

教育史学者の橋本昭彦氏は、その結果として、甲科・乙科の及第者は、部屋住みの者なら番入りが命じられ、家督を継いで番入りしている者は、役職に任命されるようになったことを明らかにしている(『江戸幕府試験制度史の研究』風間書房)。

しかも、学問吟味の及第は、幕臣としては名誉だった。旗本の子弟のなかには、学問吟味が予定される年の2、3年前から受験勉強をする者が出てくるようになる。遠山景晋が子孫のため自分の答案や受験の心得を書いた『対策則』は、写本として流布《るふ》し、受験参考書として使われたという。

見識を試す論述試験

ただし、幕府の昇進政策は、依然として家格重視であったことも事実である。学問吟味は義務ではなかったから、学問吟味を受けずに昇進するほうが主流だった。

しかし、それは、学問吟味を受ける者にとっては、当然の前提であった。家格の低い者は、学問がないとスタート地点にさえ立てない。学問に励めば、番入りや昇進の可能性が開けてくる。そうなると、家格の高い者でも学問に無関心ではいられなくなる。こうして学問は、武士にとって避けては通れないものになった。

それでは、学問吟味では、どのような問題が出されたのだろうか。

2004年4月に開催された国立公文書館の特別展には、「江戸城多聞櫓《たもんやぐら》文書」から珍しい学問吟味の試験問題の原本が展示されていた。

それによると、中国古典の内容を問う「問目」では、次のような問題が出題されている。

「李広《りこう》の方略、文帝（前漢第5代皇帝）に知らるるといへども、大いに用ゐられず、数奇不遇、遂《つい》に封侯を得るあたはざるは何故《なにゆえ》にや、その説を聞かん」

北方の遊牧民族である匈奴《きょうど》と戦って功績をあげた李広の事跡を知らないとできるものではなく、司馬遷《しばせん》の『史記』など中国古典の内容に精通することが必要だったことがわかる。

また論文問題である「論題」は、次のようなものである。

「仁者必有勇（仁者は必ず勇有り）」

この言葉をいかに解釈するかが問われた。我流の解釈では不合格で、朱子学にのっとった正統な解釈が求められた。

さらに注目すべきなのは、課題に対する解決策を述べる「策題」という試験科目があったことで、

「省冗費（冗費を省く）」

「育人材（人材を育てる）」

などの問題が出されている。

この問題がいつ出されたものかは不明だが、幕末になると、幕政に対して提言を行わせるような問題も出るようになったことを推測させる。こうなると、漢籍の素養だけでは不十分で、広い視野をもった勉強が必要だっただろう。

試験の採点は、試験官が特定の受験者にひいきすることを防止するため、答案作成者の姓名を隠し、さらに筆跡から作成者がわからないように、答案を読み上げながら採点したという。

こうした厳密な試験制度は、官吏養成学校としての帝国大学の入学試験として受け継がれた。受験制度はよく批判されるが、導入された当初は家格制度を相対化するものだったのである。

「個性」と肩書で強権発動——大老《たいろう》・井伊直弼《いいなおすけ》

江戸幕府の「大老」職は、幕府機構最高の役職である。ただし常置の職ではなく、ふだんは老中が政治の最高責任者であった。「大老」の職名が使われるのも、元禄頃からである。

これまでの研究では、寛永15（1638）年、古河藩主土井利勝《どいとしかつ》と小浜藩主酒井忠勝《さかいただかつ》（讃岐守家《さぬきのかみ》）が、日常政務を免除され大事な件にのみ関わることになったことをもって大老職の創出とされる。

しかし、元禄10（1697）年以降、慶応元（1865）年就任の姫路藩主酒井忠績《ただしげ》（雅楽頭家《うたのかみ》）を除き、大老職が井伊家のみのものになることを考えれば、寛永9年、大御所徳川秀忠が没し、3代将軍家光が政治を行うにあたって、彦根藩主井伊直孝《なおたか》を「元老」として重く用いたことを位置付ける必要があると思う。

4代将軍家綱の時、厩橋《うまやばし》（前橋）藩主酒井忠清（雅楽頭家）が大老として政治の実権を握り、5代将軍綱吉の初期には、佐倉藩主堀田正俊が大老となる。しかし、正俊が江戸城で刺殺された後は、しばらく大老が置かれない。

これは、綱吉が、側用人《そばようにん》柳沢吉保《よしやす》を重用したことと関係がある。しかし吉保は、元禄11年、少将に任じられ大老格になるが、職務は側用人のままで、大老にはなれない。

元禄8年、彦根藩主井伊直興《なおおき》が老中上座とされ、同10年に大老に任じられる。直興は同13年に大老職を辞めるが、6代将軍家宣《いえのぶ》の時、直該《なおもり》と改名していた直興が再度大老を務める。これ以後、大老を出す家は長く井伊家だけになる。

井伊家は、譜代大名の最上位に位置付けられており、官位は少将か中将、江戸城の詰所も溜《たまり》の間である。この部屋は、井伊家のほか会津松平家、越前松平家など徳川一門の重鎮で構成され、平時でも政治顧問的存在である。なかでも井伊家は、大老に任じられる家格を誇っていた。

ただし、直該が2度大老を務めて以後、直幸《なおひで》、直亮《なおあき》、直弼《なおすけ》の3人しか大老になっていない。その上、直弼以外は目立った働きをしておらず、大老職は、井伊家当主の名誉職的なものになっていた。ところが、幕末の難局の中で大老となった井伊直弼は、そのような大老職の権限を一変させる働きをすることになる。

後継争いの渦中で

第13代将軍家定の時、アメリカ使節ペリーが来航し、日本の開国を要求した。このような国難もあって、子供がなかった将軍家定の継嗣問題が、重大な政治問題となる。

養君（将軍世子となるべき養子）候補となったのは、英明と評判の高い御三卿《ごさんきょう》の一橋慶喜《よしのぶ》と、御三家紀州藩主徳川慶福《よしとみ》の二人である。一橋家から将軍を継いだ家斉《いえなり》の例を見ると、御三卿のほうが将軍家の血筋に近く有力なはずだが、慶喜は一橋家の養子で実は水戸藩主徳川斉昭《なりあき》の子、慶福は紀州藩に養子に入った家斉の七男斉順《なりゆき》の子で、どちらも有力候補だった。

慶喜を推すのは、水戸家や福井藩主松平慶永《よしなが》らであり、薩摩《さつま》藩の島津斉彬《なりあきら》ら雄藩大名や幕府海防掛の諸役人も、指導力のある将軍を望んでいた（一橋派）。

一方、慶福を推したのは、紀州藩付家老水野忠英と彦根藩主井伊直弼であり、幕閣を形成する譜代大名の多くもそれを支持した（南紀派）。大奥も、将軍家定の従兄弟《いとこ》でまだ幼い慶福のほうを望んでいた。

将軍継嗣が幕府を二分する争いになった場合、双方ともに決め手がない。そのため一橋派は、形式的には将軍を任命する立場にある天皇に、慶喜を養君にするよう命じてもらおうとまでした。こうした混乱の中、幕閣は、松平慶永に大老《おお》を仰せ付けられてはどうかと上申した。慶永の越前松平家は、家康の次男秀康に始まる徳川一門の重鎮である。

しかし、将軍家定は、次のような上意を述べた（「公用方秘録」『井伊大老の研究』第一号）。

「家柄と申し、人物に候はば、彦根を指置《さしおき》、越前へ仰せ付けらるべき筋これなし、掃部頭《かもんのかみ》（直弼）へ仰せ付けらるべし」

人がいないならともかく、大老を出す家柄である井伊家に直弼という人材がいる以上、彼を差し置いて慶永を大老に任ずる筋はない、と家定は明言したのである。

家定の意向により、直弼は、安政５（１８５８）年4月23日、大老に任じられた。

独裁的な権力

大老は、老中と違って一人役である。定まった職責があったわけではないが、幕府職制の最高位として、毎日登城し、老中と同道する時は一、二歩も先だって歩いた。そうした重い格式であっただけに、腕を振るおうとすれば振るうこともできる役職だった。

直弼大老就任直後の同年5月朔日《さくじつ》、将軍家定は、大老・老中を集めた席上で継嗣を紀州家の徳川慶福に定める旨《むね》を申し渡した。

この将軍継嗣人事を主導したのは、当然直弼である。決断力に欠ける家定も、直弼の強力な補佐があってこのようなことができたのだろう。ただし、将軍継嗣決定に、将軍が直々に上意を表明するという手続きがあったことは注目すべきである。将軍継嗣の決定は主家である徳川宗家の問題であって、諸大名や家臣が口を出せる性格のものではないからで、家定自身の言葉で将軍継嗣を発表する必要があったのである。

6月19日、直弼は、世論の反対を黙殺して日米修好通商条約に調印し、25日には将軍継嗣を慶福に定める旨を公式に発表した。慶福は、家茂《いえもち》と改名して江戸城西の丸に入った。

ここまで舞台を創《つく》り上げた家定は、この年7月6日に没する。大奥では、水戸・尾張・一橋・越前などによる毒殺であるとの噂《うわさ》も流れた（畑尚子『江戸奥女中物語』）。徳川一門の分裂が傍目《はため》にも明らかだったのである。

家定の後を継いだ家茂は、この年12月朔日将軍宣下を受ける。時に13歳の若さであった。

将軍継嗣争いに敗れた一橋派は、条約調印の勅許（天皇の許可）がなかったことで、不時登城（規定以外の日に登城すること）を行い、激しく直弼を非難した。しかし直弼は、不時登城を行ったことを理由に謹慎処分などを科した。

これが大弾圧事件である「安政の大獄」の始まりである。御三家という高い家格の斉昭への処分は、

「思召御旨《おぼしめし》も在《あら》せられ候に付き（お考えの旨もあらせられるので）」

というように、翌日に死去する将軍の上意を前面に立てたものであった（『幕末外国関係文書』）。家臣の立場である直弼の一存では、徳川一門への処分は難しい。依然として将軍の権威は、幕府の構成員には絶対的なものとして存在していたのである。

幕府政治において、いかなる決定も最終的には将軍の意思が確認され、将軍の名において発表された。直弼が大老になるにあたっても、将軍家定の意思が決定的な役割を果たしたことはすでに見た通りである。直弼が、開国という幕府政治の重大な転機を迎え、それまでの大老に見られないほどの権力を振るいえたのも、家定の信任が、直弼に大きな力を与えていたからである。

しかし、大老職を独裁的な地位にまで高めたのは直弼の力である。重く位置付けられた職を、実質的な権力を振るえる職にするかどうかは、その職に任じられた者の個性によるのである。

「左遷」を恐れない叩き上げ――外国奉行・川路聖謨《かわじとしあきら》

17世紀中頃から、御家人や下級旗本の身分が、金銭で売買されるようになる。裕福な百姓・町人が金を出して「株」と言われた幕府の役職を買い、養子縁組の手続きをとって武士身分に成り上がったのである。

御家人株の売買は高額で、80石取りの与力は1000両、30俵2人扶持《ぶち》の御先手組の同心は200両が相場である。しかし、わずかな扶持でも出仕させるべき子供がいれば、後々それだけの給与が保証されるので、裕福な町人らにしてみれば投資の意味もあった。

こうした実態を見ると、身分制度が崩れかかっているようだが、優秀な人材を武士身分に吸収することにもなった。実際、幕末にはこうして登用された者たちが活躍し、幕府を支えたのである。

赤貧からの立身

幕末に勘定《かんじょう》奉行や外国奉行を歴任する川路聖謨は、享和《きょうわ》元（1801）年、豊後（現・大分県）日田代官所下級吏員内藤吉兵衛の長男として生まれた。父吉兵衛は、甲州浪人を称し、各地を流浪《るろう》した末に日田代官所で召し抱えられた者である。

文化5（1808）年、吉兵衛は、聖謨8歳の時、江戸に出て御徒《おかち》の株を取得し、幕府の徒士組に編入された。70俵5人扶持の御徒の株は500両もしたから、代官所勤務のうちに蓄財したのであろう。ただし、聖謨は赤貧の中で成長したと回想しているから、将来を見越して吉兵衛は、かなり切り詰めた生活をしていたのである。

文化9年、聖謨は、旗本川路三左衛門の養子になり、小普請《こぶしん》組に編入された。川路家は90俵3人扶持という下級旗本である。努力家の聖謨は、文化14年、勘定所の下級吏員資格試験である筆算吟味に及第した。そして奔走の末、翌年、支配勘定出役に採用された。これは、勘定所の定員外の最下級ランクの役職である。

聖謨は、文政4（1821）年、21歳にして支配勘定本役となり、同6年勘定評定所留役、同11年寺社奉行吟味物調役、天保2（1831）年勘定組頭格と順調に昇進していく。

低い家格ながらも、能力が傑出していたのであろう。

しかし、普通ならここまでである。ところが、天保6年、但馬出石藩仙石家《たじまいずしせんごくけ》の御家騒動の処理に派遣され、それを敏速的確に処理したところから能吏としての評判を取ることになり、同7年には36歳にして勘定吟味役に抜擢《ばってき》された。勘定吟味役と言えば、末席とはいえ布衣《ほい》役であり、しかも権限は勘定奉行に匹敵する重要な役職である。

しかし、旗本の間では、三河以来の家柄を重んずる強い家格意識が根強く存在した。たまたま低い身分の者が昇進するのは、励みにもなりよいことだが、それが常態になるのは問題だという意見が一般的だった。幕府内では、旗本の家格制こそが幕府秩序を守ることになるという共通認識が存在したのである。

父が御家人株を買って幕臣の仲間入りをした新参者の聖謨も、この家格制の壁に苦しめられた。聖謨の書いた随筆である「遊芸園随筆」（『日本随筆大成』吉川弘文館）には、勘定吟味役に抜擢された時のこととして、次のように書かれている。

「格別の選挙にあひし身にしあれば、人の陰ごと申ことも少なからず」

異例の昇進を遂げた聖謨に対して、周囲の者が陰口を言うこともよくあったのである。

そのため、親しい友人から、「こゝろして左遷《させん》のことなきよふにせよ」と忠告された。

言動に気をつけ、左遷されないようにせよと言うのである。これは聖謨の身のためを思ってのことだった。しかし、聖謨は、友人の厚意には感謝しながら、次のように述べる。

「然《しか》あれど、予軽きものよりして布衣以上の御役人に加られ、既に家柄旧家の面々と坐を同、ひざをならべて人がましくものいひながら、自家のことおもひはかりて黙止居らんには、もの、夫の戦にのぞみて命をおしむとおなじかるべきにや」

（しかし、自分は低い家格から登用されて布衣以上の御役人に加えられ、今現在、古い家柄を誇る人々と同じ座にすわり、膝《ひざ》をならべて一人前のことをしゃべっているのに、自分の身の安全を考えて言いたいことも言わないでいるのは、武士が戦いに出陣して命を惜しむのと同じことではないだろうか）

聖謨は、これほどの決意をもって役にあたっていたのである。これは、低い身分から登用してくれた将軍への忠誠心の表れであった。

聖謨は、役にある旗本が少しでも賄賂《わいろ》などを取ると、その家来たちが主人の権威を背景に金子を貪《むさぼ》り取ることをよく知っていた。そのため、身はあくまで清廉《せいれん》潔白に保ち、左遷を恐れず、正しいと思うことはあくまで主張した。

人事権者の恩に殉じる

天保11年、聖謨は、佐渡一揆《いっき》の事後処理のため佐渡奉行として佐渡に遣わされる（40歳）。能吏としての腕が買われたのであろう。翌年江戸に帰り、小普請奉行、次いで普請奉行を歴任する。そして弘化3（1846）年には奈良奉行に転出する（46歳）。

奈良奉行は諸大夫《しょだいぶ》役であり、任地に向かう行列は、大名並みの格式である。晴れがましい行列の駕籠《かご》の中にあって聖謨は、ついにここまでになったかと、自分を抜擢してくれた将軍の恩を思い、涙をこぼす。聖謨にとって昇進は、職務に精励することのバネになっていたのである。次いで大坂町奉行を経た聖謨は、嘉永5（1852）年、勘定奉行に栄転する（52歳）。これが彼の絶頂であった。

嘉永6年、アメリカ使節ペリーが、黒船4隻《せき》を率いて浦賀に来航し、翌年には、ロシア使節プチャーチンも伊豆下田に来航する。聖謨は、プチャーチンの応接掛として、困難な業務をこなした。

当時幕府内では、将軍家定の後継者をめぐって南紀派と一橋派が対立していた。聖謨は、幕府権力を立て直すためには、英明な将軍が必要だと考え、内心一橋派を支持していた。

このことが彼の落とし穴となる。将軍家定の信任を得て大老となった彦根藩主井伊直弼は、一橋派を弾圧した。聖謨も西の丸留守居へと左遷され、さらに蟄居《ちっきょ》を命じられる。

文久3（1863）年5月、再び外国奉行として政治の前面に立つが、10月には体力の衰弱を理由に職を辞した。元治元（1864）年には、中風の発作を起こして半身不随となる。そして明治元（1868）年3月15日、江戸城開城の風説を聞き、腹を切った上でピストル自殺をとげた。享年《きょうねん》68だった。

聖謨の生涯を見ると、低い身分から取り立てられた者は、代々旗本であった者たち以上に将軍の恩を実感することになり、その感謝の念が職務に精励することのバネとなっていたことがわかる。幕府海軍を率いて蝦夷地《えぞち》まで赴き、最後まで新政府軍と戦った榎本武揚《えのもとたけあき》も御徒の出身だったし、新撰組《しんせんぐみ》の土方歳三《ひじかたとしぞう》も多摩の農民出身である。

滅びゆく幕府に殉じたのは、「家柄旧家の面々」ではなく、聖謨や榎本のような「格別の選挙」にあった旗本たちだったのである。

巻末座談会——日本史にみる「出世の壁」

日本史を貫く「律令制」の遺産

——本書の目的の一つは、日本的な人事の特徴を歴史のなかに探ることでした。

遠山美都男　日本的人事というものがあるとすれば、その大もとは、6、7世紀頃に導入された律令制のシステムでしょう。

その特徴は、たとえば、最高権力者（天皇）に人事権のすべてをもたせない。律令制の導入以前、大化の改新のときに、孝徳天皇が自ら勤務評定を行って、それで組織がぼろぼろになるんですね。

律令制においては、その反省から、人事権の階層的掌握というのをはっきり打ち出した。『派閥』を広げた血のつながり」（本書P81）で書いた「勅授《ちょくじゅ》」「奏授《そうじゅ》」「判授《はんじゅ》」というのがそれです。勅授は五位以上の人事で天皇自身が決める。それ以下は大臣などが決める、と。これは人事システム上の大きな進歩で、現在にもつながる律令制の遺産だと思います。

関　幸彦　日本史のなかでの影響力で言えば、その律令制が定めた「官位」という肩書の力、これが巨大だったと思う。官位とは、「正五位」とかいう位階と、「右大臣」とか「征《せい》夷《い》大将軍」という官職ですね。

この官位や官職の力が、日本の人事のすべてを規定してきたと言ってもいいくらいです。鎌倉以降、武力という実力が幅をきかせ、朝廷は武家政権の敵ではなかった。しかし、その武家の実力者ですら、朝廷が授ける官位を最終的に拒絶できた者はいない。

もちろん、それと距離をおこうとする者はいました。私が書いた源頼朝のように。しかし結局、彼も大納言や征夷大将軍になり、すぐ辞職するにせよ、その肩書を利用する。

山本さんが書かれたように、織田信長ですら拒絶しなかったし（P246「『肩書』は実力の後についてくる」）、秀吉は「関白」という官職を積極的に利用します（P252「『権威』を利用して天下を掌握」）。

山本博文　徳川家康も、かつての主君である豊臣家より自分が上であることを示すために、「征夷大将軍」という官職をもらわなければならなかった。

徳川幕府は、実質上、日本を支配する新王朝にほかならなかったのですが、官職を授けられている以上、旧王朝のはずの朝廷の「下」に位置することにもなるわけですね。

——その結果、武家政権の構成員たちは、朝廷の授ける官位と、幕府内での役職という、2種類の肩書をもち続けたわけですね。考えてみれば、これは今の官僚や会社組織の人事でも同じかもしれない。等級と役職という二重身分になっている。

遠山　ある等級に達しないと、ある役職につけない。最初に位があって、それに役職がつくというのは「官位相当制」、律令制そのものですね。

山本　欧米ではどうなんでしょうね。等級なんかは本来不要で、能力と役職、そして給料がストレートに結びつくのが合理的でしょう。日本独自のものとすれば、やはり律令制の遺産かな。

それはともかく、その権威の二重性が、結局、江戸幕府の足をすくうことになる。「真の主人」は徳川ではなく天皇だという尊王思想が、幕府を倒すことになるのですから。

「人事の壁」のなかでの満足感

――律令制に発する官位という肩書が、権力構造の変化にもかかわらず、ずっと力をもった。そのことが、日本というシステムの安定性に寄与したと言えないでしょうか。

関　そうかもしれない。しかし、安定は停滞と裏表ですからね。

歴史的にみて日本の人事システムの悪い面は、「壁」の厚さです。官位でいえば五位未満と五位以上の間に壁があって、そこを突き破って人材が登用されなかった。豪族と貴族、あるいは地方と中央の間の壁も同様です。その壁の内部でしか人事が循環しない。

中国の科挙のような試験制度があったなら、武力によらずともその壁を破って、優秀な人材が地方から出てこられたでしょう。


遠山　それはたしかに、古代に律令制が導入された時からある問題ですね。

試験制度は、律令制のなかでもごく一部で採用されたけれど、正規のコースではない。大抜擢《ばってき》ができない仕組みに最初からなっている。

そのうえ平安時代になると、官僚のポスト自体が「家」に固定してくる。そうなると、どうしても既得権の保持が人事のポイントになる。

山本　江戸時代には、朝廷の人事とは別に幕府のなかでの昇進制度があって、それはそれで機能しました。しかし、町奉行、遠国《おんごく》奉行などの重要な役職は、家柄のある旗本しかなれなかった。
試験制度はなかなか導入されません。松平定信《さだのぶ》が学問吟味というのを始めました（P338「『能力主義』で破った人事の停滞」）が、決して主流ではない。試験制度が主流になったのは明治からです。

昇進の壁は、いまでもキャリアとノンキャリアというふうに残っていますね。

関　私は以前、役人だったから、その壁の厚さはよく分かっています。キャリアとノンキャリは、暗黙のうちに、お互いの領分を荒らさないよう最初から棲《す》み分けている。

山本　しかし、人間というのは、ある範囲内の、そこそこの出世でも、意外に満足するものですよ（笑）。ずっと同じ地位ではイヤだろうけど。

昔の人も、従五位下が従五位上になったくらいで、大喜びしたのでしょう。それがシステムの安定をもたらす。少しの出世で満足してきたのが、日本人のよくない特徴だと言われれば、そうかもしれませんが。

トップ人事を成功させた要素

――朝廷内部の人事についてはどうでしょう。皇位継承というのも、ひとつの人事ですね。

遠山　日本史上、最重要の人事といえば、やはり皇位継承でしょう。

皇位継承に関しては、従来、周辺の有力者が次の天皇を決める場合が多かった、と考えられてきた。古代でいえば、ある時期、藤原氏が天皇の決定権をもっていた、という理解ですね。

たしかに、先に述べたように、天皇がすべての人事を決めたわけではない。しかし、自分の後継者については、天皇自身が決めていた。少なくとも推古以降は、はっきりそうなったと思います。その天皇の決定を、豪族や貴族が同意と承認を与えて追認する、という形です。

その点で、山本さんが書かれた江戸幕府の将軍人事の話は面白かった（P272「『トップ人事』は誰が決めるのか」）。次期将軍人事においても、やはり現将軍自身、あるいは徳川宗家の意思が、最終的な決定権をもつ。周囲はそれを追認するだけですね。古代における天皇の決まり方と同じです。

将軍を大名の合議制で、今で言えば役員会のようなもので決めるというのは、室町時代などにはあります。関さんが書かれた「クジ引き将軍」の場合のように（P198「『無責任』が生んだ人事の失敗」）。しかしそれは例外で、「王は王が決める」という人事原則が、日本史にはあるように思います。

――天皇家がずっと続いてきたというのは、皇位継承という日本のトップ人事が、うまくいってきたということでしょう。その天皇家の人事的成功が、朝廷に対する人々の信頼や、朝廷が与える官位の権威を支えてきたと言えないでしょうか。

遠山　ずっと続いたといっても、万世一系というのは虚構で、血統という点では何度も断絶があったでしょう。徳川将軍家も同じですが。

しかし、推古天皇あたりでできた世代交代のシステムは意外に合理的で、その繰り返しが一定の権威を生み出した、ということはあるでしょうね。何といっても朝廷は、日本最初の政府というか、最初にできた政治システムで、その伝統からくるブランド力がある。

山本　トップ人事が問題なく運んだからといって、それがトップやシステムの優秀さを示すとは限らない。うまくいったと思わせられている、というか、うまくいっていると思いたい人々の心理もあるわけで。

結局、廷臣たちにとっても、王が必要ですからね。なるべく誰もが納得できる王を選ぶ必要はあるでしょうが、それ以前に、江戸時代には「家臣は主君のためにある」という観念が各階層に共有されている。それが日本の特徴ではないでしょうか。そのなかでは王や将軍を決定的に傷つけない共同の配慮が働いていて、失敗については家臣が責任をとる、という仕組みになっている。

関　天皇にせよ、将軍にせよ、仮にその出自に疑問があっても、ひとたびその人が地位につけば、周囲はそれに逆らわない。そういう傾向がたしかに日本にはある。肩書の力が強い。秩序への参加意識が強いというか。

だから、秩序が崩壊しそうになると、かえって周囲が王様を守《も》り立てるところがある。血統が途切れて養子がその地位につくと、逆に秩序が立て直されるようなことが何度かあるでしょう。日本の王位継承をうまくいかせたのは、そういう要素ではないでしょうか。擬制が実質を支えていくことがある。

本当の「やる気」を引き出す人事

――日本的人事という大テーマを離れて、個別に印象に残る登場人物を挙げていただきましょう。

遠山　自分が書いたものでは菅原道真（P108「『学閥』出身者の悲劇」）。今回調べて、彼の左遷《させん》の背後に学閥の存在があることがよく分かった。それを書けたのは収穫でした。

山本　私もあれは面白かった。藤原氏が道真なんかに意地悪しても仕方ないだろう、と漠然と感じていましたから。なるほど、背後に学者同士の足のひっぱり合いがあったのか、と。

関　印象に残るというより、回数の関係もあって書けなくて悔いが残ったのが北条政子。ずばり『北条政子』（ミネルヴァ書房）という本を書いたばかりでしたから。中世における女性というのは興味深いテーマで、その代表という意味でも取り上げられればよかったですね。

山本　私も女性を登場させたくて、大奥の話を書きました（P351「『上司』のヒキが大事な女の世界」）。実は、新史料の大奥女中の手紙70通を入手し、読み始めていたところでもあったんですね。調べれば調べるほど、大奥が想像以上にきちんとした官僚組織であったことが分かる。その点を書いたつもりです。

関　山本さんの書かれたものでは、森山孝盛《もりやまたかもり》も面白かった（P325「『慣例』になっていた出世の礼金」）。「出世しているのがあの程度の連中なら自分だって……」という思いは、実によく分かる（笑）。人事をめぐる普遍的な心理を象徴していますね。

――「この人事権者は偉かった」という例を挙げてください。

遠山　すごい人事をやったな、と思うのは天武天皇ですね。同時期の天智天皇に比べて過小評価されがちですが、一大リストラで律令制の原型をつくったのは彼です。

関　中世では源頼朝。京下りの官人・大江広元のことを書きましたが（P157「『天下り』にも効用はある」)、頼朝は彼のような人材を京都からスカウトして巧みに使った。そして官位も、必ず自分を介して御家人に与えさせた。いわば、王朝の人事に「相乗り」して、自分の人事を効果的に行ったわけで、人事の妙技というべきでしょう。

山本　江戸時代では、やはり老中・松平定信。お金で人事が動く田沼時代の悪弊を改め、適材適所の登用を行った。先に述べたように、試験制度を始めたのも彼です。

――しかし、「鬼平」こと長谷川平蔵の出世を阻《はば》んだのも、定信なんですよね(P344『昇格』を阻まれた鬼平の無念」)。

山本　それが面白いところですね。人事権者である定信は、彼を買っていなかった。それで鬼平は町奉行になれず、火付盗賊改で終わってしまう。私も、これは非常に残念なことだったと思います。

定信は、学問のある人を好んで取り立てた。さっき名前の挙がった森山孝盛とか。鬼平は、自分でも認めているとおり、学問がなかった。

――でも、その鬼平のほうは、定信に信頼されていると思い、それに応《こた》えようと死に物狂いで働いている。サラリーマンとしては身につまされる話でした。

関　身につまされるといえば、やはり山本さんが書かれた大久保彦左衛門の話もそうでした（P292『不遇』を恨む武功の臣」）。営々と勤め、立派な功績もあるのに、今で言えばパソコンができないばかりに（笑）、窓際《まどぎわ》に追いやられる。

遠山　人事的処遇への不満というのはどの時代でもあるはずですが、それを爆発させて人事権者に文句をつけにいったというのは、この連載では関さんの書かれた竹崎季長《たけざきすえなが》だけでしたね（P171「『ヒラ』の意地と戦の功名」）。ああいう話は史料を探せば、もっと見つかるかもしれない。

山本　人事的処遇というのは、決してお金や身分だけのことではない。季長の場合もそうでしたが、「よくやった」と人事権者に認めてもらうこと、それが下の者としては重要なんですね。それは彼のアイデンティティーにかかわることですから。

最近流行の能力主義人事では、わずかなお金の差で評価しようとする傾向がありますが、それはおこがましいというか、間違っている。

本当の「やる気」、組織への生き生きとした忠誠心は、どんな人事から生まれてくるか。最終回の川路聖謨《かわじとしあきら》で書いたように（P371「『左遷』を恐れない叩き上げ」）、それがこの連載から読者に読み取ってほしいポイントの一つでした。

（司会・構成＝「エコノミスト」編集部）

朝日新書版あとがき

有難いことだと思う。幾度か版を重ね再び本書を世に送り出せることは、筆者一同にとって大いに慶びとするところだ。『人事の日本史』の出生云々は「まえがき」での遠山氏の語りに尽くされているかと思う。

人事のテーマは時代を超えて普遍性を有することが大きいのだろう。「変容スレドモ、変化セズ」の通り、人間と組織の関係は不変であることの証ともいえそうだ。歴史上の人物たちを素材にどんな切り口を提案できるかが〝ツボ〟となる。小説家ではなく、〝大説家〟たることを自認する立場での叙述の仕方も求められるはずだ。このようなことを念頭に人物の選定がなされたと記憶する。とはいえ、われわれがどの人物を選び、どう料理するかは、各自の着眼点を尊重するということで「エコノミスト」誌への連載が開始された。

早いものであれから二十年近くの時が流れたことになる。各自の文章には、その当時の社会的・政治的関心に寄り添う表現も見られるはずだ。その点本書もまた時代の産物である以上、当然のことなのだろう。今回、そうした部分について、最低限の手当をほどこすことで対応させて頂いた。

以下は「朝日新書版あとがき」を担当することとなった筆者の側からの〝問わず語り〟程度のものとして斜めにお読み頂ければと思う。(昨年ご逝去された山本氏のことにもふれることになる。)

歴史における人事論の企画を頂いたおり、いささかの躊躇《ためらい》があったことを覚えている。理由は二つほどある。一つは自身の力量への不安だ。分り易く書くことの難しさということになる。「エコノミスト」誌への連載ということへの気負いもあった。それはそれとして、毎回の掲載の文章には細かなチェックが入れられた。編集サイドの新聞記者の目線よりの厳しい指摘を頂いた。〝伝え方〟云々での注文で、いずれも妥当なものであったと記憶する。情報の取捨と発信の仕方、これは文章に携わる者のイロハでもあろうが、改めて学ぶことになった。

要は何を伝えたいのか。これが明確であることだという。有り体に言えば、「落首」の精神に通ずる「オチの有無」ということらしい。分り易い文章の極意とはそういうものらしい。独り善がりにならない工夫が必要とのことであった。たしかに新聞の記事をそうした観点で眺めると得心させられることが少なくない。その点では当方の専門分野の中世の基本史料『吾妻鏡』の叙述ぶりを改めて想起すれば、虚飾を廃し、必要最小限の情報が実に巧みに語られていることに気付かされる。情報伝達の極意は、まさに〝足下〟にあったというわけだ。

そして躊躇の二つ目である。月刊誌への連載は有難いチャンスなのだが、同時に覚悟も求められる。文筆を業としない立場にあって、ジャーナリズムへの甘き誘惑への警戒である。ムードとして、今日でも「アカデミズムはジャーナリズムと距離を保つべし」を是とする研究者も、少なくないはずだ。一般誌への連載は本文でも語った〝毒まんじゅう〟を喰らうが如き行為と言えなくもない。ただし、「何を今更時代錯誤な」と思う別の自分もいた。

当時のことを想い出すままに語っているのは、山本博文氏のことにも繋げるためだ。山本氏とは幾度かの講演会の席上でご一緒した。日本近世史のエースとして、お名前は存じ上げていた。氏は酒を嗜むことは無かったが、ヘビースモーカーだった。そのため公私にわたる雑談などのために喫煙可能な店でお会いすることが何度かあった。私の勤務する日本大学文理学部の史学会が主催する、幕府論がテーマのシンポジウムにもご参加頂いた。また、吉川弘文館の「敗者の日本史」シリーズの編者担当として、山本氏と私が執筆者とテーマの選定にかかわったこともあった。会議の席上で山本氏は赤穂事件の忠臣蔵を取り上げたい旨を明瞭に発言されたことも覚えている。「無駄口を叩かない」、そんな研究者だったが、東京大学史料編纂所でのお仕事と併せ様々なジャンルのご著書を出され、旺盛な執筆力に感服させられもした。ある時、山本氏と雑談のなかでアカデミズムとジャーナリズムの両立云々という先述の件に話が及んだおり、「与えられた適所で自分が良いと思った通りに行動するだけですよ」といった趣旨のことを語られたことがあった。紫煙を燻《くゆ》らせながらの姿が目に浮かぶ。今更ながらの〝青臭い〟中身には興味がない。そんな素振りだった。

享年六十三は、余りに若い。アカデミズム、ジャーナリズムともどもの架橋を心掛けた惜しい人材を失ったことは、歴史学界にとって大きな損失といえる。

今回、朝日新書再録に向けて、共同執筆者の山本氏の想い出について、紙面を借りて書かせて頂いた。ご冥福をお祈りしたい。

二〇二一年七月

関　幸彦

本書は二〇〇八年四月、新潮社より刊行された
新潮文庫『人事の日本史』の朝日新書版です。

遠山美都男 とおやま・みつお
1957年生まれ。日本古代史専攻。博士（史学）。学習院大学非常勤講師。著書に『古代の皇位継承』『卑弥呼誕生』など。

関　幸彦 せき・ゆきひこ
1952年生まれ。日本中世史専攻。日本大学文理学部特任教授。著書に『武士の誕生』『東北の争乱と奥州合戦』など。

山本博文 やまもと・ひろふみ
1957年生まれ。日本近世史専攻。文学博士。東京大学史料編纂所教授。2020年逝去。著書に『江戸お留守居役の日記』（日本エッセイスト・クラブ賞受賞）『「忠臣蔵」の決算書』など。

朝日新書
828

人事《じんじ》の日本史《にほんし》

2021年8月30日第1刷発行

著　者　遠山美都男
関　幸彦
山本博文

発行者　三宮博信
カバーデザイン　アンスガー・フォルマー　田嶋佳子
印刷所　凸版印刷株式会社
発行所　朝日新聞出版
〒104-8011　東京都中央区築地5-3-2
電話　03-5541-8832（編集）
03-5540-7793（販売）

ISBN 978-4-02-295137-3
定価はカバーに表示してあります。

朝日新書

新型格差社会

山田昌弘

中流層が消滅し、富裕層と貧困層の差が広がり続ける日本社会。階級社会に陥ってしまう前に、私たちにできることは何か？〈家族〉〈教育〉〈仕事〉〈地域〉〈消費〉。コロナ禍によって可視化された〝新型〟格差問題を、家族社会学の観点から五つに分けて緊急提言。

女武者の日本史
卑弥呼・巴御前から会津婦女隊まで

長尾 剛

女武者を言い表す言葉として、我が国には古代から「女軍」（めいくさ）という言葉がある。女王・卑弥呼から女軍部隊を率いた神武天皇、怪力で男を投げ飛ばした巴御前や弓の名手・坂額御前、200人の鉄砲部隊を率いた池田せん……「いくさ」は男性の〝専売特許〟ではなかった！

60代から心と体がラクになる生き方
老いの不安を消し去るヒント

和田秀樹

やっかいな「老いへの不安」と「むなしい」という感情。これさえ遠ざければ日々の喜び、意欲、体調までが本来の状態に。不安や「むなしく」ならないコツはムリに「探さない」こと。何を？「やりたいこと」「居場所」「お金」を……。高齢者医療の第一人者による、元気になるヒント。

内側から見た「AI大国」中国
アメリカとの技術覇権争いの最前線

福田直之

対話アプリやキャッシュレス決済、監視カメラなどの情報を集約する中国のテクノロジーはアメリカを超え、10年以内には世界トップになるといわれる。起業家たちは何を目指し、市民は何を求めているのか。政府と企業との関係、中国AIの強さと弱点など、特派員の最新報告。

朝日新書

定年後の居場所

楠木 新

定年後のあなたの居場所、ありますか？ ベストセラー『定年後』の著者が、生保会社を60歳で定年退職した後の自らの経験と、同世代のご同輩への豊富な取材を交え、仕事、お金、趣味、地域の絆、ウィズコロナの新しい生活などの観点からアドバイスする。

戦国の村を行く

藤木久志
解説・校訂 清水克行

悪党と戦い百姓が城をもった村、小田原攻めの豊臣軍からカネで平和を買った村など、戦乱に加え、略奪・人身売買・疫病など過酷な環境の中を人々はいかに生き抜いたのか。したたかな村人たちと生命維持装置としての「村」の実態を史料から描く。戦国時代研究の名著復活。

旅行業界グラグラ日誌

梅村 達

著者は67歳の派遣添乗員。現場では理不尽なお客や海千山千の業界人が起こすトラブルに振り回される日々。魑魅魍魎な旅行業界の裏側を紹介しつつ、コロナの影響にも触れる。笑えたりほろりと泣けたり、読んで楽しいトラベルエッセイ。

世界自然遺産やんばる
希少生物の宝庫・沖縄島北部

湊　和雄
宮竹貴久

沖縄島北部にあたるやんばるは、世界的にも珍しい湿潤な亜熱帯雨林だ。2021年世界自然遺産に登録された。やんばる写真の第一人者である写真家と、生物の進化理論を一般に説く手腕で名高い生物学者がタッグを組み、ユニークな生物を紹介。

対訳　武士道

新渡戸稲造／著
山本史郎／訳

新渡戸稲造の名著『武士道』。切腹とは何か？　武士道の本質とは？　日本人の精神性を描いた世界的ベストセラー。「惻隠の情」「謙譲の心」は英語でどう表すか？　『翻訳の授業』の著者・山本史郎東大名誉教授の美しい新訳と、格調高い英語原文をお手元に。

自壊する官邸
「一強」の落とし穴

朝日新聞取材班

7年8カ月に及ぶ安倍政権から菅政権に継承された。長期政権の鍵は人事権をフル活用した官僚統治だった。霞が関ににらみをきかせ、能力本位とはいえない官僚登用やコロナ対策の迷走は続く。官邸の内側で何が起きているのか。現役官僚らの肉声で明かす。

死は最後で最大のときめき

下重暁子

いつまでも心のときめきを、育て続けよう。人は最期のときを前にして、最も個性的な花を咲かせる——。人気エッセイストが、不安な時代の日常をみつめ、限りある命を美しく生き抜く心構えをつづる。著者の「覚悟」が伝わってくる至高の一冊。

こんな政権なら乗れる

中島岳志
保坂展人

迫る衆院総選挙。行き詰まる自公政権の受け皿はあるのか。保守論客の中島岳志氏が、コロナ対策や多摩川の防災、下北沢再開発等の区政10年で手腕を振るう保坂展人・東京都世田谷区長と、理論と実践の「リベラル保守政権」待望論を縦横に語り合う。